高等院校旅游管理专业系列教材

TOURISM ECONOMICS

旅游经济学

徐　虹　康晓梅　李　敏　编著

首都经济贸易大学出版社

·北　京·

图书在版编目(CIP)数据

旅游经济学/徐虹,康晓梅,李敏编著.—北京:首都经济贸易大学出版社,2008.3
(高等院校旅游管理专业系列教材)
ISBN 978-7-5638-1519-7

Ⅰ.旅… Ⅱ.①徐…②康…③李… Ⅲ.旅游经济学-高等院校-教材
Ⅳ.F590

中国版本图书馆 CIP 数据核字(2008)第 012052 号

旅游经济学
徐虹 康晓梅 李敏 编著

出版发行 首都经济贸易大学出版社
地　　址 北京市朝阳区红庙(邮编 100026)
电　　话 (010)65976483 65065761 65071505(传真)
网　　址 www.sjmcb.com
E-mail publish@cueb.edu.cn
经　　销 全国新华书店
照　　排 首都经济贸易大学出版社激光照排服务部
印　　刷 北京平谷大华山印刷厂
开　　本 787 毫米×980 毫米 1/16
字　　数 307 千字
印　　张 16
版　　次 2008 年 3 月第 1 版第 1 次印刷
印　　数 1~5 000
书　　号 ISBN 978-7-5638-1519-7/F·887
定　　价 24.00 元

前　言

旅游服务贸易是全球发展最快、前景最广阔的新兴产业。全球旅游服务贸易从1950年接待2 530万人次增长到2004年的7.6亿人次，增长了29.04倍。世界旅游组织的预测显示，在未来几年里国际旅游服务贸易将保持良好的发展势头，2010年全球国际旅游人次将达到10亿人次，2015年12亿人次，2020年16亿人次。2000～2020年国际旅游活动的年平均增长率为4.4%，2020年全球国际旅游消费收入将达到2万亿美元，国际旅游年均增长率为7.6%，远远高于世界财富年均3%的增长率。届时，国际旅游人口将占世界总人口的3.5%，旅游服务贸易将在全球经济的重构中发挥重要作用。

伴随着旅游经济活动规模的日益扩大和旅游需求种类的日益多样化，不仅需要我们在实践的层面上不断探索新的市场需求和新的服务产品，更需要我们在理论层面上加深对旅游经济活动运行规律的认识，对实践中出现的新问题进行总结和提炼，尤其是基于旅游活动的时空特征，以旅游供给与旅游需求的矛盾运动为主线，深入研究空间上的旅游客源地的需求及其实现、旅游目的地的供给及其效应、旅游供求矛盾及其调节、全球化背景下的国际旅游贸易问题以及可持续旅游经济发展问题等，对这些问题的分析和研究，有助于我们正确理解旅游经济活动的运行本质、范围、特征、效应和趋势，从而在把握旅游经济活动运行规律的前提下，更好地开展旅游经济活动，谋求更理想的旅游经济运行效益。

本书的逻辑结构是在我们对旅游经济活动运行规律认识的基础上，借鉴了其他学者的研究成果后形成的。本书的最大特点是将经济全球化和国际旅游服务贸易发展作为分析的背景和落脚点，从而体现出时代发展的特征。因此，本书专门安排了一章来讨论国际旅游服务贸易与外汇收支平衡的问题，希望读者能以国际的视野思考这些问题。本书的另一特点是各章节的编排。全书通过对相关联的问题进行综合分析来设定每章标题，也许它们之间的联系归纳得并不恰当，但是我们希望由此能够提示读者注意，研究旅游经济问题不能孤立地去理解各个原理，而必须用联系的思维方式考虑问题，这样才能由表及里、由此及彼，全面系统地把握旅游经济运行现象及其运行规律，并能够举一反三解释现实。

本书的章节设计由徐虹负责，编写工作由三人完成，她们的分工是：徐虹（第一、第八、第九章）、康晓梅（第二、第三、第四章）、李敏（第五、第六、第七章）。书稿的英文部分则由李敏和康晓梅编写。全书初稿完成后，由徐虹进行最后的审校、修改和排版等。可以说，本书的顺利完成离不开合作者的默契配合，在此对两位合作者表示诚挚谢意。

在本书编写过程中，得到了首都经济贸易大学出版社田玉春老师的热情鼓励和帮助，在此对田老师的理解和支持也表示衷心感谢。

受作者水平所限，奉献给读者的《旅游经济学》会有一些不足之处，欢迎读者不吝指正，以便修订时改正。

徐　虹

2008 年元月于南开园

目 录

Contents

第一章 旅游经济的产生与发展

The Emergence and Development of the Tourism Economy

学习要点：

- 旅游经济活动产生与发展的基本内容及世界旅游经济发展的基本趋势
- 旅游经济的性质及其作用
- 旅游经济学的研究对象、研究框架与研究方法

Learning Points:

- the basic contents of the tourism economy's emergence and development, and the trend of the world's tourism economy's development
- the characters and functions of the tourism economy
- the objects, frame and methods of the tourism economy research

第一节　旅游与旅游经济活动

旅游经济活动产生于旅游活动过程中，了解旅游及旅游经济活动的发展过程，可以深刻理解旅游经济的性质，准确把握旅游经济研究对象，掌握旅游经济运行规律。

一、旅游经济活动的产生和发展

（一）旅游经济活动产生的前提——旅游活动

相对于在常住地的各类消费活动而言，旅游是一种与人的空间移动行为相联系的消费活动。伴随着社会生产力的不断发展进步，促使人类进行空间移动的原始动因是不同的，在生产力落后情况下，人类进行空间移动基本上是为了满足生存需要。随着社会分工的发展尤其是第三次社会分工出现后，产生了剩余商品的贸易需求，于是形成了出于经济需要而展开的异地旅行活动，可以说这是现代商务旅游的雏形。到了18世纪产业革命爆发，形成了以机器工业为基础的社会化大生产，机器在创造财富的同时，也更多地将人束缚于其上，单调枯燥和高强度的劳动使人产生了强烈的逃避现实和放松身心的需求，于是产生了追求休闲需要的空间移动消费活动，真正意义上的旅游才开始形成。

在旅游活动中会形成各种各样的关系，主要体现为人与自然的关系、人与社会的关系以及人与人的关系，这些关系相互交织和作用，从而使旅游活动具有一种综合的性质。如果从旅游活动的主体即旅游者来看，人们之所以会产生旅游行为是因为向往一种真正快乐的感受，正如快乐经济学所认为的那样，人类欲望的本质归根结底是对快乐的欲求与对痛苦的避免，快乐是人类行为的根本动因和终极目的。如果用辩证的观点来看待快乐与痛苦的话，它们构成了情感轴上的两极，“痛苦是非常的不快乐，快乐也是极端的不痛苦”①。旅游作为人类休闲活动的一种，其根本动机无论是逃避还是追求，都是对真正快乐感受的一种向往。

（二）旅游经济活动的基础——产业革命成功

18世纪产业革命的成功，带来了生产方式的极大转变，机器大工业代替了工场手工业，劳动生产率的迅速提高不仅为资本主义的发展奠定了物质基础，而且大大推动了商品经济的发展，确立了商品经济在社会中的支配地位，为旅游经济活动的形成和发展奠定了坚实的基础。这种基础性作用体现在两个方面：

第一，从旅游需求来看，产业革命为大量旅游需求者的形成创造了主客观条件。随着劳动生产率的提高，资本家的财富积累日益增多，消费观念的转变、消费能力的提高，以及生产发展需要的外出商务活动的增多，为旅游需求的增加奠定了

---

① 谢彦君．基础旅游学［M］．北京：中国旅游出版社，1999.

市场基础。而伴随着城市化进程，大批农村人口流入城市成为雇佣大军，在忍受资本家残酷剥削的同时，随着劳动生产率的进一步提高和工人们不断的斗争，工人的相对工资水平和闲暇时间也在提高，受机器束缚的工人也会产生放松身心的需要，从而形成了强大的需求推动力。

第二，从旅游供给来看，产业革命为大量旅游供给的出现奠定了物质技术基础。蒸汽机的发明，带来了交通工具革命性的变革，轮船取代了木船，火车取代了马车。1838 年，英国开辟了横越大西洋、太平洋的定期航线，不仅为人们在英国国内旅游创造了良好条件，而且为欧美两大陆之间旅游活动的开展提供了便利。空间移动效率的提高和成本的下降既方便了人们的出行，更重要的是改变了人们对外出旅游的认识。与此同时，在交通沿线兴建了大量具有一定规模和服务项目的旅馆和餐馆，一批娱乐修养地也纷纷落成，满足市场上各类消费需求的供给行业基本形成。

（三）旅游经济活动进一步社会化——旅行社出现

在旅行社出现之前，旅游活动的安排基本上是个体行为，由于信息不畅、个人精力有限，常常会阻碍旅游经济活动的顺利开展。1845 年，英国的托马斯·库克成立了第一家包括食、住、行、游等旅游活动在内的旅行社，开创了有组织提供旅游活动的各种专门性服务，弥补了由个人去安排一切旅游活动的不便和不足，从而在更大范围内实现了旅游活动的社会化和商品化。因此，应当对旅行社在旅游经济发展中的重要性给予足够的认识。

（四）现代旅游经济活动的发展

虽然产业革命的成功为旅游经济活动的发展奠定了坚实的基础，但现代旅游经济活动的真正出现是在第二次世界大战结束以后，大体上可以划分为三个阶段：

1. 起步阶段。20 世纪 50、60 年代形成战后旅游经济活动的起步阶段，其特点是旅游经济活动缓慢发展，表现在旅游者人数不多、旅游目的地分布不够广泛、旅游消费水平较低等方面。总之，旅游经济在整个社会经济中的地位和影响力较低。

2. 大发展阶段。20 世纪 70、80 年代形成世界旅游经济活动的大发展阶段，其特点是以团队为主的大众化旅游得到迅速发展，表现为旅游者人数众多，且以团队旅游为主导方式，旅游目的地也遍布世界各地，旅游消费水平也在逐渐提高。在这一阶段，旅游经济已在世界经济中具有不可替代的地位和作用。

3. 发展的新时期。20 世纪 90 年代至今形成世界旅游经济活动发展的新时期，其特点是旅游需求日益呈现出多样化、个性化、精致化和生态化趋向，与此同时，旅游供给的技术化和人性化日益受到重视，表现为各种类型、各种档次、各种方式以及更加环保的旅游需求层出不穷，为满足不同旅游需求，旅游供给中的高新技术运用越来越多，对旅游者的人性关怀理念也日益深入。总之，旅游经济已全方位地进入到一个新的发展时代。

二、世界旅游经济发展的基本态势

伴随着旅游经济活动范围的拓展，世界范围内旅游经济活动的规模和影响强度也在不断增大，但受传统的经济发展水平和旅游发展历史的影响，世界旅游经济发展的基本现状仍然是以欧美经济发达国家为主要客源国和目的地，世界旅游经济总量主要集中于这两个区域。

随着经济全球化的发展，国际贸易自由化趋势加强，世界各国、各地区之间双边或多边交流日益密切，世界旅游经济发展的前景十分光明，世界旅游经济发展的趋势可归纳为下述六个方面。

第一，世界旅游经济仍将持续增长但不平衡。我们都看到，世界经济保持持续增长，国际政治、经济形势为旅游业带来机遇和挑战，尤其是世界各国政府都强化了危机管理和旅游目的地安全保障，且更加重视开发健康旅游、生态旅游等新产品，更加重视区域旅游合作与发展，广泛拓展旅游客源市场，这些都将促进世界旅游持续快速地发展。另一方面，尽管自然灾害、环境气候突变、政局不稳、恐怖事件等突发因素会对旅游经济的未来发展构成潜在威胁，但旅游经济的整体发展态势良好。具体而言，这反映在以下两方面：

世界旅游经济持续增长，但增幅将有所下降。2005 年，全球接待国际旅游者人数达到 8.08 亿人次，比 2004 年的 7.66 亿人次增加了约 420 万人次，增长率约 5.5%，呈现出持续增长的良好发展态势，但是各目的地增幅情况有增有减，普遍增幅比上一年度减少。

世界旅游市场发展格局不平衡。其一是世界各区接待国际旅游者人数增长不均衡的状况强化，欧洲和亚太地区仍占主导地位。2005 年欧洲地区增加 4 230 万人次，占当年旅游人数增长的 43.3%，亚太增加了 1 830 万人次，占当年旅游人数增长的 25.5%。其二是世界各区域国际旅游市场份额和增长速度仍不平衡。除了欧洲和亚太地区变动稍大外，其他区域变化不大。欧洲地区市场份额由 2004 年的 55.6% 下降到 2005 年的 54.9%，减少 0.7%，而同期亚太地区由 19.0% 上升到 19.3%。年增长速度则以非洲最快 10%，亚洲 7.4%，中东 6.9% ，西欧最慢，仅 4.3% 。随着亚太经济发展特别是中国旅游经济的日渐强大，相信未来亚太地区的份额会越来越大。

第二，世界旅游业为全社会提供的就业人数呈增长趋势，人均创造的国内生产总值呈增长趋势，但与其他产业相比，其增长速率呈减缓趋势。2005 年世界旅游总需求达到62 105亿美元，比 2004 年增长 5.4%；世界旅游就业人数增长22 156.8 万人，增长 3.5%。由此可见，世界旅游从业人员创造的国内生产总值有所增长，但增幅不大。与 20 世纪 90 年代的世界旅游从业人员创造的国内生产总值 2.4% 比较，呈减缓趋势。

第三，世界旅游产业中，个人旅游消费占世界个人总消费的比例会逐渐增加，同时，世界旅游的投资和开发仍稳步加强。2005 年，世界旅游经济增加值达到

47 457亿美元，比2004年增长5.1%；世界旅游总出口达到15 125亿美元，比2004年增长7.3%；世界个人旅游总消费达到28 331亿美元，比2004年增长5.1%；世界旅游资本总投入9178亿美元，比2004年增长5.3%。

第四，世界旅游产业中，各地区国际旅游收入变动趋势不均衡，发达国家仍为主要的旅游客源地和目的地，但是亚太地区不断崛起，对未来国际旅游格局影响深远。2005年世界旅游卫星账户显示：主要旅游经济指标位于前10位的国家基本都是旅游发达国家，不仅接待国际旅游者人数位居世界前列，而且旅游经济主要指标在世界旅游经济中也占有较大的比重。亚太地区经济迅速发展，居民生活水平不断提高，旅游消费能力大大增强，具备了产生大量国际旅游客流的条件，不仅吸引着越来越多的欧美旅游者，而且也向欧美地区输送了越来越多的国际旅游者。2005年，亚太地区国际旅游人数占全球市场份额比2004年增长7.4%，占国际旅游市场的份额达到19.3%。

第五，中国旅游大国地位仍继续发挥作用，并积极向旅游强国迈进。目前，中国已成为世界旅游大国，接待国际旅游者人数和国际旅游收入都已进入世界前列，从2005年世界旅游卫星账户的统计核算来看，中国已经向世界旅游经济强国之列迈进。2005年，中国旅游总需求为2 650.5亿美元，占世界旅游总需求的4.3%，排全球第7位；旅游经济增加值为2 178.5亿美元，占世界旅游经济增加值的4.6%，排全球第6位；旅游直接出口为274.0亿美元，占世界旅游直接出口的3.3%，排全球第7位；旅游资本投入为1 003.4亿美元，占世界旅游资本投入的10.9%，排全球第2位；旅游就业人数达6 462.5万人，占世界旅游总就业人数的29.2%，排全球第1位。

第六，世界旅游经济市场将继续呈现多样化、多极化和区域化。随着各国人民整体收入水平的提高，旅游将成为人们满足精神需求和享受生活的重要方式，旅游市场将趋向全球化。不过，由于不同收入人群的不同需求和个性化旅游消费意识的增强，世界旅游市场结构已呈现多样化的趋势。传统的旅游方式（娱乐型、观光型、疗养型和商务型）仍占据一定的市场，但是各种内容丰富、新颖独特的旅游方式和旅游项目已应运而生，探险旅游（如徒步、登山、漂流）、体育旅游、生态旅游、探求文化和精神根基的知识性旅游等将大受欢迎，旅游方式必将朝着个性化、多样化的方向发展。旅游消费规模的迅速扩大，必然要求旅游产品的加速开发。所以，在世界范围内，那些具有良好发展条件的国家和地区，必将成为旅游业新的增长极，旅游空间布局将呈现多极化的趋势。由于区域合作、资源整合和客源市场共享能给区域旅游发展带来极大的效益，所以国家之间开展旅游合作，推动产业一体化、市场一体化、交通一体化、形态一体化（一种新的经济生态——人流、物流、资金流、信息流等有形或无形要素的有机融合），建立互利互惠的无障碍区域旅游协作区，将成为世界旅游业发展的必然趋势。

第二节　旅游经济的性质与作用

旅游经济活动有自身的特点，理解旅游经济的性质，有助于掌握旅游经济活动规律，最大限度地发挥旅游经济的作用。

一、旅游经济的性质

从旅游经济活动的产生和发展历程可以看出，旅游经济是以旅游活动为前提，以科学技术进步和社会生产力发展为基础，由旅游者空间位移而形成的各种经济现象和经济关系的总和。概括来说，旅游经济的性质体现在三个方面。

(一)旅游经济是一种受客源地需求推动的敏感性经济

旅游经济是在旅游活动的基础上产生的，而旅游活动是旅游客源地居民出于某种追求或逃避需要而到异地进行的消费活动，作为一种对服务产品的消费活动，客源地需求形成的推动力对旅游经济的发展起着决定性作用。没有旅游需求，任何旅游供给都失去了服务对象和存在的价值，由旅游供求形成的经济体就难以存在。而客源地的旅游需求受多重因素的影响，任何影响旅游需求的因素(正向或负向)发生作用都会导致旅游经济出现敏感性的反应。换句话说，旅游经济的需求依赖性导致旅游需求的敏感性，也必然会影响对旅游经济性质的判断，从而使旅游经济具有敏感性。

(二)旅游经济是一种受目的地供给约束的波动性经济

为满足游客的多方面需要，旅游供给必须依赖于国民经济各部门的配合和支持。社会经济技术发展水平不仅决定了旅游目的地各部门能为旅游供给提供多大的配套能力，而且也制约着各种配套资源的整合水平。相对于物质产品的可储存、可移动特性来说，旅游产品与服务是不可储存和移动的，因此，旅游经济在供给约束的条件下将表现出一定的波动性。

(三)旅游经济是一种受主客文化差异影响的跨文化经济

旅游活动是一种以人的移动为基本特征的消费活动，而人是具有不同文化背景的消费主体和服务主体，在旅游供求矛盾的运动中，这种文化差异不可避免地反映在供给方的产品设计和提供，以及需求方的产品消费和体验上。从旅游者的角度来看，旅游是一种社会文化活动，而实现这种文化消费活动必然离不开服务的提供者。而旅游企业为游客提供服务的同时，必然要求经济上获利，经济利益最大化的前提是能够提供满足游客文化消费需求的旅游服务，所以旅游经济具有跨文化性质。

二、旅游经济的作用

自20世纪50年代以来，现代旅游经济获得了突飞猛进的发展，保持着较高的增长率(见表1－1)。伴随着旅游经济的高速增长,旅游经济在国民经济中的地位和作用日益突出,多角度正确认识这些作用,有助于对旅游经济问题加深认识,以便于提供更好的解决思路。

表1－1　世界旅游经济增长水平比较表

比较项目＼时期	20世纪50年代	20世纪60年代	20世纪70年代	20世纪80年代	20世纪90年代
世界旅游经济增长率(%)	12.6	10.1	19.4	9.8	4.5
世界经济增长率(%)	5.4	4.9	3.5	2.8	3.0
世界工业经济增长率(%)	6.8	6.5	5.3	2.6	3.2

资料来源:世界旅游组织,2001年统计报告。

(一)经济作用

旅游经济作为由旅游者消费活动和旅游经营者服务活动组成的集合体,不可避免地要涉及活动的人、流动的资金、复杂的关系等多方面的因素,因而旅游经济运行产生的经济方面的作用可以从以下几方面来理解。

1. 对人产生的经济作用。旅游经济运行对人的经济作用体现在以下两方面:

首先,可以增加人们的就业机会。由于旅游活动是一项综合性服务活动,需要众多部门和行业的参与才能满足游客的消费需要,除直接为旅游者服务的旅游企业可以提供大量直接就业机会以外,还有众多相关部门和企业提供的大量间接就业机会。比较而言,旅游经济的强大就业功能是大力发展旅游经济的主要原因之一,尤其是我国面临一定的就业压力,这方面的作用就显得更为重要。

其次,可以增加人们的经济收入,提高人们的消费能力。一方面,由于就业机会增多,自然会带动人们经济收入的增加;另一方面,由于旅游经济活动的开展必须以独特的旅游吸引物为前提,而一些贫困地区恰巧是旅游吸引物丰富的地区,通过发展旅游经济可以为贫困地区脱贫致富提供一种选择,是贫困地区人们增加收入的有效途径之一。由于收入的增加,人们的消费能力也会随之提高,有助于对各类消费品和服务的现实消费需求的形成。

2. 对资金产生的经济作用。此类作用体现在以下两个方面:

首先,可以加速货币回笼,促进国内资金流动。从货币回笼的途径来看,有商品回笼、服务回笼、财政回笼和信贷回笼,通过发展国内旅游经济,不仅可以满足人们的旅游需求,而且可以通过旅游服务加速回笼货币,弥补商品回笼货币的不足,减少人们持币待购对市场稳定带来的压力和风险,促进国民经济协调发展。

其次,可以增加外汇资金的流入,促进国际资金流动,改善外汇收支状况。通过发展国际入境旅游经济,一方面可以扩大资本投资机会,增加对国际资本的需求,扩大国际资本对旅游目的地国的投入;另一方面可以增强对国际入境旅游者的吸引力，扩大国际入境旅游者在本国的消费开支，实现旅游收入的增加。入境旅游收入增加和出境旅游开支变化对于一国特定的国际外汇收支平衡起到了重要的推动作用。

3. 对特定关系产生的经济作用。旅游经济运行可产生广泛的影响，对相关产业和国家经济地位发生作用。

首先，可以带动相关产业发展，促进产业结构调整。旅游经济作为现代服务经济的重要组成部分，其发展状况不仅制约着现代服务经济的成长速度，而且也影响着第三产业在国民经济中的发展比重。通过旅游经济的不断发展，可以有效地改变第三产业发展落后的局面，促进产业结构的升级换代，发挥其综合关联性强的特长。

其次，可以改善与国际上其他国家之间的经济关系。旅游经济是服务贸易的重要组成部分，一个国家在融入国际经济大循环的过程中，既可以发挥有形商品贸易的进出口优势，也可以发挥无形服务贸易的进出口优势。对于发展中国家而言，受经济和技术落后的制约，通过有形商品贸易与其他国家建立经济关系的能力有限，而凭借着丰富而独特的旅游吸引物发展旅游经济，从而增强与其他国家的经济联系则具有独特的优势，因此，旅游经济的发展是这些国家融入经济全球化并确立自己应有地位的一个有效途径。

（二）社会文化作用

旅游经济的作用是全方位的，除了对经济发展发挥着重要的作用以外，还对社会文化方面产生着不可替代的双重作用，主要体现在以下几个方面。

1. 对社会产生的作用。旅游经济对社会的影响体现在两个方面：

首先，从积极的方面来说，旅游经济活动作为一种人的移动而形成的社会现象，必然会以信息的充分交流为前提和结果，从而实现了文明的广泛传播，并在旅游活动中引起旅游目的地国价值观念和道德标准的变化，以及社会结构的变化。也就是说，旅游经济活动的开展会促使社会物质环境和精神面貌发生巨大的变化，推动了整个人类社会的进步。

其次，从消极的方面来看，旅游者的高消费乃至奢侈消费行为会扭曲人与人之间平等的关系，带给旅游目的地国人们更多的心理道德压力。而为了迎合旅游者消费需求的满足，以及为了获取更多的经济效益而盲目增加接待游客的数量，又会挤占当地居民对消费资源的使用，加剧目的地物价上涨，从而引发当地社会的不满。

2. 对文化产生的作用。旅游经济对文化的影响也体现在两个方面：

首先，从积极的方面来说，旅游经济的发展会促使各民族优秀的传统文化得以发掘和振兴。由于旅游者追求的是各民族独特的文化，促使许多濒临灭绝的传统民族文化得以在旅游经济发展中重新振兴和发展，非物质文化遗产得以保留和发展。而在跨文化的交流活动中，也促进了人们国际化视野和开放意识的形成，加深了各族人民之间的相互了解和友谊，增进了各民族对其他文化的包容和理解。

其次，从消极的方面来看，由于外来文化的冲击和影响，可能会将一些不健康的价值观和生活方式带进目的地国。另外，为满足游客对本地文化的观赏需要，文化的商业化趋向会加剧，失去原有文化的真实性和精华性。

（三）环境作用

旅游经济是一种在人与环境互动中和谐发展的环境经济，环境状况不仅直接影响着本地对游客的吸引力，而且很大程度上决定着旅游经济是否能可持续发展，因此深入认识旅游经济的环境作用是十分重要的。

首先，旅游经济的发展有助于自然生态环境的保护和人文生态环境的改善，这是吸引旅游者前来观光游览的必要前提条件。因此，各地在决定发展旅游经济的时候，都会不遗余力地投入力量改善环境状况。

其次，从消极方面来看，不能忽视的是在旅游经济的发展过程中都不同程度地存在着对环境的破坏现象，有的甚至还非常严重。造成这种状况的原因有旅游经济中供给一方盲目开发和过度接待的因素，也有需求一方不文明消费行为的因素，对旅游经济在环境改善与破坏中的作用要全面分析、正确对待。

第三节　旅游经济学研究对象

一、国内外对旅游经济问题的研究

任何一门学科的形成和发展，都与该学科所涉及领域的实践发展状况密切相关。相对于我国国内旅游经济的研究来讲，由于国外旅游活动起步较早，因而对旅游经济问题的研究也早于我国。

（一）国外对旅游经济的研究

国外对旅游经济的研究伴随着旅游经济活动发展的不同阶段可以划分为两个时期：前一时期为19世纪后期到第二次世界大战爆发；后一时期为第二次世界大战以后至今。

1. 前一阶段的研究。第二次世界大战以前，虽然欧美等发达国家旅游业已有了一定的发展，但是总体上人均国民生产总值较低，旅游经济在国民经济中的作用还未充分显现。尽管如此，一些专家和学者还是敏锐地感觉到旅游活动对国家经济发展的重要性，并展开了一些探索性研究。其中1899年意大利统计局局长博迪奥发表的《外国人在意大利的移动及其花费》是最早的旅游经济研究文献，该文献与其后意大利人尼塞福罗的《外国人在意大利的移动》及贝尼尼的《关于游客移动计算方法的改良》都是从统计角度对游客人数、逗留时间以及消费能力等进行的研究，反映了人们早期对旅游现象经济层面的认知及取得经济利益的需要。这种通过统计研究成果来对旅游现象进行的研究，形成了早期旅游研究的一个突出特点。

虽然博迪奥开了旅游经济研究的先河，但是就其研究本身来讲毕竟只是对旅游经济个别现象或个别问题的研究,缺乏对旅游经济整体的认识。首次从经济学角度对旅游现象作系统剖析和论证的是罗马大学讲师马里奥蒂,他于1927年出版了《旅游经济学讲义》。在对旅游活动的形态、结构和活动要素的研究中,他第一次提出了旅游活动是属于经济性质的一种社会现象的观点。此外,他创造性地提出了旅游中心地理论,认为能很好地平衡自然吸引力和派生吸引力就可以形成旅游吸引力,就可以成为旅游的中心地。可见,他已经注意到了旅游吸引力是旅游地形成的主要因素。马里奥蒂的另一个贡献是首次提出了旅游经济学的研究对象、研究结构与内容,为后来旅游经济学理论框架的形成奠定了坚实的基础。此外,其他学者还从多角度对旅游现象展开了研究,如1935年德国柏林大学的葛留克斯曼出版了《旅游总论》一书,书中不仅论述了旅游的经济社会作用,而且论述了促进旅游业发展的政策措施和手段。1942年瑞士的克拉蒲·芬扎伊卡出版了《一般旅游论概要》,从经济学和社会学两个方面研究了旅游现象。总体来看,限于旅游发展的阶段性和人们认知旅游的局限性,这一时期的研究基本上未深入涉及旅游经济活动的本质和规律,尚属于探索性研究阶段。

2. 后一阶段的研究。第二次世界大战以后,旅游经济活动的范围日益扩大,旅游经济活动的影响力也日益增强,从而吸引了大量专家学者参与到对旅游经济问题研究的行列中,不仅从业务角度拓展了研究范围,而且从理论深度探究了旅游活动的本质及一些规律性的问题,涉及的研究内容主要包括以下几方面:

(1)旅游业的性质及旅游经济运行的特点。这方面的主要代表作有:1969年美国迈克尔·彼得斯的《国际旅游业》,1974年英国伯卡特的《旅游业的过去、现在和未来》,1980年美国唐纳德·伦德伯格的《旅游业》,1984年美国夏威夷大学朱卓任教授的《旅游业》以及田中喜一等人的《旅游事业论》等。这些学者提出了旅游业是个新兴产业,旅游业的发展不仅刺激了相关行业的发展,而且会对整个社会经济产生增值作用。

(2)旅游供需关系与市场营销。这方面的主要代表作有:罗伯特·门克因托希和夏希肯特·古普塔的《旅游的原理、实践与哲学》,布莱恩·阿切尔的《旅游需求预测》,彼得·格雷的《国际旅游贸易》,以及瓦汉·克拉蓬与罗斯菲尔德的《旅游市场营销》等。这些学者分别论述了旅游需求预测方法、旅游市场营销策略,以及旅游产品定价原则、旅游宣传推销的手段和方法等。

(3)旅游业的经济效益。这方面的代表作有:1955年意大利特罗伊西的《旅游及旅游收入的经济理论》,1978年原南斯拉夫马斯科维奇的《旅游经济学》,英国的布莱恩·阿切尔的《发展中国家的旅游业:某些经济考虑》,1983年亚太经社理事会政府间旅游发展会议文件中《亚太经社理事会地区旅游业的经济作用研究回顾》与《旅游经济作用分析:方法论》等。这些著作主要探讨了有关旅游投资与收益的比较、旅游经济效益的评价,以及游客开支对旅游目的地国家或地区经济社会产生的作用等。

(4)旅游规划与资源开发。这方面的理论研究集中探讨与开发方面的问题,代表作主要有:1978 年凯泽·赫尔伯的《旅游规划与开发》,朱卓任的《度假地开发与管理》,世界旅游组织顾问爱德华·因斯克普和马克·科伦伯格的《旅游度假区的综合开发模式》,以及加拿大斯蒂芬·史密斯教授的《旅游决策与分析方法》等。另外,这方面的政策与实践研究主要由政府有关部门进行,如 1981 年美国商业部经济发展局提出的《通过发展旅游业创造经济增长与就业》的报告,全面论述了区域旅游业开发规划的内容、制订规划所需要的信息、对旅游资源的测量与评价以及规划的实施;1983 年亚太经社理事会政府间旅游发展会议文件中的《旅游工程建设中优先次序的确定》及《通过标准分析促进旅游工程建设与实施》,着重探讨了亚太地区国家旅游规划的内容与旅游工程建设项目优先顺序的选择与方法。

(二)国内对旅游经济的研究

相对于国外旅游经济的研究来说,我国国内的旅游经济研究则起步较晚,基本上是从 20 世纪 80 年代开始的。起步阶段由于缺乏实践的积累,基本上以引进国外研究成果为主。虽然由于经济发展环境不同,适用于国外的一些论点并不一定适合我国国情,由此对一些问题的认识和理解上存在着偏差,但是当时的引进策略还是对我国的旅游教育和实践产生了积极的推动作用。进入 20 世纪 90 年代以来,随着我国旅游业规模的不断扩大和完善,以及国内旅游需求和出境旅游需求的大量增长,对旅游经济问题的研究日趋深入,这些研究极大地丰富了旅游教育的内容,也在一定程度上发挥着指导旅游经济实践的作用。从 90 年代后期开始,旅游经济学科研究的范围随着实践的发展也在不断扩大,并出现了向多学科研究方向发展的态势。

二、旅游经济学研究对象与研究框架

(一)旅游经济学研究对象

任何一门学科,研究对象的确立都是一个关键性的问题,一方面,只有具备明确研究对象的研究领域才能够将其与其他学科加以区分,另一方面,只有准确把握一门学科的研究对象才能正确理解该学科的研究范围和研究范式。

1. 旅游经济学的研究范围是旅游活动中的经济现象。关于旅游经济学的研究范围,理论界有不同的认识,基本上可以分为两种观点:一种观点认为旅游经济学的研究范围应该是旅游经济活动,也就是说旅游经济学是研究旅游活动中经济现象的学科;另一种观点认为旅游经济学的研究范围应该是旅游产业经济活动,也就是说旅游经济学是研究旅游产业运行、发展中的各种经济现象的学科。

我们认为后一种观点是有局限的。一方面,旅游经济活动的进行不仅依赖于旅游产业能够向游客提供什么数量、什么结构的产品,还依赖于游客需求多少及需求结构等,离开了需求而只研究旅游产业是无法展开旅游经济活动的,以旅游产业为研究范围显然过于狭窄;另一方面,将研究范围局限于旅游产业运行,必然会导致照搬一般产业经济学框架的结果出现，那样并不利于学科发展和进步。

从上面对旅游经济产生与发展的论述中可以看出，旅游经济是在旅游活动基础上产生的，旅游经济学理论应从经济角度对旅游活动进行研究和分析，只有从旅游活动入手，分析其中的经济现象、经济关系与经济规律，才能从根本上理解和认识旅游经济问题，创建具有旅游特色的旅游经济学学科体系。

2. 旅游经济现象中的主要矛盾是旅游需求与旅游供给的矛盾。理清旅游经济现象中的主要矛盾是正确认识旅游经济学研究对象的关键。正如毛泽东指出的那样："科学研究的区分，就是根据科学研究所具有的特殊的矛盾性。因此，对于某一现象的领域所特有的某一种矛盾的研究，就构成某一门科学的对象。"①旅游经济活动中的主要矛盾必须从旅游现象去分析，旅游是一种客源地居民为寻求快乐通过空间移动而展开的一系列活动，而旅游经济正是伴随着人们的空间移动消费而产生的经济现象。与在常住地的消费不同，旅游活动受时空约束的影响，表现为客源地的旅游需求与目的地的旅游供给之间经常存在着矛盾，这种矛盾始终贯穿于旅游活动之中。这种旅游供求矛盾构成了旅游经济运行中的主要矛盾。

3. 旅游经济学研究对象是旅游经济运行中的经济现象、经济关系以及经济规律。旅游客源地受诸多因素影响形成了各自相同的旅游需求，旅游目的地根据自身资源条件和市场需求，设计提供能满足游客需要的旅游产品。旅游联结体则通过现代技术和旅游服务，将客源地需求与目的地供给连接起来。但由于受时空约束的影响，在客源地和目的地之间运行条件不匹配的情况是大量存在的，由此产生了许多旅游经济活动中特有的经济现象、形成了复杂的各类经济关系以及经济运行规律。对这些旅游经济现象、经济关系及经济规律的认识和分析正是旅游经济学研究的对象。

（二）旅游经济学的研究思路与框架

旅游经济学作为一门对旅游活动中经济现象、经济关系以及经济规律进行研究的学科，其研究思路与框架设计必然需要从旅游现象入手展开分析。旅游是一种以游客空间移动为前提、以旅游联结体为纽带、在旅游客源地和旅游目的地之间展开联系的一种经济现象，是一种由旅游需求引发的游客空间移动消费现象，因此，本书展开分析的起点是旅游客源地与旅游需求。有旅游需求就必须有相应的旅游供给，因此紧接着要分析旅游目的地与旅游供给。在分别介绍了旅游需求与旅游供给之后，进入到旅游供求矛盾的调节分析阶段。旅游供求矛盾是突出的，对其进行调节不仅要运用市场手段，也要充分发挥政府调控作用，因此这部分包括旅游市场调节和政府宏观调控两章。在对旅游供求调节进行分析之后，需要探讨旅游主体的利益满足问题，因此需要分别从消费主体和旅游目的地主体两方面研究各自的需求满足问题，这部分包括旅游消费决策和消费效用最大化，以及旅游收入

① 毛泽东．矛盾论．毛泽东选集[M]．北京：人民出版社，1966.

分配与旅游经济影响两章。在对主体需求满足最大化分析之后，我们又将分析范围扩大到国际市场。旅游消费者在国内旅游需求满足的情况下，进行国际旅游消费是符合旅游需求发展演变规律的。同时旅游收入分配和乘数效应实现之后，无论从消费者还是从政府角度，都在利益实现之后为进一步开放国际旅游奠定了必要的条件和基础，因此在经济全球化条件下有必要研究开放条件下国际旅游贸易发展与旅游外汇收支平衡问题。最后从可持续发展角度探讨了旅游环境监护问题及其旅游可持续发展问题，因为唯有做好环境保护，才能促使消费者作出旅游决策，才能使旅游目的地正向经济影响最大化和持久化，才能最终繁荣国际旅游贸易，实现真正持久的旅游经济发展。

鉴于以上的研究思路，本书的研究结构如图 1－1 所示。

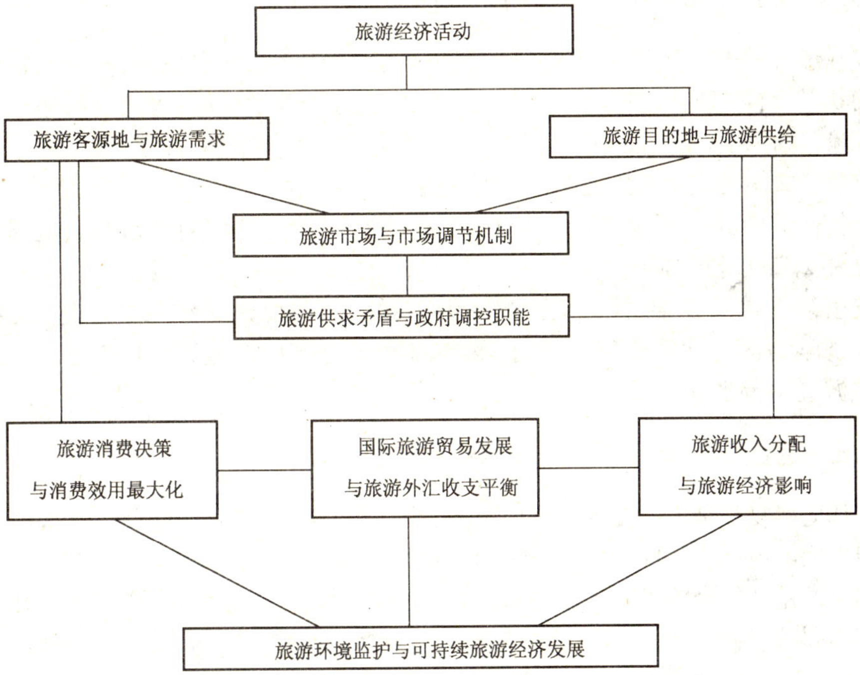

图 1－1　旅游经济学研究结构图

第四节　旅游经济学研究方法

一般来说，方法是指人们为了解决某种问题所采取的特定活动方式，既包括认识世界的方式，也包括改造世界的方法。既然旅游经济学是从经济角度研究旅游现象，那么自然就抹不掉其经济学母体的痕迹。概括起来，旅游经济学研究方法主要应包括以下几方面。

一、辩证唯物主义与历史唯物主义相结合的方法

辩证唯物主义和历史唯物主义是马克思主义哲学的基石,可以说是一切社会科学研究的指南。旅游经济现象的产生与发展是随着社会经济文化不断发展而演进变化的,任何旅游经济现象的出现都是在特定的历史背景下产生的,具有历史的必要性,因此对旅游经济现象的分析和探讨必须坚持历史唯物主义观点。同时对一些旅游经济现象的产生、旅游经济关系的形成以及旅游经济规律的演变必须一分为二地对待和分析,如对旅游的经济文化影响就必须从正反两方面认识,不能片面化,辩证地、历史地认识旅游经济问题是十分必要的。

二、实证分析与规范分析相结合的方法

在经济学中,实证分析就是分析经济现象"是什么"的方法,也就是对客观事物的状况及客观事物之间的关系是什么的事实性陈述的分析;规范分析是分析经济现象"应该是什么"的方法,也就是对价值主体与价值客体之间的价值关系的分析。两者之间的主要区别是对价值判断的取舍不同。

任何旅游经济现象的产生都有其复杂的背景与原因,对旅游经济现象"应该是什么"的判断必须建立在对"是什么"的认识基础上,否则提出的规范性建议就缺乏事实基础,甚至提出的对策会导致事与愿违的结果。因此,在对旅游经济学的诸多问题进行分析时,必须将两者有机结合起来,才有助于正确认识旅游经济问题。

三、定性分析与定量分析相结合的方法

任何事物都是由质与量组合而成的,质是指一事物成为其自身并使之区别于其他事物的内部规定性,而量是指事物的规模、发展程度、速度以及其构成成分在空间上的排列组合等可以用数量表示的规定性。只有正确地认识了事物的质,才能把不同的事物区别开,才能把握事物变化发展的趋势。然而,由于定性分析的结论一般都是用语言描述的,对事物的认识还是初步的和模糊的,在此基础上,进一步考察事物的量,才能对事物的质建立清晰准确的认识。因此,对事物作定量的分析,是对认识的深化和精确化。

四、静态分析与动态分析相结合的方法

静态分析就是指从相对静止的角度来认识处于相对静止状态的事物,专注于事物在某一时点上的现存状态,这样就可以考察某一时点上经济系统之间及其与非经济系统之间的发展水平、发展状况及其发展特点。动态分析则是把事物置于其自身的历史过程中,从运动的角度来认识事物,这样就可以考察经济系统之间及其与非经济系统之间发展变化的速度、方向及其趋势。

案例分析

托马斯·库克与旅游业的诞生①

英国人托马斯·库克生于1808年,出身贫寒,4岁时丧父。迫于家庭生计,托马斯·库克10岁时不得不辍学,到一园艺种植者那里打工学徒,每周的工钱仅为6个便士。该雇主死于嗜酒之后,14岁的托马斯·库克被介绍到他的一个经营木器作坊的姨父那里打工学徒。不幸的是,他的这位姨父后来也因为嗜酒而亡。所以,托马斯·库克从少年时代起,心灵中便深深埋下了对酒的痛恨。

1841年6月9号,32岁的托马斯·库克来到莱斯特,他发现当时(维多利亚时期)很多的社会问题都和酗酒有关,他认为如果人们不再酗酒并且接受更好的教育,生活质量将大为提高。为了帮助人们戒酒,他成立了一个戒酒会,为了帮助他们摆脱精神上的苦恼,库克决定让人们看看外面广大的世界,接近大自然。他把聚会安排在铁路沿线的几个重镇上,让会员们有旅行的机会,还要求铁路部门在票价上打折。在托马斯提议下,1841年7月5日,运载着500名乘客的首列观光列车从莱斯特出发,游客周游了12英里后返回莱斯特,只花了1先令,包括交通费用、乐队演奏赞歌、一次野外午餐和午后茶点。库克为旅行者讲述旅途中的景物和历史渊源,而且他自小就在外面流浪奔波,对出门远行者的心情十分了解,生活起居上照顾得很周到。那次旅行组织得非常成动,很多人由此戒酒成功。托马斯·库克组织这次活动被当时的人们称为"伟大的创举",并普遍被后来的人们看做是近代旅游业的开端。

1841年这次团体旅游活动的成功组织使托马斯·库克名声大噪。在这次成功的鼓舞下,1845年托马斯·库克在英国的莱斯特正式成立了托马斯·库克旅行社,开始专门从事旅行代理业务,成为世界上第一位专职的旅行代理商。托马斯·库克旅行社的出现标志着近代旅游业的诞生。

1851年,正值伦敦水晶宫举行世界博览会,库克抓住这个机会想大做一笔生意,库克父子总共带去15.6万多名参观者。他儿子负责在伦敦的接待工作,替客人安排交通工具和住宿,做的有条不紊,使客人感到没有一点不方便的地方。每批客人在去博览会之前,小库克都扼要地把值得看的东西说明一遍,而且把参观路线编成小册子,游客人手一本,好让他们参观时按图索骥。另外,他还为每个游客准备一份便宜的午餐,因为博览会里面的饮食贵得吓人,虽然游客不一定在乎,但能省钱总是让人高兴的。这些措施对现代的旅行社来说已算不上什么特别措施,但在那个保守年代已算是一种创举。

库克父子公司所组织的几个特殊性质的旅行团,最为人们津津乐道,例如创办

① 资料来源:根据李天元.旅游学概论[M].天津:南开大学出版社,2003.及其他资料改编.

百慕大蜜月旅行、巴厘岛观光等。到 1864 年，经托马斯·库克组织的参加旅游的人数已累计达 100 多万，他的名字也成了旅游的代名词，在欧美地区家喻户晓。"经营旅行观光事业，不仅带别人去游山玩水，更是探求新知识、新事物的先锋队"，这是老库克的理想。

案例思考题：

1. 为什么托马斯·库克 1841 年的活动被人们看做是近代旅游业的开端？
2. 试阐述中国旅游业的产生及发展过程。

思考与练习题

1. 如何认识旅游经济活动的产生与发展？
2. 结合旅游经济发展的基本态势，谈谈你对旅游业未来发展前景及方向的认识。
3. 旅游经济具有怎样的性质？如何理解这种性质？
4. 结合实际例子理解旅游经济的作用体现在哪些方面？
5. 如何理解旅游经济研究对象和框架？
6. 如何灵活运用旅游经济学研究方法解决实践中的问题？

第二章 旅游客源地与旅游需求

Tourist Origin and Tourism Demand

学习要点：

- 旅游客源地的概念及其经济作用，影响旅游需求的诸多因素
- 旅游需求的概念、形成条件及其特征
- 旅游需求的一般规律，旅游需求弹性的特征
- 旅游需求预测的意义，运用各种测量方法进行旅游需求预测
- 旅游需求基本的衡量指标

Learning Points:

- the concept of tourists origins and its economic functions, and the factors which impact the tourism demand
- the concept of tourism demand, form condition and its characteristics
- the law of tourism demand, and elasticity of tourism demand
- the forecast's meaning of tourism demand and using kinds of measurements to forecast tourism demanding
- the measurable indicators of tourism demand

第一节　旅游客源地

旅游经济活动的开展依赖于旅游需求的产生和发展，而旅游需求的数量和结构受到旅游客源地社会经济发展水平等多种因素的影响，正确理解和认识旅游客源地的含义，有助于认识旅游需求及其影响因素，从而有助于更好地满足旅游需求。

一、旅游客源地的概念

旅游客源地和旅游目的地是相对概念。一个地理空间既可以作为旅游客源地也可以作为旅游目的地。一般来讲，旅游客源地是指具备一定人口规模和经济实力，能够向旅游目的地提供一定数量旅游者的地区。

作为旅游客源地的地区可大可小，根据其市场范围的不同，将其划分为区域型客源地、全国型客源地、中转型客源地以及客源地国家四种类型。

区域型客源地是从区域旅游角度来划分的旅游客源地，它主要向一个特定区域内的旅游目的地提供客源，是一个旅游目的地周边地区或邻近地区的客源生成地。例如，长三角经济圈中，上海作为一个旅游目的地，江苏、安徽等省的部分地区便成为上海这个旅游地的区域型客源地。

全国型客源地是从国内旅游的角度来划分的客源地，全国型旅游目的地主要是通过全国型旅游客源地提供客源。例如，北京作为一个全国型的旅游目的地，全国各个省市都可以称为北京旅游目的地的客源地。

中转型客源地是指那些具有交通中转和出入境口岸功能，可以形成过往和过境旅客的地区。例如，北京、上海、广东、中国香港等地都是我国国际旅游者出入境的口岸城市，我国的国际旅游者中绝大多数都是从这些地区进入我国的。

客源地国家则是从国际旅游角度来划分的客源地，是相对于旅游目的地国家而言的，客源地国家是目的地国家旅游需求的重要来源。

二、影响旅游需求的因素

基于经济学假设的影响，旅游需求的因素包括旅游产品的价格、人们的可自由支配收入和闲暇时间等影响旅游需求的基本因素。但在现实的旅游经济活动中，影响旅游需求的其他因素还很多，范围涉及经济、政治、社会、文化、心理乃至自然等诸多方面的影响。本书主要就旅游客源地、旅游目的地及连接两地之间的媒介体分析影响旅游需求的因素。影响旅游需求的因素概括如表 2－1 所示。本章的其他部分将就旅游需求规律涉及的旅游客源地的个人可自由支配收入水平、闲暇时间和旅游目的地提供的旅游产品总体价格水平作详细阐释，因此在这里仅对其他因素作一简单介绍。

表 2-1 影响旅游需求的因素

旅游客源地因素	旅游目的地因素	媒介体因素
个人可自由支配收入水平	总体价格水平	两地的比较价格
闲暇时间	旅游供给水平	在旅游客源地的促销活动
消费习惯(收入分配)	旅游产品质量/开发程度	汇率
总人口及人口结构	社会环境	旅游的时间/费用
城市化程度	对旅游者的经济管制	其他非常规事件
税收政策及旅游花费限制		

(一)旅游客源地因素

1. 消费习惯。消费习惯是指人们在日常生活中逐渐形成的一种经常性的消费行为。大量实例表明,不同国家、地区、民族的消费者,由于文化背景、宗教信仰、道德观念、风俗习惯以及社会价值标准不同,在消费者观念及消费行为上会表现出明显差异。例如,中国人民银行自 1999 年 3 月推出住房、汽车、旅游、家电、助学教育等领域的消费信贷,旨在促进和鼓励消费。然而部分消费信贷却是"叫好不叫座",实际推行中进展缓慢、阻力重重,其重要原因之一,就在于中国传统观念的影响和束缚。

中国人历来视勤俭持家、精打细算、未雨绸缪、量入为出为美德,而将超过自身支付能力的消费视为奢侈浪费,借债消费更是为人所不齿的行为。体现在消费观念上,人们普遍崇尚"勤俭节约、量入为出",忌讳"寅吃卯粮,举债度日",因而即期收入成为当前消费的最大极限。人们宁愿省吃俭用,也不愿意负债消费或者超前消费。我国消费者对"花明天钱圆今天梦"的消费信贷方式还是难以全面接受,要改变千百年来形成的传统消费观念并非容易的事。随着经济的发展,我国居民的家庭收入状况和消费状况都在逐步改善,表 2-2 和表 2-3 是我国城镇居民的家庭基本状况变化表及 2005 年的消费情况,从这两个表中基本可以看出我国城镇居民的消费习惯。

表 2-2 城镇居民家庭基本状况

项　目	1990 年	1995 年	2000 年	2004 年	2005 年
调查户数(户)	35 660	35 520	42 220	50 430	54 496
平均每户家庭人口(人)	3.50	3.23	3.13	2.98	2.96
平均每户就业人口(人)	1.98	1.87	1.68	1.56	1.51
平均每户就业面(%)	56.57	57.89	53.67	52.35	51.01
平均每一就业者负担人数(包括就业者本人)(人)	1.77	1.73	1.86	1.91	1.96
平均每人全部年收入(元)	1 516.21	4 279.02	6 295.91	10 128.51	11 320.77
工薪收入	1 149.70	3 390.21	4 480.50	7 152.76	7 797.54

续表

项　　目	1990 年	1995 年	2000 年	2004 年	2005 年
经营净收入	22.50	72.62	246.24	493.87	679.62
财产性收入	15.60	90.43	128.38	161.15	192.91
转移性收入	328.41	725.76	1 440.78	2 320.73	2 650.70
可支配收入	1 510.16	4 282.95	6 279.98	9 421.61	10 493.03
平均每人消费性支出（元）	1 278.89	3 537.57	4 998.00	7 182.10	7 942.88
食品	693.77	1 771.99	1 971.32	2 709.60	2 914.39
衣着	170.90	479.20	500.46	686.79	800.51
家庭设备用品及服务	108.45	263.36	374.49	407.37	446.52
医疗保健	25.67	110.11	318.07	528.15	600.85
交通通信	40.51	183.22	426.95	843.62	996.72
教育文化娱乐服务	112.26	331.01	669.58	1 032.80	1 097.46
居住	60.86	283.76	565.29	733.53	808.66
杂项商品与服务	66.57	114.92	171.83	240.24	277.75
平均每人消费性支出构成（人均消费性支出 =100）					
食品	54.25	50.09	39.44	37.73	36.69
衣着	13.36	13.55	10.01	9.56	10.08
家庭设备用品及服务	10.14	7.44	7.49	5.67	5.62
医疗保健	2.01	3.11	6.36	7.35	7.56
交通通信	1.20	5.18	8.54	11.75	12.55
教育文化娱乐服务	11.12	9.36	13.40	14.38	13.82
居住	6.98	8.02	11.31	10.21	10.18
杂项商品与服务	0.94	3.25	3.44	3.34	3.50

注：1. 本表为城镇居民家庭收支抽样调查资料。

2. 从 2002 年起，城镇住户调查对象由原来的非农业人口改为城市市区和县城关镇，表中相关资料均作相应调整。

资料来源：中华人民共和国国家统计局编，《中国统计年鉴 2006》。

表 2－3　2005 年城镇居民家庭平均每人全年消费性支出

项目	总平均	困难户（5%）	最低收入户（10%）	低收入户（10%）	中等偏下户（20%）	中等收入户（20%）	中等偏上户（20%）	高收入户（10%）	最高收入户（10%）
消费性支出（元）	7 942.88	2 656.41	3 111.47	4 295.35	5 574.32	7 308.06	9 410.77	12 102.51	19 153.73
食品	2 914.39	1 290.09	1 475.67	1 926.01	2 336.30	2 838.83	3 425.91	4 151.09	5 367.27

续表

项目	总平均	困难户（5%）	最低收入户（10%）	低收入户（10%）	中等偏下户（20%）	中等收入户（20%）	中等偏上户（20%）	高收入户（10%）	最高收入户（10%）
粮食	242. 16	213. 48	219. 24	226. 76	232. 78	241. 91	254. 36	264. 80	267. 05
肉禽及其制品	564. 91	296. 26	343. 43	433. 51	514. 28	584. 52	655. 83	716. 12	756. 41
蛋类	71. 48	46. 06	51. 69	63. 79	68. 85	74. 15	78. 21	84. 39	79. 86
水产品	188. 80	57. 83	70. 33	101. 05	133. 18	176. 00	234. 15	314. 58	403. 67
奶及奶制品	138. 62	39. 44	50. 75	82. 73	110. 80	140. 44	173. 23	206. 79	248. 28
衣着	800. 51	189. 78	243. 66	408. 63	565. 13	784. 56	1010. 63	1 255. 95	1 757. 59
服装	577. 00	125. 16	162. 17	279. 48	397. 24	558. 99	731. 97	929. 82	1 312. 69
		（5%）	（10%）	（10%）	（20%）	（20%）	（20%）	（10%）	（10%）
家庭设备用品及服务	446. 52	90. 39	109. 21	171. 60	268. 81	397. 17	546. 06	754. 85	1287. 53
耐用消费品	213. 21	25. 59	31. 15	60. 73	117. 18	188. 12	270. 35	377. 85	663. 60
医疗保健	600. 85	206. 52	232. 50	308. 13	408. 12	561. 82	764. 91	997. 59	1 287. 67
交通通信	996. 72	180. 86	228. 37	375. 86	536. 22	764. 70	1 074. 90	1 590. 28	3 769. 58
教育文化娱乐服务	1 097. 46	293. 17	363. 61	518. 77	720. 40	985. 68	1 336. 77	1 700. 23	2 907. 99
文娱用品	280. 21	33. 48	43. 28	84. 41	152. 45	236. 60	364. 93	493. 01	874. 88
居住	808. 66	338. 74	384. 08	472. 21	580. 01	745. 49	921. 67	1 195. 48	1 897. 91
住房	249. 25	44. 02	58. 28	77. 75	112. 90	200. 94	284. 80	451. 25	903. 39
杂项商品与服务	277. 75	66. 86	74. 36	114. 14	159. 32	229. 81	329. 92	457. 03	878. 19
消费性支出构成(%)									
食品	36. 69	48. 57	47. 43	44. 84	41. 91	38. 85	36. 40	34. 30	28. 02
衣着	10. 08	7. 14	7. 83	9. 51	10. 14	10. 74	10. 74	10. 38	9. 18
家庭设备用品及服务	5. 62	3. 40	3. 51	4. 00	4. 82	5. 43	5. 80	6. 24	6. 72
医疗保健	7. 56	7. 77	7. 47	7. 17	7. 32	7. 69	8. 13	8. 24	6. 72
交通通信	12. 55	6. 81	7. 34	8. 75	9. 62	10. 46	11. 42	13. 14	19. 68
教育文化娱乐服务	13. 82	11. 04	11. 69	12. 08	12. 92	13. 49	14. 20	14. 05	15. 18
居住	10. 18	12. 75	12. 34	10. 99	10. 41	10. 20	9. 79	9. 88	9. 91
杂项商品与服务	3. 50	2. 52	2. 39	2. 66	2. 86	3. 14	3. 51	3. 78	4. 58

资料来源：同表 2－2。

2. 总人口及人口结构。客源地的总人口及人口结构也是影响旅游需求的重要因素。

(1)总人口。在经济不断发展、人均收入不断增长的前提下,人口的增长无疑会带来对各种商品和服务需求的增加,旅游需求也不例外。现代旅游之所以能够迅速发展,得益于二战后人口规模的迅速扩大。从对表2-4的分析可以看出旅游需求变化受到人口增长的影响。

表2-4 人口数量增长对旅游需求变化的影响

年份	全世界总人口(亿)	国际旅游人次(亿)	占世界总人口比例(%)
1950	25	0.25	1
1969	36	1.43	4
1990	52	4.55	8.8
1999	60	6.57	10.95
2006	65.25	8.42	12.90

(2)人口结构。在任何一个旅游客源国中,人口结构对旅游需求都有很大的影响。人口结构的内容主要涉及人口的年龄、性别和职业构成等人口统计学特征。

国际上很多旅游调查资料表明,年龄对旅游需求有一定的影响,具体表现在个体在不同的年龄段对旅游的需求程度、出游动机、旅行方式、消费水平和消费结构等方面的差异。实际上,年龄本身并不是旅游需求变化的实质影响因素,而是由于年龄引起的人的家庭生命周期阶段特征及身体能力状况的变化在发挥作用。众所周知,现在旅游市场中老年游客占有很重要的地位,各个旅游企业都希望从"银发市场"的开发上分得一杯羹。但是在20世纪80年代以前,在国际旅游研究中不少旅游调查资料表明,老年人在旅游者中所占的比例很低。据此很多研究结果都得出年龄的增长对旅游需求程度有抑制性影响的论断。然而80年代中期以后,老年旅游者人数不但增加很快,而且成为备受世人瞩目的"银发市场"。国际旅游科学专家联合会(AIEST)在80年代中后期的一项研究报告表明,随着人口结构老龄化的发展,老年旅游市场不但正在以超出整个旅游市场平均增长率的速度增长,而且将在今后的旅游市场中占绝对重要地位。出现这种戏剧性变化的原因不难得出,随着社会经济的发展和人们生活水平的不断提高,医疗卫生条件的不断改善,人们的平均寿命也在不断提高。

性别构成对旅游需求的影响也是存在的。国际旅游和国内旅游呈现出惊人的一致现象:男性旅游者所占的比例要高于女性。应当特别指出的是,性别本身并不是构成旅游需求障碍或促进的因素,造成男性游客多于女性游客的实质原因是男性游客和女性游客在社会生活中所扮演的角色不同、身体状况不同,从而造成性别的不同而对旅游的需求程度有一定的差别。对于旅游经营者来说,旅游市场中的性别因素是必须承认的客观事实,但并不意味要在经营活动中过分关注男性市场。

随着社会经济的发展和文明进程的不断推动,女性游客也是旅游市场中不容忽视的生力军。表2-5反映的是我国2005年按性别年龄统计的入境旅游人数情况。

职业构成对旅游需求的影响主要体现在旅游者当中"白领"职业人员所占的比重高于"蓝领"的工作人员。以国际旅游为例,如美国1990年成年旅游者中,专业人员和管理人员所占比例为23%,其他"白领"职业者占32%,而从事"蓝领"工作的劳动者只占15%。2005年我国所接待的外国游客中,政府工作人员占4.8%,专业技术人员占16.6%,"白领"职业者占15.8%,而技工/工人只占4.9%。究其原因:一是由于职业不同其经济收入也不相同,一般而言,"白领"职业人员经济收入高于"蓝领"劳动者,而且"白领"职业人员往往受教育程度较高,有助于激发去异国他乡旅游的兴趣。二是职业构成对旅游需求也会产生一定的季节性影响。就世界上各主要客源国来看,就业于制造业的员工带薪假期往往比较集中,而且放假季节比较固定,多是集中于夏季,而其他行业的员工相对来说较为均衡。

表2-5　2005年按性别、年龄划分的外国入境旅游人数　(单位:万人次)

指　标	2004年		2005年	
	人数	比重(%)	人数	比重(%)
总计	1 693.25	100.0	2 025.51	100.0
按性别分				
男	1 120.40	66.2	1 321.15	65.2
女	572.85	33.8	704.36	34.8
按年龄分				
14岁及以下	64.15	3.8	79.93	3.9
15至24岁	131.97	7.8	164.46	8.1
25至44岁	828.82	48.9	979.74	48.4
45至64岁	588.27	34.7	703.84	34.7
65岁以上	80.05	4.7	97.55	4.8

资料来源:中华人民共和国国家统计局编,《中国旅游统计年鉴2006》。

(二)旅游目的地因素

1. 旅游供给水平。旅游目的地的供给水平对客源市场的旅游需求有着决定性的影响。旅游供给在很大程度上决定着旅游需求能否实现以及在多大程度上实现。就国际旅游而言,旅游供给在很大程度上影响甚至决定着需求。在组成旅游供给的诸要素中,旅游吸引物是其最基本因素,它是旅游目的地国发展旅游业的依托。旅游吸引物的质量、数量、类型等状况对旅游目的地能够吸引多少游客及吸引哪些游客起着决定性的作用。有研究表明,观光型旅游产品往往具有全球性的吸引力;度假型旅游产品往往具有区域性吸引力;人造景观往往具有地区性吸引力。同时,旅游产品的吸引力强弱除了受自身禀赋影响以外,还受到旅游设施的完善程度、旅游地可进入性、旅游服务质量及当地居民的态度等诸多因素的影响。因此，旅游目的地在开发以旅游吸引物为依托的旅游产品的同时，要注重对其广度和深度的拓展，使其与旅游者的需求有效地适配。

2. 社会环境。这里提到的社会环境包括旅游目的地的政治、经济及人文环境。首先，旅游目的地政治环境的好坏直接影响着旅游者是否选择该地作为旅游目的地。处于动荡政治环境中的旅游目的地即使拥有举世无双的旅游吸引物，旅游者出于安全的考虑也不会将其作为满足他们旅游需求的上佳之选。其次，旅游目的地的经济状况一般决定着其相应旅游接待设施的完备程度及其可进入性，这无疑也是决定旅游者需求满足程度的因素之一。人文环境一般表现在当地居民的好客程度、当地的风俗习惯及文化特色等方面。毫无疑问，旅游目的地的人文环境也决定了它对旅游者吸引力的强弱。

3. 针对旅游者的经济管制。旅游目的地针对旅游者的经济管制主要是对旅游者实施的税收政策而言。针对旅游者的税收将增加旅游者的旅游成本，实际抬高了旅游者购买旅游产品的价格，从而影响旅游者对旅游目的地旅游产品的需求量。目前，不少国家为鼓励外国公民购物消费，通过一定方式向外国消费者返还消费税。通常的操作是消费者在商店购物后，由商店开出退税单据，消费者在离境时，将所购物品及退税单据交海关查验并盖章，然后凭退税单据和原始购物发票到退税机构的网点办理退税。

（三）两地间媒介体因素

1. 距离因素。旅游客源地与旅游目的地之间的距离因素包括两层含义：一是经济距离，二是文化距离。

经济距离表现为旅游者到达该地所耗费的时间和金钱。经济距离已成为旅游者衡量旅游目的地吸引力大小的重要指标。这是因为组成经济距离的时间和金钱这两方面因素对于旅游者来说都是有限资源，经济距离越大，旅游者面临的出行阻力就越大，旅游需求量就表现出下降趋势。因此，旅游中交通费用的开支及在路途上所耗费的时间都是旅游者决定是否出行、出行到哪里的重要依据。旅游者出于消费效用最大化的考虑，可能会舍弃一些耗时较长、费用较高的旅游目的地。

文化距离表现为旅游客源地与旅游目的地之间的文化差异程度。它主要包括语言文字差异、生活习惯差异及民风民俗差异等方面。文化距离的存在，一方面可以满足旅游者求新、求异、求乐的需求，构成产生旅游需求的推动力；另一方面，会客观上造成旅游目的地和客源地之间的世界观、价值观等思维方式和行为方式的不同，而使旅游者产生因沟通不畅带来的恐惧和不安，成为形成旅游需求的阻力。旅游者旅游的过程一般呈现出的是由近及远的规律，即随着旅游者接触的文化日趋多元，视野更加开阔，接受能力增强，从而产生由近及远的旅游需求。

2. 媒体因素。媒体因素包括报纸、报刊、杂志、电视、网络等多种途径。由于旅游产品特殊的不可转移性,旅游者了解旅游目的地的重要途径就是通过媒体的传播,这样可以激发旅游者的旅游需求并最终促成其旅游行为的发生。显而易见,如果旅游者很难得知甚至不知道某种产品的存在,那么这种产品进入旅游者消费范围的可能性就小之又小。尤其是随着经济和科技的快速发展,媒体信息越来越成为帮助旅游者筛选旅游目的地的重要依据。旅游目的地利用相关的媒体促销旅游产品,往往会收到良好的效果。如北京市政府从2004年就开始举办一系列围绕奥运主题的旅游促销活动:2005年开展了"感受中华美文化"旅游促销;2006年推出了"体验奥运新场馆"的旅游促销;2007年推出"欢聚在奥运公园"旅游促销;2008年将推出"世界相聚在北京"旅游促销。中国旅游部门已经在纽约等主要的国际大都市投入了大量的广告,以推广中国形象,收到了良好的效果,外国赴华人数大幅增加。有关数据统计显示,2006年我国旅游业增长率为16.3%,比GDP增长率高5.6个百分点,这与以往平均2~4个百分点的差距相比有所扩大,显示出旅游业增长步伐的加快。

3. 汇率因素。汇率因素往往是针对国际旅游而言的。汇率亦称"外汇行市或汇价",是一国货币兑换另一国货币的比率,即以一种货币表示另一种货币的价格。由于世界各国货币的名称不同,币值不一,所以一国货币对其他国家的货币要规定一个兑换率,即汇率。如果旅游客源国货币相对于旅游目的地国货币升值了,则意味着客源国居民到该目的地旅游价格相对下降了,从而更加刺激了旅游客源国的旅游需求,反之则会抑制旅游客源国的旅游需求。

汇率的变动也可能会对国内旅游需求产生附带影响。在只考虑价格因素的前提下,假设旅游客源国的国内旅游需求和国际旅游需求处于某平衡的临界点上,如本国货币升值,则本国居民出境旅游的成本相对降低,从而将旅游需求的实现从国内旅游需求向国外旅游需求移动,达到新的平衡,反之亦然。

4. 其他非常规事件。其他非常规事件包括两个方面的事件:一是对旅游发展有促进意义的各种正面节庆活动,二是对旅游发展有抑制作用的负面活动,包括两国间的政治关系恶化、恐怖事件、自然灾害等都会对旅游需求造成影响。

三、旅游客源地的经济作用

在以往的旅游经济研究中,一般重视对旅游目的地的研究,而对旅游客源地则很少给予关注。由于旅游活动以及由此产生的旅游经济活动在空间上主要集中在旅游目的地,旅游客源地往往只被简单看做旅游目的地开展旅游经营活动的市场来源,只是将旅游客源地作为游客的背景,认为旅游客源地对旅游活动以及旅游经济活动不会产生更多的直接影响。在这种认识下,多数旅游经济学的研究是按照旅游目的地的经济体系建立起来的。

随着旅游经济发展的深入,旅游客源地在旅游经济中扮演着日益重要的角色,它是开展旅游活动必不可少的重要一方,强化对旅游客源地的研究具有重要的意义。

第一,旅游客源地是支持旅游经济活动开展的前提条件。旅游经济活动的开展同其他经济活动一样,都离不开供求双方的共同作用。传统的微观经济学研究都是基于制造类生产企业开展的,往往强调供给决定需求的概念。人们对这类产品的需求,往往通过运输的形式将制造类产品从生产地向运输地转移,消费者可以不离开其居住地就实现需求。对于供给方而言,只要运输成本在其生产成本的允许范围之内,就不必考虑产地与消费市场之间的空间距离。而对于旅游经济活动而言,旅游供给方无法将其旅游产品运至其需求市场去销售,只能通过各种促销手段及服务将客源地的旅游者吸引到目的地去消费,来完成产品的销售。从这个意义上讲,旅游客源地与旅游目的地相同,是旅游经济活动开展的前提条件。

第二,旅游客源地决定着旅游经济的发展方向和特点。旅游目的地旅游经济活动的开展离不开旅游者的参与,来自不同客源地的旅游者由于文化、习俗、政治、经济等诸多社会性因素不同,其消费行为都会受到这样或那样的影响和约束,从而影响旅游经济的发展方向及发展特点。2007 年通过的休假制度改革方案中,取消了"五一"黄金周,同时增加了清明、端午和中秋三个民族节日为休假日,在与相应的周末双休日合并后,形成了三个短期假日。调整后的休假制度不仅改变了假日结构,而且引导着旅游经济发展方向要作出相应的调整,即增加中短途的旅游产品供给,以满足短期观光及休闲度假的需求。

第三,旅游客源地的经济发展是旅游经济活动发展的助推剂。旅游目的地的旅游供给状况在很大程度上受其主要客源地的经济发展影响。旅游客源地的居民必须有足够的可自由支配收入和相对较多的闲暇时间,才可能满足其外出旅游的需求。旅游目的地提供的旅游产品不仅要考虑其旅游资源的质量和数量,还要考虑围绕旅游资源开发的相关旅游项目是否能符合其主要客源地的经济发展水平,是否与客源地市场的需求相适配。正是旅游客源地的经济发展促进了旅游经济活动的发展。

第四,旅游客源地也是旅游企业地域扩张的基地。按照需求决定供给的推论,位于旅游客源地的旅游企业具有客源市场的比较优势,因为这些企业接近客源市场,了解旅游者的需求,并能根据旅游者的需求提供相应的服务。旅游者到远离其居住地的旅游地去旅游,其所需的各种旅游信息及旅行服务均由本地旅游企业提供,从而形成了提供旅行服务的近距离市场与远距离市场并存的局面,使旅游客源地的旅游企业具有市场客源的垄断力,这些企业借助于对客源的垄断便可实施跨地区旅游经营。大量事实说明,旅游企业的跨地区经营乃至跨国经营都是以其客源输出为基础的,根据本地旅游者的出游线路和旅游目的地(国)实施跨地区(国界)经营,是世界范围内旅游企业通行的做法。

即使旅游客源地企业不实施跨地区经营或者跨国经营,由于其垄断了客源市场,因此在向旅游目的地输出客源时仍会居于有利的市场地位,特别是那些为旅游目的地承担组团业务的旅行社等中介机构,更具有旅游客源地旅游企业的比较优势。他们借助于自己的组团网络以及旅游者规模,可以同旅游地接待型企业讨价还价,来获得更多的经济利益。同时,也可借助于一定的客源规模,迫使旅游目的地企业提供更多的服务,从而在无形中增加旅游目的地企业的经营成本。

由此可见,旅游经济的空间组织,是一种以旅游客源地为主体的旅游经济组织体系,旅游客源地在整个旅游经济中有重要的经济地位。

第二节　旅游需求

旅游需求是旅游经济活动开展的前提和基础,深入认识旅游需求及其运动规律,有助于正确把握市场变动趋势,更好地满足旅游者的消费需求。

一、旅游需求的含义

(一)旅游需求的概念

在经济学中,需求一词是指在一定时期内,消费者以某种可能的价格愿意并且能够购买的某种产品或服务的数量。当消费者所需求的产品或服务为旅游产品时,所对应的需求就是旅游需求。由于旅游活动带有明显的空间位移特性,使得旅游消费具有不同于一般产品消费的异地性和时限性,从这个意义上讲,旅游需求在传统经济学需求的定义中需加入时间的限制。旅游需求表述为,在一定时期内,具有一定支付能力和闲暇时间的消费者以某种可能的价格愿意并且购买的某一旅游产品的数量。这里要特别强调有效旅游需求的含义。也就是说,消费者必须同时具有购买欲望、支付能力、闲暇时间等基本条件才能实现其有效旅游需求,否则为潜在旅游需求。比如说,很多潜在的消费者想乘坐豪华邮轮或大型客机的头等舱出游,但是有能力支付的人却少之又少。

(二)旅游产品及其特点

1. 旅游产品的概念。旅游产品的概念可以从供需两个方面来加以理解。从旅游目的地即旅游供给角度出发,旅游产品包括两类:一类旅游产品是指旅游经营者凭借旅游吸引物、交通和旅游设施,向旅游者提供的用以满足其旅游活动需求的全部服务。在这里旅游产品是个整体概念,它是由多种成分组合而成的混合体,既包括有形产品也包括无形服务。另一类是单项旅游产品。如旅游经营者销售给游客的旅游产品包括飞机上的座位、餐馆里的一顿饮食、饭店的一张床位、导游人员的全程陪同讲解等,这里提到的每一个单项的服务(产品)都是组成整体旅游产品的单项产品,经营单项旅游产品的部门和企业的经营活动一般来说是各自独立的。

从旅游客源地即旅游需求角度出发,旅游产品是指旅游者花费一定的费用、时间和精力所换取的一次经历。这次经历从旅游者离开其常住地开始,到旅游结束归来后终止。由于游客的经历是对所接触事物的综合感受,因此其获得的体验既可能是美好的也可能是痛苦的。

供给方面的旅游产品和需求方面的旅游产品，表面上看来似乎不是同一个产品，是不相干的两个概念，但是经深入分析我们不难发现，游客的这种经历是通过消费供给方提供的旅游产品得到的，供给和需求两个方面的旅游产品是旅游市场这棵植物上结出的同一个果实，只是因观察者所站的角度不同而有差别。

旅游需求是对某一旅游产品的需求。随着旅游的发展，部分自助旅游者外出时需要旅游企业为其提供诸如机票、酒店、讲解等相关单项旅游服务。但是很明显，通常情况下，不管是团体游客还是散客外出旅游的目的并非为了入住某家饭店的客房或乘坐某航空公司的班机，而是为了获得去某地旅游的美好经历。因此，尽管人们为了保证旅游活动的顺利进行的确存在对单项旅游产品的需求，但这种对某一单项旅游产品的需求通常都派生于对某一旅游目的地整体旅游产品的需求，作为旅游供给方的旅游目的地所组织和营销的也往往是整体旅游产品。因此，在旅游经济学中，旅游需求通常多指对整体旅游产品的需求。因此，相对应的旅游产品价格也是整体旅游产品的合成价格。整体旅游产品主要包含旅游吸引物（Attractions）、旅游设施（Amenities）、旅游服务（Tourism Services）和可进入性（Accessibility）四个方面，其中旅游服务是旅游产品的核心，旅游服务像是一根线索，将各个单项旅游服务串接在一起形成一个完整的旅游产品。

2. 旅游产品的特点。旅游产品的特点可概括为以下六点：

（1）综合性。旅游产品的综合性主要表现在两个方面：第一，旅游产品是由吃、住、行、游、购、娱等多项产品和服务组合而成的混合性产品，既满足游客的精神需求也满足游客的物质需求；第二，旅游产品的综合性还表现在组成旅游产品所涉及的部门和行业众多，其中包括直接向游客提供产品和服务的饭店业、交通运输部门、娱乐场所、通信部门、海关部门等，还包括间接向旅游者提供产品和服务的农业、林业、牧业、渔业、纺织业、建筑业、钢铁业、公安、卫生、教育等相关企业和部门，可以说涉及了接待国（地区）国民经济的方方面面。

（2）无形性。旅游产品的无形性特点主要表现在三个方面：第一，游客购买旅游产品和购买其他制造类产品不同的是，不能通过直接观察产品的外形、颜色、质量等方面来决定是否购买，只能凭借着一种对出行情况的预期来购买旅游产品。这样就容易给一些不法企业带来可乘之机，他们往往利用旅游者的预期来大做虚假宣传文章，诱使旅游者上当受骗。如我国近期出现的“零团费”和“负团费”旅游就是一个很好的例证。第二，旅游者购买旅游产品后，旅游企业为游客提供的服务是无形的。第三，游客返回后其获得的经历是无形的。

（3）不可转移性。旅游产品的不可转移性特点主要体现在两个方面：第一，旅游服务所凭借的旅游吸引物和旅游设施无法从旅游目的地运输到旅游客源地供游客消费，只能通过信息的传递，让游客了解旅游目的地及其相关情况，才可能促使游客将该旅游目的地作为出行的备选地。第二，旅游产品不可转移的特点还表现在旅游产品售出后其所有权并没有发生转移，转移的只是产品暂时的使用权。

（4）旅游产品生产、消费的不可分割性。这个特点也称为旅游产品生产、消费的同一性。旅游产品的生产必须以游客的到来为前提，只有游客来到旅游目的地，旅游服务的提供才会发生，旅游消费也同时开展。当游客结束旅游活动离开旅游目的地时，旅游经营者提供的服务也告结束，游客对旅游产品的消费也就结束了。旅游服务和旅游消费在时空上的同时发生和同时结束表现为旅游产品的生产和消费的不可分割性。

(5)旅游产品的不可储存性。由于旅游服务和旅游消费在时空上的同一性，因此当没有游客购买和消费时，以服务为核心的旅游产品就不会产生出来，也就无法像其他制造类产品一样，在暂时销售不出去的时候可以储存起来，留待有市场时才销售。这个特性形成了旅游企业经营中的特殊现象，很多旅游企业经常根据需要实行浮动价格，力图使损失降到最低。

(6)旅游产品的易波动性，也称为旅游产品的易折性。这个特点的产生是由旅游产品本身的特点决定的。首先，旅游产品的综合性特点决定了任何一个行业或部门在供给过程中发生问题都可能对整体旅游产品产生影响；其次，旅游产品往往受制于自然气候变化和社会等外部因素的制约，如四季的更替、节假日的不同，甚至政治动乱、战争、瘟疫、国际关系等因素都会引起旅游产品需求和供给的变化。

二、旅游需求产生的条件

从旅游需求的定义中可以看出，从产生旅游需求的行为主体来看，产生旅游需求需要具备基本的主客观条件。概括来说不外乎三个条件：一是有外出旅游的意愿即旅游动机；二是有相应的支付能力；三是有闲暇时间。同时，由于旅游产品消费的位移性，因此其需求产生还有一个特殊条件，就是要求旅游者有旺盛的精力才可以支撑其完成旅游活动。

(一)旅游需求产生的客观条件

1. 支付能力。旅游需求的实现在很大程度上取决于个人支付能力的大小。旅游支付能力是将潜在旅游需求转化为现实旅游需求的基本条件。就个人自费进行旅游活动而言，其支付能力表现为足够数量的可自由支配收入。所谓可自由支配收入，是指个人收入中扣除应缴纳的个人所得税、日常性生活消费及必要的社会交往的消费开支后剩余的部分。因为旅游需求是人在满足了基本生存需求之后的发展和享受需求，因此所有这些费用最终都须从其可自由支配收入中偿付。正因为如此，各国研究旅游问题的学者都将可自由支配收入视为实现个人旅游需求的首要经济前提。可自由支配收入的高低，往往预示着旅游支付能力的强弱，它将影响出游的距离、旅游方式的选择等，最终将影响旅游需要的实现程度。

可自由支配收入的多少受多种因素的影响。首先，居民所在国(地区)的经济社会整体发展水平直接影响着人们的可自由支配收入的多少。在经济较发达的国家(地区),人们的收入水平往往较高,其可自由支配收入也较高,旅游支付能力就较强。从国际范围来看,国际旅游花费较高的国家和地区基本上经济均较为发达。在一国内,经济发达地区往往表现出较强的旅游偿付能力,如我国的东南沿海地区、江浙地区是我国国内旅游市场的主体。其次,居民从事的职业、社交范围的大小直接影响其可自由支配收入的多少。最后,家庭结构等因素也是一个不容忽视的因素。家庭结构比较简单、成员较少的家庭往往可自由支配收入相对较多,最终作出花费决策也相对较容易。

2. 闲暇时间。除了经济条件外,产生旅游需求的另一个客观条件是要有足够的可用于外出旅游的时间。对于个人旅游消费者来说,这一条件通常被称为闲暇时间。严格地讲,闲暇时间是指一个人在日常工作、学习、生活、社会交往及其他日常的限制性活动之外,可以随意支配的时间。在社会生活中,人们的闲暇时间基本可以分为四种基本类型:每日工作之余的闲暇时间、周末的闲暇时间、法定假期、带薪假期。这四种闲暇时间对实现旅游需求有不同的意义。

第一,每日闲暇时间对于旅游需求的实现基本没有什么意义,而被用于每日的放松休闲和娱乐。

第二,周末闲暇时间可以促进短期、近距离的旅游需求的实现。这点从我国实行双休日工作之后,大城市周边旅游的兴起中可窥见一斑。

第三,法定假期较长的闲暇时间可以促成更长更远的旅游需求的实现。比如我国从1999年国庆实行"黄金周"假期后,对国内旅游需求的促进起到了不曾预料的效果,在短短七天内竟然产生了141亿人民币的国内旅游收入,随后的春节又创下163亿元的收入新高。

第四,带薪假期是旅游真正走向大众的必要条件。国外旅游发展之所以能够达到较高的程度,除了旅游支付能力外,与带薪假期的实行不无关系。

从以上分析可以看出,并非所有的闲暇时间都可以用于外出旅游,作为产生和实现个人旅游需求的闲暇时间实际上是指历时较长的连续性余暇时间。一个国家(地区)居民拥有的闲暇时间与其所在国(地区)的社会经济发展水平、科学技术水平以及社会生产力水平存在着正相关关系。

3. 充沛的精力。充沛的精力是居民外出旅游的第三个必备的客观条件。因为产品的不可转移性特点,要想获得该产品是以旅游者的位移为前提的,要在较长的时间内实现较远距离的位移离不开充沛精力的支持。旅游者充沛的精力往往和其自身身体素质、生活条件、生活习惯等有较大关系。

(二)旅游需求产生的主观条件

旅游需求是人们通过支付货币而获得某一旅游产品的欲求。人们之所以想购买某一旅游产品,根本目的是为了满足其自身的某种需要。如果没有这种需要,或者没有意识到这种需要,那么一个人便不会有意于购买旅游产品,对旅游产品的需求也就无法产生。而一旦意识到这种需要,它便会以动机的形式表现出来。在这个意义上，人们通常把旅游动机视为旅游需求产生的主观条件。所谓动机（Motivation），就是发动并维持人的活动，并使活动指向一定目的的心理倾向。简单地讲，旅游动机就是驱使人们有意于外出旅游的内在动因。国际上有这样的经验统计：当一个国家（地区）人均国民生产总值达到300美元时，居民将普遍产生国内旅游的动机；达到1 000美元时，将产生跨国旅游的动机；超过3 000美元时，将产生洲际旅游动机。旅游动机的产生虽然在很大程度上同人们的心理类型、文化修养、年龄及性别等个人因素有关，但实际上，很多外界的客观因素对人们旅游动机的形成也具有很重要的影响，甚至可以构成旅游动机赖以形成的基础。在这类外界客观因素中，最具普遍意义的要算是社会历史条件、经济发展状况和微社会因素。社会、经济方面的诸多外部因素都会影响人们的需要，从而影响着人们旅游动机这一内因的形成。

三、旅游需求的一般特征

（一）旅游需求的指向性

旅游需求的指向性特点带有时空的二维属性，即旅游需求具有明显的时间指向性和地域指向性。

1. 旅游需求的时间指向性。旅游需求的时间指向性主要是指旅游需求在时间上具有较强的季节性。造成旅游需求出现季节性特征，一般来讲有自然和社会两方面的原因：从社会方面看，由于不同国家（地区）的休假制度和社会风俗习惯不同而使旅游者出游的时间带有明显的集中性；从自然方面看，由于季节更替对旅游目的地及客源地的环境及游客出行均会造成影响，从而也出现旅游者出游的季节性。基于以上两方面形成了旅游的淡季、旺季和平季。旅游需求的季节性波动对旅游供求之间的平衡显然有不利的影响，这种影响通常表现为旅游旺季供不应求，而淡季则出现供过于求的局面。

2. 旅游需求的地域指向性。由于各国（地区）的经济发展程度不同、旅游资源分布不均，从而出现了旅游需求的地域指向性特点。一般旅游需求的产生是一个由高到低的过程，这里的高低指的是一国（地区）的经济发展程度，来自经济较发达地区的旅游者往往外出旅游的需求规模及强烈程度都较大。并且由于资源禀赋的不同，导致旅游需求带有明显的地域指向性特点，形成了旅游的热点地区及冷门地区。如国外游客到中国来旅游更倾向于选择旅游地内的标志性旅游区（点），故宫、长城等知名景区（点）总是他们旅游的首选。

（二）旅游需求的敏感性

旅游需求的敏感性表现在对政治社会条件的敏感性和对经济环境变化的敏感性。其中，政治社会条件的敏感性主要针对旅游目的地而言，而经济环境的敏感性则主要针对旅游客源地的经济发展状况，以及客源国与目的地国之间的汇率变动情况而言的。根据马斯洛的需求层次论，安全需要是人继温饱需要之后的基本需求,因此旅游者对政治社会条件的敏感性要大于对经济环境的敏感性。因为一国(地区)政治社会条件的动荡除了带来经济环境的变化以外,可能对外来游客或本地居民的人身安全造成伤害,出于安全的考虑,旅游者可能放弃其旅游计划。

(三)旅游需求的多样性

旅游经济学研究的旅游需求是个体旅游需求的市场总和。由于产生旅游需求的个体在性别、国别、年龄、职业、受教育程度、生活习惯、偏好等多方面的差异,表现出在旅游需求方面的多样性,这也必然导致市场上旅游供给的多样性,以尽量满足不同旅游者的不同旅游需求。

第三节 旅游需求一般规律

旅游需求变化具有自身的特点和规律,深入认识掌握这些规律有助于顺应规律的需要,发现和挖掘有效应的旅游需求。

一、旅游需求规律

(一)经济学中的需求规律

经济学理论中,需求规律是指在影响需求的其他因素不变的情况下,人们在某一特定时期内对某一商品愿意并且有能力购买的数量会随着该商品价格的变化而变化。当该商品的价格上升时,人们对该商品的需求量会下降;反之,则上升。商品的需求量与其价格之间存在着反方向关系,需求定理所反映的这种现象普遍存在。那么,为什么商品的需求量与其价格之间存在着这种反方向的关系呢?需求定理作为一种科学定理,不能只是经验的归纳,还必须作出理论的解释。

需求定理所说明的需求量与价格反方向变动可以用替代效应和收入效应来解释。所谓替代效应(Substitute Effect),是指用途可以互相替换的商品,一种商品价格的下降,会导致减少购买另一种商品的数量,而把这部分钱转用于多购价格下降了的商品。如韩国的高尔夫球产品和中国的高尔夫球产品,是可以互相替换的商品,称为互替商品(Substitute Goods)。众所周知,韩国由于国土面积较小,因此其发展高尔夫球运动受到局限,这样导致韩国的高尔夫球产品价格十分昂贵。相较于韩国的高尔夫球产品,中国的产品就具有明显的价格优势。使得不少的韩国人远渡重洋,到中国来消费高尔夫球产品。现假设韩国的高尔夫球产品的价格下降,中国高尔夫球产品的价格没有变化。那么,韩国人在一定限度内会减少对中国高尔夫球产品的消费量,转而把原来购买中国高尔夫产品的费用用于购买本国高尔夫球产品,引起对本国该产品需求量的增加。同样,假如中国高尔夫球产品的价格不变,而韩国的高尔夫球产品的价格持续提高,韩国人会用到中国消费来取代在本国消费,从而引起对本国高尔夫球产品需求量的减少。

所谓收入效应(Income Effect),是指一种商品价格的下降(或提高)引起了消费者实际收入的提高(或下降),从而导致需求量的增加(或减少)。假设韩国高尔夫球产品价格下降,其他商品的价格没有发生变化,这意味着同量的货币收入在不减少其他商品消费量的情况下,可以买进更多的韩国高尔夫球产品。替代效应强调了一种商品价格变动对其他商品相对价格水平的影响,收入效应强调了一种商品价格变动对实际收入水平的影响。需求定理所表明的商品价格与需求量反方向变动的关系正是这两种效应共同作用的结果。如果再从理论上更深一步考察需求量同价格的关系,则涉及"边际效用价值论"。西方经济学家认为,效用是价值的源泉。一种商品越稀缺,其边际效用越大,价值也就越大。当人们消费某种商品时,随着商品数量的不断增加,商品对人们的效用不断递减,其价值也因此不断下降,这样就形成了需求的负斜率曲线。可见商品的价格确定并制约着需求量的水平。

(二)旅游需求规律

1. 旅游需求量与旅游产品价格之间的关系。需求规律同样也反映在人们对旅游产品的购买上。在影响旅游需求的其他因素不变的情况下,人们在一定时期内对旅游产品的需求量会随着旅游产品价格的升降而呈现反方向的变化。这一关系还可以用更一般的数学函数的形式来表示。假定其余因素都是给定不变的,这样,旅游产品的需求函数就可记为:

$$Q_d = f(P)$$

其中:Q_d 表示一定时期内的旅游需求量;P 表示该时期内旅游产品的价格;f 表示上述两者之间的函数关系。

用图示法把需求表中需求量与商品价格之间的关系表示出来,就可以得到一条曲线。这种表示需求量与产品价格关系的曲线,就称为需求曲线(Demand Curve),在图中用"D"表示。需求曲线是需求定理的几何图形形式,它是向右下方倾斜的,即它的斜率为负值。这一需求规律的坐标图示即旅游需求随价格变化图,如图 2-1 所示。

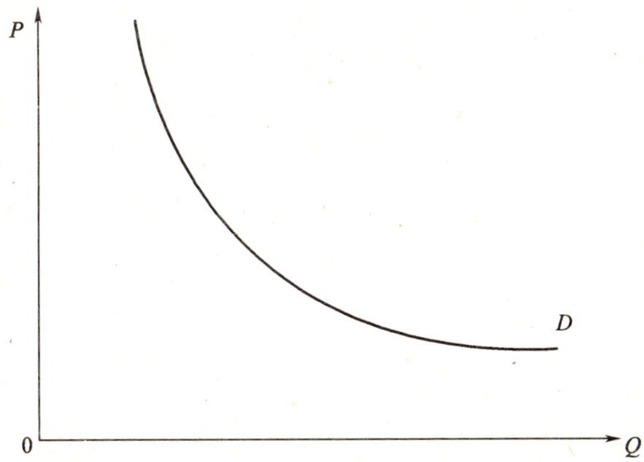

图 2-1 旅游需求与旅游产品价格的关系图

需要注意的是,上述曲线所表明的是在假设影响旅游需求的其他因素不变的情况下,旅游需求量与旅游产品价格之间的关系。实际上同一时期内有很多其他因素,如其他替代性产品或服务的价格、人们的兴趣爱好,以及人们对未来市场的预测等等都在影响着旅游需求的变化,从而影响市场对旅游产品的需求量。旅游产品价格变化往往导致旅游需求量沿着需求曲线发生升降变化。如图 2-2 所示,当旅游产品价格由 P 升至 P_1 时,将导致旅游需求量由 A 点降至 B 点。如果旅游产品的价格不变而其他有关因素的变化有利于刺激旅游需求,这些因素称为利好因素。受到利好因素的刺激则导致旅游需求曲线由原来所在位置 D 右移至 D_1,表示在相同价格水平下,由于除价格外的利好因素发生变化导致人们对该种产品的需求量增加。反之,如果有关因素的变化对旅游需求有抑制性影响时,这些因素称为不利因素,受到不利因素的刺激则会导致旅游需求曲线由 D 移至 D_2,表示在相同价格水平下,由于除价格外的不利因素发生变化将导致人们对该种产品的需求量减少。如果旅游产品价格和其他因素共同发生变化,如价格从 P 上升至 P_1,同时受到利好因素的影响,需求量会在 D_1 曲线上,从 A_1 减至 B_1。

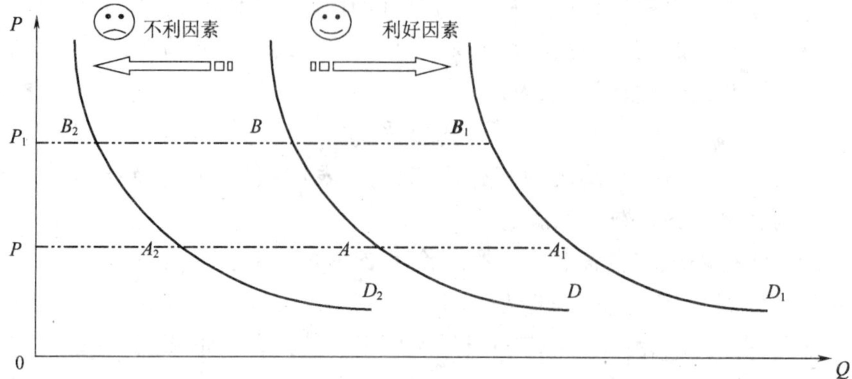

图 2-2　旅游需求曲线受不同因素影响移动图

2. 旅游需求量与可自由支配收入之间的关系。价格变化所产生的收入效果无异于人们实际收入的增减,从而会影响人们对有关商品和服务的需求量,可见人们可自由支配收入的多寡同旅游需求量之间也存在密切关系。旅游发展的实践告诉我们,在其他因素不变的情况下,人们的可自由支配收入与对旅游产品的需求量呈同方向变动。用公式表示为:

$$Q_d = f(I)$$

其中:Q_d 表示一定时期内的旅游需求量;I 表示该时期内可自由支配收入;f 表示上述两者之间的函数关系。

即人们的可自由支配收入越多,对旅游产品的需求量也就越大,尤其表现在外出旅游人次的增加上,反之亦然。可自由支配收入与旅游需求量之间的这种变化关系如图 2 - 3 所示：

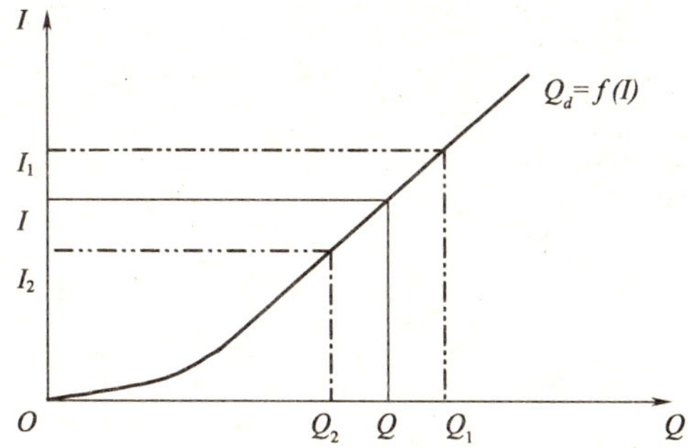

图 2 - 3　旅游需求与可自由支配收入关系图

从图 2 - 3 中可以看出，当可自由支配收入为 I 时，旅游需求量为 Q；当可自由支配收入增至 I_1 时，旅游需求量则会扩大到 Q_1；而当可自由支配收入降至 I_2 时，旅游需求量缩小至 Q_2。

3. 旅游需求量与闲暇时间的关系。尽管闲暇时间本身并不是经济学研究的范畴，但闲暇时间也是产生和实现旅游需求的客观因素之一。由于旅游产品的异地消费特点及不可转移所有权而只能暂时转移使用权等特点，闲暇时间对旅游需求的实现及多大程度实现，具有较其他因素更重要的约束作用。另外，闲暇时间对旅游需求的影响以人们的可自由支配收入达到一定水平为前提。人们拥有的闲暇时间，是商品经济发展到一定阶段的必然产物。闲暇时间的普遍化和市场经济是旅游经济得以形成的先决条件。由此可见，闲暇时间在经济运行中的重要作用是旅游经济区别于其他类型经济的重要特征之一。

一般来说，当人们的可自由支配收入达到一定水平后，拥有闲暇时间的长短将成为决定其旅游需求量增减的重要因素。在这种假设前提下，闲暇时间与旅游需求是正相关关系。

4. 旅游需求规律。在影响旅游需求的其他条件不变的前提下，旅游产品价格、可自由支配收入及闲暇时间共同决定了旅游需求量的大小。旅游需求规律可以概括为：在影响旅游需求的其他因素不变的情况下，旅游需求量与人们的可自由支配收入和闲暇时间同方向变动，与旅游产品价格反方向变动。用公式表示如下：

$$Q_d = f(P, I, T)$$

在一张图中表示旅游需求规律可如图 2 - 4 所示。

5. 需求定理的例外 。需求定理是一般商品一般情况下的规律，有的特殊商品则常有例外，比较重要的例外有：

（1）某些炫耀性商品。例如珠宝、豪华轿车之类，是用来显示人的社会身份的，如果价格下降，它们不能再代表这种社会地位与身份，对它们的需求量就会减少。

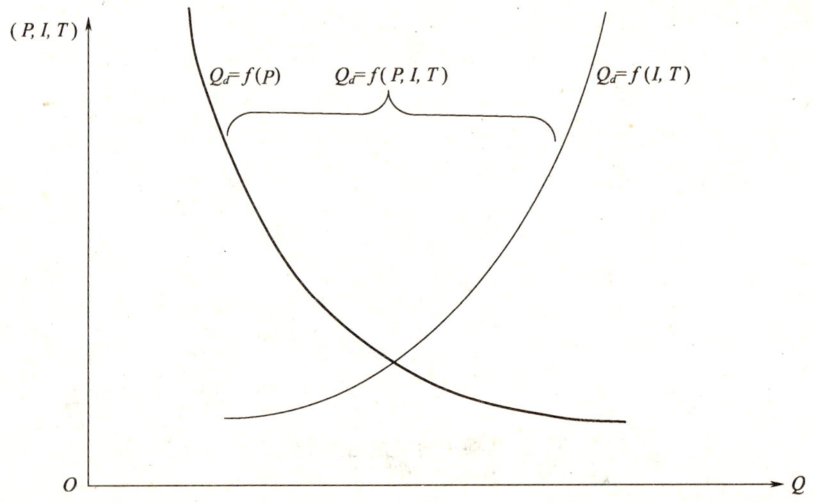

图 2-4 旅游需求规律示意图

(2)某些珍贵、稀罕性商品。例如古董、古画、珍邮之类珍品,往往是价格越高越显示出它们的珍贵性,从而对它们的需求量就越大。

(3)某些低档商品。对于某些低档商品,在特定条件下当价格下跌时需求会减少,而价格上涨时需求反而增加。最著名的是以英国人吉芬而得名的"吉芬商品"(Giffen Goods)。吉芬发现,在1845年爱尔兰发生灾荒时,马铃薯的价格虽然急剧上涨,但它的需求量反而增加,原因是灾荒造成爱尔兰人民实际收入急剧下降,不得不增加这类生活必需的低档食品的消费。

在以上三种情况下,需求曲线可能呈现向右上倾斜的正斜率的情况,如图2-5(a)所示。

(4)某些商品小幅度升降价,需求按正常情况变动;大幅度升降价,人们就会采取观望的态度,需求将出现不规则的变化。例如,证券、黄金市场上就常有这种情况。这种情况下的需求曲线可能呈现如图2-5(b)所示状态或其他不规则

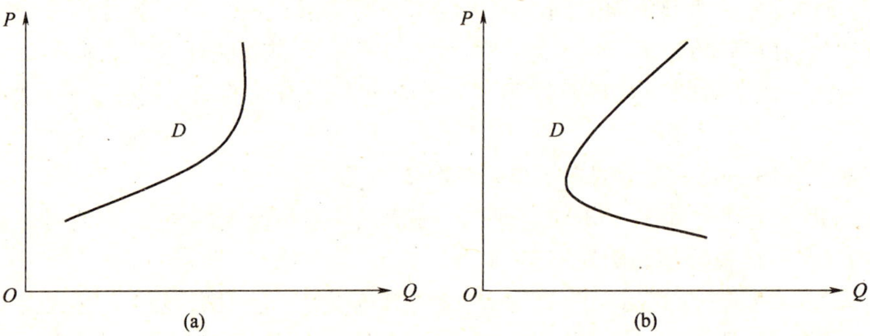

图 2-5 需求定理的例外

状态。

需求定理反映了一般商品的客观实际，但并不排除某些特殊商品的例外，这些商品只占极小的一部分，因此，需求定理并没有因此而遭到破坏。

二、旅游需求弹性和需求弹性系数

在影响旅游需求变化的诸因素中，任何一个因素发生变化都将引起旅游需求量的相应变化，这种反应现象称为旅游需求弹性。由于影响旅游需求变化的因素众多，旅游需求弹性的内容包含很多方面，在旅游经济学中主要研究旅游需求的价格弹性和收入弹性。

（一）旅游需求价格弹性

旅游需求量随旅游产品价格的变化而发生相应变化的反应程度称为旅游需求价格弹性，以百分率的变化表示，即旅游产品的价格每发生一定比率的变化，旅游需求量则会相应的以另一比率增加或减少。旅游价格弹性系数是用来测定这种变化程度的量。用公式表示为，旅游价格变化的百分数与旅游需求量变化的百分数之比值（如式2－1所示）。由于旅游需求量与旅游价格呈负相关关系，因此旅游需求价格弹性系数通常用绝对值表示。

$$E_p = \frac{Q_2 - Q_1}{Q_1} \div \frac{P_2 - P_1}{P_1} \qquad \text{（式 2－1）}$$

其中：E_p 为旅游需求价格弹性系数；Q_1，Q_2 为变化前后的旅游需求量；P_1，P_2 为变化前后的旅游产品价格。

该公式是测算旅游需求价格弹性的基本公式，仅适用于旅游需求曲线上的某点或两点间的变化量很小（其极限值为零）的情况，因此，上述旅游需求弹性系数也称为点弹性系数。但是一般来讲，需求曲线上变动的幅度一般都较大，难以忽略不计，这时上述公式应用起来就不是特别准确，需要引入弧弹性系数的概念。弧弹性用来表示旅游需求曲线上两点之间的需求量的变动对于价格变动的反应程度，也就是利用所谓中点公式或平均公式来计算旅游需求弹性系数，如式2－2所示：

$$E_p = \frac{Q_2 - Q_1}{(Q_2 + Q_1)/2} \div \frac{P_2 - P_1}{(P_2 + P_1)/2} \qquad \text{（式 2－2）}$$

为了说明旅游需求价格弹性系数的测算，在此举例说明，假定有这样一份对旅游商品A的旅游需求表，如表2－6所示。

表2－6　对旅游产品A的旅游需求表

价格（元）	需求量（天）
100	4
90	5
80	7
70	9
60	12

表2-6中的统计数据表明，该地旅游产品的价格如从70元下降到60元，则人们的旅游需求量从9天增加到12天。在这种情况下，按照测定旅游需求价格弹性系数的基本公式，旅游需求价格弹性系数为：

$$E_{p1} = [(12-9)/9] / [(60-70)/70] = -2.33$$

这一系数表明，该地旅游产品的价格每下降1%，则人们对该地旅游产品的需求量会增长2.33%。该系数前面的负号如同物理学中的向量，表示的是价格和需求量之间的反向变化关系。即前面提到的，旅游需求量和旅游价格是呈反方向变化的关系，如果其中一方的变化百分率为正数，则另一方的变化百分率必为负数。因此，旅游需求价格弹性系数总是负数。在使用旅游需求弹性系数时，通常取其绝对值。弹性系数的绝对值越大，表示这种需求越具有弹性。

上例分析了该地旅游产品价格从70元下降到60元时的旅游需求弹性系数，接下来分析当价格从60元上升到70元时，旅游需求价格弹性系数为：

$$E_{p2} = [(9-12)/12] / [(70-60)/60] = -1.5$$

同样是价格变化了10元，可是旅游需求价格弹性系数却发生了变化。造成这种情况的原因主要是源于两次计算时，作为比较基数的价格和需求量不同。即价格变化和需求量变化的幅度都较大，难以忽略不计，这时候就需要应用弧弹性公式，利用变动范围内的平均价格和平均需求量计算旅游需求价格弹性系数。

当旅游产品价格从70元下降到60元时，利用弧弹性公式计算旅游需求价格弹性系数如下：

$$E_{p1}' = \frac{9-12}{(9+12)/2} \div \frac{60-70}{(60+70)/2} = -1.857$$

当旅游产品价格从60元上升到70元时，利用弧弹性公式计算旅游需求价格弹性系数如下：

$$E_{p2}' = \frac{12-9}{(12+9)/2} \div \frac{70-60}{(70+60)/2} = -1.857$$

在价格变动的同一时期范围内，无论是从70元降到60元还是从60元升至70元，旅游需求价格弹性系数相同，都是-1.857。这一系数意味着旅游产品价格每增减1%，都将导致旅游需求量以平均1.857%的比率发生相反方向的变化。

在测定旅游需求价格弹性系数时，一般可能出现以下三种情况：

第一，$E_p>1$ 的情况。这种情况表明旅游需求富有弹性或弹性较大，旅游需求曲线比较平缓。这种产品对价格比较敏感，此时，只要旅游产品价格稍有变化，便会引起旅游需求量较大幅度的变化。因此，在旅游需求弹性系数大于1的情况下，抬高价格可能引起需求量锐减，从而减少总收益，反之，适度降价可以刺激需求量大增，从而增加总收益。

第二，$E_p<1$ 的情况。这种情况表明旅游需求缺乏弹性或弹性较小，旅游需求曲线比较陡。这种产品对价格不太敏感，此时，旅游价格发生变化只会引起旅游需求量小幅度的变动。因此，在旅游需求价格弹性系数小于1的情况下，采取抬高价

格和降低价格的策略对于增加总收益来说都不是明智之举。

第三，$E_p=1$ 的情况。这种情况也叫单位弹性，它表示旅游产品价格的变化将导致旅游需求量相同比率的反方向变化。这种情况在市场中一般比较少见或短暂，它表示不管是提价或是降价都无法改变总收益。

一般来讲，生活必需品的需求价格弹性较小，而奢侈品或高档商品的需求价格弹性较大。虽然旅游活动业已步入大众化的发展阶段，但是在人们可自由支配收入及闲暇时间有限的情况下，旅游活动对于大多数劳动阶层来说，仍然属于较高层次的消费品。旅游发展的实践证明，很多国家或地区旅游产品价格的变动都导致了来访旅游者人次的变化，尽管有时在人次变化上可能不大，但是来访游客的停留天数却发生了相应的变化。这些情况都说明旅游需求价格弹性系数一般都大于1。另外，由于不同的旅游目的，或不同档次的旅游产品或各种单项旅游产品的功能不同，其需求价格弹性也不尽相同。如传统的旅游产品中往往包含吃、住、行、游、购、娱六要素，在组成旅游产品的六要素中，显而易见吃、住、行等基本旅游需求的价格弹性不大，而游、购、娱等非基本旅游需求弹性较大。认识旅游需求价格弹性的意义在于，弹性的大小决定着对旅游产品进行调整时是否该使用价格手段来增加总收益，如果使用的话，该使用何种价格手段来实现小到使旅游企业、大到使旅游目的地实现增收的目的。

（二）旅游需求收入弹性

旅游需求量除了受价格高低的影响外，还受旅游者收入多寡的影响。旅游需求量随旅游者可自由支配收入变化而变动的对应关系，称为旅游需求收入弹性。这里的收入通常用旅游者的可自由支配收入表示。用公式表示为旅游需求量的变化百分率与旅游者可自由支配收入变化百分率的比值，见式2－3：

$$E_i=\frac{Q_2-Q_1}{Q_2}\div\frac{I_2-I_1}{I_2} \qquad \text{（式2－3）}$$

其中：E_i 为旅游需求收入弹性系数；Q_1，Q_2 为变化前后的旅游需求量；I_1，I_2 为变化前后的可自由支配收入。

前面的旅游需求规律告诉我们，一般来说可自由支配收入同旅游产品需求量之间存在正相关关系。可自由支配收入越高，对旅游产品需求量也越大；反之，可自由支配收入越少，对旅游产品需求量也减小。因此，在计算旅游需求收入弹性系数的公式中，需求变化量与可自由支配收入的变化量同方向变动，即两者的比值总表现为正数。测算不同旅游需求收入弹性时，一般也会出现三种可能的情况：

1. $E_i>1$ 的情况。这种情况说明该旅游产品的需求量受可自由支配收入的影响程度较大，对可自由支配收入的变化较敏感。这种旅游产品往往可能是旅游者向往已久，却一直由于购买能力的限制而没有实现的旅游产品。当可自由支配收入发生变化的时候对这类产品的需求就会呈现出增减都比较明显的变化。消遣性旅游作为一种高层次消费，其需求收入弹性通常比较大。

2. $E_i<1$ 的情况。这种情况说明该旅游产品的需求量受可自由支配收入的影响程度较小，对可自由支配收入的变化反应比较迟钝。这种旅游产品可能是旅游客源地的传统旅游消费支出，受可自由支配收入影响不是很大。

3. $E_i=1$ 的情况。这种情况说明可自由支配收入每增减1%，都会引起旅游需求量以相同的比例增减。这种情况在市场中一般属于特殊情况，或是某个时点呈现的状态，一般不予以研究。

认识和研究旅游需求收入弹性的意义在于，它有助于旅游目的地和旅游企业预测有关客源市场对其旅游产品的需求变化，主动来对相关产品的价格策略、组合策略等作出适当调整，以适应市场的变化。

（三）旅游需求的交叉弹性

在旅游经济活动中，旅游企业和旅游目的地不仅要善于利用价格手段参与竞争，更要注意评估价格变化对企业自身、游客以及竞争对手所产生的影响。也就是说，旅游企业或旅游目的地不能只从自身情况出发考虑价格问题，而必须综合分析，评价其竞争对手、相关产品、相关企业的价格会产生什么样的影响。这种相互作用的关系就是旅游需求交叉弹性系数所要研究的问题。

所谓旅游需求的交叉弹性系数是指某种旅游产品（或与旅游产品成替代关系产品）的价格变化对另一种旅游产品的需求变化所产生的影响，测量这一影响程度的指标称为旅游需求交叉弹性系数。用公式表示如下（式2－4）：

$$E_{xy}=\frac{Qy_2-Qy_1}{Qy_2}\div\frac{Px_2-Px_1}{Px_2}$$

简化为：

$$E_{xy}=\frac{\Delta Q_y}{Q_y}\div\frac{\Delta P_x}{P_x} \qquad (式2-4)$$

其中：E_{xy} 为旅游需求交叉弹性系数；Qy，ΔQy 为 y 旅游产品需求量及其变化量；Px，ΔPx 为 x 旅游产品的价格及其变化量。

需求的交叉弹性可以是正值，也可以是负值，它取决于商品间关系的性质，即两种商品是互替商品还是互补商品，并可通过交叉弹性度量商品之间关系的密切程度。旅游需求交叉弹性系数因旅游市场的竞争关系不同而呈现出不同的情况。

1. $E_{xy}>0$ 的情况，即商品 X，Y 的需求交叉弹性是正值。它表示随着 X 商品价格的提高（降低），Y 商品的需求量增加（减少），则 X，Y 商品之间存在替代关系，为互替品。如果由于 x 国（地区）旅游产品的价格上升，对该国（地区）旅游产品的需求量就会下降，旅游者转而寻找其他替代性产品，因此，对该种替代产品的需求量就会升高；反之也成立。如同我们前面举过的中国高尔夫旅游产品和韩国高尔夫旅游产品之间的替代关系，需求方总是要从相互替代的产品中寻找到更便宜、更适合的产品。在其他条件不变的情况下，由于一国（地区）旅游产品价格的变化与其替代旅游产品或其他高档消费品的需求变化成同方向变动，则旅游需求交叉弹性为正数。其弹性系数越大，替代性就越强。

2. $E_{xy}<0$ 的情况。即商品 X,Y 的需求交叉弹性是负值,它表示随着 X 商品的价格的提高(降低),Y 商品的需求量减少(增加),则 X,Y 商品之间存在互补关系,为互补品。这是由于旅游产品的综合性强,其所包含的吃、住、行、游、购、娱六大要素之间相互依存、相互补充,其中任何一方面需求的增减,都会导致其他方面需求的相应增减,其变化的方向是一致的。即在其他条件不变的情况下,如果某种旅游产品的价格下降,对该产品的需求会上升,进而影响到与其呈互补关系的其他产品的需求量增加;反之亦然。其弹性系数越大,互补性就越强。

3. $E_{xy}=0$ 的情况。即商品 X,Y 的需求交叉弹性为零,这种情况说明 Y 的需求量并不随 X 商品的价格变动而发生变动, X,Y 既非替代品亦非互补品,它们之间没有什么相关性,是相对独立的两种商品。

研究旅游需求交叉弹性可以帮助一个国家、地区或旅游企业在考虑自身因素、价格及其变化对竞争者、合作者影响的基础上,制定出具有竞争力的价格,同时统筹考虑并协调好各方面关系,根据竞争的需要,采用低价策略、高价策略或同价策略等手段,参与市场竞争。

第四节 旅游需求预测及旅游需求指标

旅游需求及其变化情况直接影响到旅游目的地旅游经济的发展方向和发展规模,正确预测旅游需求变化趋势,准确衡量旅游需求指标的大小,是发展旅游经济必不可少的基础性工作。

一、旅游需求预测

根据世界旅游组织2000年的分析报告,在全球各国的外汇收入中约有8%来自旅游收益,高居各类收入的第一名,由此可知旅游业已渐成各国赚取外汇的首要来源。世界旅游理事会进一步预估,到2010年,全球旅游就业人口可达到33 800万人次。因此旅游业对任何一个国家的经济发展,在可见的未来都将扮演着越来越重要的角色。基于此,旅游需求俨然已成为各个国家社会与经济发展的重要指标。然而,旅游的强季节性及其产品的不可储存性使其供给无法随着市场的需求或变化而任意加以调整,而必须在供需方面加以配合管理,由此可知对于旅游目的地来讲,了解客源地的旅游需求格外重要。如果能对旅游需求进行准确预测,则将会对旅游目的地、旅游政策的制定者及旅游规划设计工作者等多方利益主体产生重要影响。

二、旅游需求预测的方法

(一)旅游需求的定性预测方法

旅游需求预测方法有定性预测和定量预测两类。定性预测是指旅游企业依据企业的经验和分析能力，对市场变量之间的关系进行逻辑推理，并以主观判断去估测市场变量未来发展趋势的方法。旅游市场定性预测方法主要有旅游者意图调查法、市场销售人员意见综合法以及专家意见法。

旅游者意图调查法就是向潜在旅游者了解预测期内旅游意图的方法。销售人员意见综合法是指在不能直接与旅游者见面时，企业通过听取销售人员的意见估计市场需求。专家意见法是旅游营销人员通过专家的分析判断而进行旅游市场预测的方法。专家意见法主要有专家会议法和德尔菲法。德尔菲法是营销研究人员以信函方式征询多位专家的意见，并以匿名的方式将收集到的意见全部反馈给各位专家，请其再进行预测，如此反复几次，使最终结果趋向一致。

定性预测方法相对简单，往往辅之以简单的计算（如加减乘除）完成市场预测工作。定性预测简便易行、灵活性强，但预测结果不够准确，受主观因素影响较大，在这里不予详细介绍。本书主要介绍旅游需求的定量预测方法。

（二）旅游需求的定量预测方法

定量预测是指运用一定的数值信息，通过数学模型来确定旅游市场变量间未来发展趋势数量关系的预测方法。定量预测方法较为准确，受主观因素影响较小。定量预测的结果往往较确切地表明未来的发展水平，为决策提供精确的依据。但定量预测方法不够灵活，有一定的难度，要求有比较完备的历史数据资料。

定量预测基本上可分为两类：一类是时序预测法。它是以一个指标本身的历史数据的变化趋势，去寻找市场的演变规律，作为预测的依据，即把未来作为过去历史的延伸。时序预测法包括移动平均法、趋势外推法、季节变动预测法和马尔可夫时序预测法。另一类是因果分析法，它包括一元回归法、多元回归法和投入产出法。回归预测法是因果分析法中很重要的一种，它从一个指标与其他指标的历史和现实变化的相互关系中，探索它们之间的规律性联系，作为预测未来的依据。

旅游需求预测尽管方法不一，但其根本的原则都是从实际出发，在各种预测模式中，尽量选择与本旅游地发展现状和趋势最为吻合的一种。这里主要介绍应用较广的移动平均法、指数平滑法和回归预测法。

1. 移动平均法。移动平均法是一种改良的算术平均法，是一种最简单的自适应预测模型。它根据近期数据对预测值影响较大、远期数据对预测值影响较小的事实，把平均数逐期移动。移动期数的大小视具体情况而定，移动期数少，能快速地反映变化，但不能反映变化趋势；移动期数多，能反映变化趋势，但预测值带有明显的滞后偏差。

常用的移动平均法主要有一次移动平均法和二次移动平均法。本书主要介绍一次移动平均法。设有一时间序列 $y_1, y_2, \cdots, y_t$，按数据点的顺序逐点推移求出 N 个数的平均数，即可得到一次移动平均数（见式 2－5）。

$$M_t^{(1)} = \frac{y_t + y_{t-1} + \cdots + y_{t-N-1}}{N} = M_{t-1}^{(1)} = \frac{y_t - y_{t-N}}{N}, t \geqslant N \qquad \text{（式 2－5）}$$

式中：$M_t^{(1)}$为第 t 周期的一次移动平均数；y_t为第 t 周期的观测值；N 为移动平均的项数，即求每一移动平均数使用的观察值的个数。这个公式表明当 t 向前移动一个时期，就增加一个新近数据，去掉一个远期数据，得到一个新的平均数。由于它不断地"吐故纳新"，逐期向前移动，所以称为移动平均法。由于移动平均可以平滑数据，消除周期变动和不规则变动的影响，使得长期趋势显示出来，因而可以用于预测。其预测公式为：

$$\hat{y}_{t+1} = M_t^{(1)}$$

即以第 t 周期的一次移动平均数作为第 $t+1$ 周期的预测值。

2. 指数平滑法。指数平滑法是在移动平均法的基础上发展起来的一种趋势分析预测法。其具体操作方法是以前期的实际值和前期的预测值（或平滑值），经过修匀处理后作为本期预测值。根据平滑次数不同，指数平滑法分为一次指数平滑法和二次指数平滑法。这里主要介绍一次指数平滑法。

一次指数平滑公式是由移动平均数的计算公式改进而来的，其基本公式为（式 2－6）：

$$S_t^{(1)} = \alpha Y_t + (1-\alpha) S_{t-1}^{(1)} \qquad \text{（式 2－6）}$$

式中：$S_t^{(1)}$为第 t 期一次指数平滑值；$S_{t-1}^{(1)}$为第 $t-1$ 期一次指数平滑值；α 为平滑系数。一次指数平滑法是一种加权预测，权数为 α。它既不需要存储全部历史数据，也不需要存储一组数据，从而可以大大减少数据存储问题，甚至有时只需一个最新观察值、最新预测值和 α 值，就可以进行预测。它提供的预测值是前一期预测值加上前期预测值中产生的误差的修正值。平滑系数 α 在原数列波动不大时，α 取较小值（0.1～0.3），以加重前期预测值的权重；若原数列波动较大时，则 α 可取较大值（0.6～0.9），以加重前期观测值的权重。实践中可分别用几个不同的 α 值试算对比，然后选用误差较小的 α 值。

对于初始值的确定，若资料项数较大（如 $n \geq 50$）则可把第一期观测值 Y_1 作为初始值使用，因为经过多次平滑推算后，Y_1 对 Y_{t+1} 的影响已经不会很大了，若资料项数 n 较小（$n \leq 20$），此时可用前几期观测值的平均数作为 Y_1 使用。

3. 回归预测法。回归预测法是指根据预测的相关性原则，找出影响预测目标的各因素，并用数学方法找出这些因素与预测目标之间的函数关系的近似表达，再利用样本数据对其模型估计参数及模型进行误差检验，一旦模型确定，就可利用模型，根据因素的变化值进行预测。回归预测法包括一元线性回归、多元线性回归、非线性回归等方法。一元线性回归模型是最简单也是最常用的趋势外推数学模型，常用于以年为时间单位的旅游需求量的变化。其公式见式 2－7：

$$y = a + bx \qquad \text{（式 2－7）}$$

式中：y 为因变量；x 为自变量；a 为常数项；b 为 y 对 x 的回归系数。根据已有的历史数据 $X_i, Y_i (i=1,2,3,\cdots,n)$（ n 为实际数据点数目），求出回归系数 a，b。为了简化计算，令 $(X_1+X_2+\cdots+X_n)=0$，可以得出 a，b 的计算公式如下：

$$a = (Y_1+Y_2+\cdots+Y_n)/n$$

$$b = (X_1Y_1 + X_2Y_2 + \cdots + X_nY_n) / (X_{12} + X_{22} + \cdots + X_{n2})$$

三、旅游需求测量指标

旅游需求测量指标，是衡量旅游需求发展情况的尺度。旅游需求测量指标的种类很多，人们可以根据具体的研究目的加以选择和设计。其中常用的旅游需求测量指标可以划分为两大类：一类是衡量已有的来访旅游需求状况的指标，主要包括旅游人次、旅游者消费总额、旅游者停留天数、旅游者人均消费额等；另一类是预测客源地旅游需求发展潜力的指标，主要包括旅游出游率、旅游重游率和旅游开支率等。

（一）衡量已有的来访旅游需求状况的指标

1. 旅游人次。该指标是指一定时期内旅游者在某一旅游目的地国（地区）旅游的人次总数。旅游目的地国（地区）根据这一指标来了解旅游客源地对其旅游产品的需求数量和变化情况。这个指标反映了旅游目的地国（地区）在一定时期内接待国（地区）外旅游者的数量情况。因此这一指标也是衡量一个国家（地区）旅游业发达与否的重要评判尺度。

在这个指标上有两点需要注意：

第一，该指标表示为一定时期内旅游者的到访次数而非人数。

第二，世界各国（地区）对该指标的统计方法不尽相同。如，我国根据边防入境登记对入境旅游者进行数量统计①，表2－7为我国近年来入境旅游人次的统计表。欧洲则往往通过抽样调查或入境旅游者在旅游部门和相关机构的住宿登记状况来测算某一时期内来访的旅游人次，这就要求在进行数据比较分析时要特别注意其可比性。

表2－7　1978～2006年我国入境旅游人次　　（单位：万人次）

年份（Year）	总计（Total）	外国人（Foreigners）	港澳台侨胞（Compatriots）	港澳同胞（HK & MACAO）	台湾同胞（TAIWAN）
1978	180.92	22.96	157.96	156.15	－
1979	420.39	36.24	384.15	382.06	－
1980	570.25	52.91	517.34	513.90	－
1981	776.71	67.52	709.19	705.31	－

① 1979年，我国国家统计局对国际旅游者作了如下规定：凡是来我国参观、旅行、探亲、访友、休养、考察或从事贸易、体育、宗教活动、参加会议等的外国人、外籍华裔、华侨和港澳同胞，均属我国的国际旅游者。规定来华旅游入境人数不包括下列人员：应邀来华访问的政府部长以上官员，外国驻华使领馆官员、外交人员以及随行的家庭服务人员和受赡养者，常住我国一年以上的外国专家、留学生、记者、商务机构人员等，乘坐国际航班过境不需要通过护照检查进入我国口岸的中转旅客，边境地区往来的边民，回大陆定居的华侨、港澳台同胞，已在我国定居的外国人和原已出境又返回在我国定居的外国侨民，已归国的我国出国人员。

续表

年份 (Year)	总计 (Total)	外国人 (Foreigners)	港澳台侨胞 (Compatriots)	港澳同胞 (HK & MACAO)	台湾同胞 (TAIWAN)
1982	792.43	76.45	715.98	711.70	-
1983	947.70	87.25	860.45	856.41	-
1984	1 285.22	113.43	1 171.79	1 167.04	-
1985	1 783.31	137.05	1 646.26	1 637.78	-
1986	2 281.95	148.23	2 133.72	2 126.90	-
1987	2 690.23	172.78	2 517.44	2 508.74	-
1988	3 169.48	184.22	2 985.26	2 933.56	43.77
1989	2 450.14	146.10	2 304.04	2 243.09	54.10
1990	2 746.18	174.73	2 571.45	2 467.54	94.80
1991	3 334.98	271.01	3 063.97	2 955.96	94.66
1992	3 811.49	400.64	3 410.85	3 262.57	131.78
1993	4 152.69	465.59	3 687.11	3 517.79	152.70
1994	4 368.45	518.21	3 850.24	3 699.69	139.02
1995	4 638.65	588.67	4 049.98	3 885.17	153.23
1996	5 112.75	674.43	4 438.32	4 249.47	173.39
1997	5 758.79	742.80	5 015.99	4 794.33	211.76
1998	6 347.84	710.77	5 637.07	5 407.53	217.46
1999	7 279.56	843.23	6 436.33	6 167.05	258.46
2000	8 344.39	1 016.04	7 328.34	7 009.93	310.86
2001	8 901.29	1 122.64	7 778.65	7 434.46	344.20
2002	9 790.83	1 343.95	8 446.88	8 080.82	366.06
2003	9 166.21	1 140.29	8 025.92	7 752.73	273.19
2004	10 903.82	1 693.25	9 210.57	8 842.05	368.53
2005	12 029.23	2 025.51	-	9 592.79	410.92
2006	12 494.21	2 221.03	-	9 831.83	441.35

资料来源:根据中国旅游网(www.cnta.gov.cn)数据整理。

2. 旅游者消费总额。该指标是指在一定时期内来访旅游者在旅游目的地国(地区)因购买其所需要的各种旅游产品和服务而支付的开支总额,如餐饮费、住宿费、交通费、门票费及购物的花费等。从旅游目的地国(地区)的角度来看,旅游者消费总额也构成了当地的旅游收入,对旅游目的地国(地区)具有重要意义。对同一旅游目的地国(地区)来说,在其他情况不变的情况下,旅游者消费总额一般随旅游人次的多寡而增减,这就不难理解众多旅游目的地国(地区)通过各种方式努力吸引到访旅游者、增加客流量的现象。但是两者之间也不完全是正比关系,涉及到访旅游者的消费层次及消费结构等问题。表2-8是2006年我国国际旅游收入的构成情况统计。

表2-8　2006年中国国际旅游(外汇)收入构成

	收入总额(Receipts)(亿美元)	占总收入比重(P. C. Total)(%)
总计(Total)	339.49	100.0
长途交通(Long-Distance Transportation)	69.42	20.4
民航(Air)	61.98	18.3
铁路(Rail)	2.17	0.6
汽车(Motor)	3.41	1.0
轮船(Sea)	1.86	0.5
游览(Sightseeing)	59.82	17.6
住宿(Accommodation)	35.12	10.3
餐饮(Food and Beverage)	10.17	3.0
商品销售(Shopping)	13.77	4.1
娱乐(Entertainment)	102.15	30.1
邮电通信(Communication)	11.70	3.4
市内交通(Local Transportation)	6.66	2.0
其他服务(Others)	30.69	9.0

资料来源:中国旅游网(www.cnta.gov.cn)。

3. 旅游者人均消费额。该指标是指在一定时期内,旅游者消费总额与旅游人次之比。它从平均的角度反映了某一时期旅游者的一般需求状况。该指标反映了旅游者在旅游目的地消费支出的平均变化状况,便于了解各个客源市场的平均消费水平,进而帮助旅游目的地寻找其目标市场并确定相应的营销策略。

4. 旅游者停留天数(旅游人天数)。该指标是指在一定时期内旅游者人次与人均停留天数之乘积。该指标从时间角度更全面地反映出到访旅游者的需求状况,也从侧面反映了该旅游目的地的吸引力及其开发程度。旅游目的地在利用旅游人次来衡量市场需求状况的同时再考虑旅游者的停留天数,能相对更全面科学地反映旅游需求的基本情况。旅游目的地的旅游收入需要在旅游者人次与其停留天数之间找到一个均衡,以实现其利益最大化。片面的追求到访旅游者数量的增长并不是发展地方旅游业的上佳之策。在人们旅游预算及闲暇时间没有大变化的情况下,可选旅游目的地的增多,意味着旅游者每次旅游的点数将增加,但其停留时间及花费将减少。

(二)预测客源地旅游需求发展潜力的指标

1. 旅游出游率(旅游密度)。该指标为一定时期一个国家(地区)的居民对外出旅游的需求状况,同时也反映该国(地区)作为旅游客源地的可能性程度。旅游出游率可分为总出游率与净出游率,其中:总出游率是指一定时期内一个国家(地区)外出旅游的人次与其总人口的比率;净出游率是指一定时期内一个国家(地区)外出旅游的人数与其总人口的比率。两者通常用百分率表示。

2. 旅游重游率(旅游频度)。该指标是指一定时期内一个国家(地区)外出旅游人次与外出旅游人数之比,即:

旅游重游率 = 外出旅游人次/外出旅游人数

它反映的是一定时期内一个国家(地区)居民外出旅游的频率,便于旅游目的地在选择目标市场的时候作为参考。

3. 旅游开支率(旅游消费率)。该指标是指一定时期内一个国家(地区)居民用于外出旅游的消费总额在该国(地区)个人消费总额(或国民生产总值或国民收入)中所占的比重,通常以百分率表示。它反映了该国(地区)的经济发展程度及其居民对外出旅游的需求程度。

表 2-9 是我国 2006 年国内旅游的基本情况汇总。

表 2-9 2006 年中国国内旅游基本情况

	总人次数(亿人次)(Domestic Travelers)	*出游率(%)(Rate)	总花费(亿元)(Domestic Tourism Expenditure)	人均花费(元)(Average Expenditure per Capita)
全国合计(Total)	13.94	106.1	6 229.74	446.9
城镇居民(Urban Residents)	5.76	156.7	4 414.74	766.4
农村农民(Rural Residents)	8.18	86.4	1 815.00	221.9
城镇居民(Urban Residents)	5.76	156.7	4 414.74	766.4
一季度(Jan. -- Mar)	1.38	37.5	976.63	707.7
二季度(Apr. -- June)	1.41	38.4	1 040.43	737.9
三季度(July -- Sep)	1.39	37.8	1 253.77	902.0
四季度(Oct. -- Dec)	1.58	43.0	1 143.91	724.0

* 出游率指城镇居民或农村农民出游的人次数占其人口数的比重,是总出游率。

资料来源:中国旅游网(www.cnta.gov.cn)。

案例分析

香港拟征 5% 消费税,你还会赴港旅游购物吗?

香港以简单的税制在全世界闻名遐迩,这个免税港的优势也造就了香港"购物天堂”的美名。据香港旅游发展局统计,2005 年访港游客已超过2 300万人次,旅客的消费总额超过1 050亿港元。由于“自由行”计划受到广泛欢迎,香港旅游发展局估计 2006 年访港旅客将达到2 700万人次,分别要比 2005 年和 2004 年增加 16%和 24%。如此受欢迎的旅游目的地最吸引人的还是轻松的购物环境,免税港使得香港的商品不仅紧贴潮流,还能比内地便宜不少。尤其是 2006 年 4 月开始,内地的税制改革又将高级手表等奢侈品的消费价格大幅调高两成,使得这些产品在内地和香港的价差达到 40%,令内地到港购物的游客更趋之若鹜。但若香港也开征消费税,势必会使香港商品的价格优势受到影响,从而使赴香港旅游的游客人数减少。这方面新加坡已有先例,开征消费税后,不少消费者去免税的马来西亚购物,直接影响当地的旅游业。

这几天正是香港购物节火热举办的时候,内地游客远赴香港购物也掀起了全年的一个高潮,仅浙江省中国旅行社一家旅行社,今年七八月份参加香港自由行的游客每星期就有近百人。而近日,香港特区政府公布了改革税制、拟开征消费税(商品和服务税)的咨询文件,计划 3 年后征收消费税,税率介于 3% 至 5% 之间。这一举动似乎在内地游客赴港购物的热情上泼冷水,5% 的消费税究竟会给香港旅游带来什么影响?消费者会不会在意这笔额外的税收?

香港特区政府计划 3 年后征收消费税的税率介于 3% 至 5% 之间,而这个税率对于许多热衷去香港购物的“血拼族”来说似乎并不影响他们的热情。刚从香港购物回来的汪小姐说,“5% 不算很多,对于一些专挑两地差价较大货品购买的‘香港购物专业户’来说,即使征收依然可以在香港买到便宜货。”汪小姐说,她刚从香港买了一个 LV 的包,在香港购买的价格折合人民币为10 850元,而在杭州大厦 LV 专柜同样款式的包标价为12 900元,即使征收 5% 的消费税,也比杭州便宜1 000多块。据了解,目前在香港,一些世界大牌的服饰都会比内地便宜 10% 至 30% 左右。同样差价较大的还有钻石珠宝,准备今年结婚的洪小姐在香港购买了一枚 60 分的谢瑞麟钻戒,花费17 000元人民币,而在内地的谢瑞麟专柜购买差不多级别和大小的钻戒大概是香港两倍价格。

浙江省中旅赵燕虹也表示,如果征税率定在 5% 或以下,应该对香港旅游不会有太大影响。去香港旅游的游客分为两种:一种是纯观光的客人,他们不会受香港货品价格涨跌的影响;另一种则是购物客人,由于香港当地本身的定价就比内地便宜,加上每到七八月或岁末都会有很大的折扣,当地的品牌款式也比内地要丰富得多,征税的部分也不算很多,因此,受影响的可能性也不会很大。

如果一旦香港开征消费税,特区政府为了保持香港作为游客购物天堂的吸引力,可能会实行退税政策,特区政府发布的咨询文件建议,游客在同一店铺消费满1 500港元,可以享受退税。据了解,目前世界上有很多国家如泰国、韩国、日本、澳大利亚和欧洲各国游客都可以享受到退税,不过退税的手续也根据国家和地区不同繁简不同,有的直接可以在百货商店退税,有的则要在海关处退税。如果退税手续不够简便,也会令游客不胜其烦。

资料来源：根据"任洁瑛．香港拟征5%消费税你还会赴港旅游购物吗？[N]．每日商报(2006－08－01)"改编。

案例思考题：

1. 请结合自己了解的情况分析香港主要是依靠开发游客的哪部分需求，从而获得其经济效益的。

2. 开征消费税使旅游者支付的产品价格实际上是升高了还是降低了？对旅游需求究竟有什么影响？

3. 试分析香港开征消费税对哪部分游客的影响最大？

思考与练习题

1. 如何理解旅游客源地的概念？它是绝对的吗？旅游客源地有哪些经济意义？

2. 什么是旅游需求？在旅游经济学中研究旅游需求有什么意义？

3. 影响旅游需求的因素有哪些？其中哪些因素会影响你的出行？试分析原因。

4. 结合旅游产品的特点，分析每一个特点及其表现形式对旅游者、旅游经营者等相关利益主体有什么启示？

5. 旅游需求产生的条件有哪些？旅游需求规律与经济学中研究的需求规律有何不同？

6. 什么是旅游需求弹性？研究旅游需求弹性的意义何在？

7. 为什么要进行旅游需求预测？旅游需求预测的方法有哪些？各有什么特点？

8. 试说明每个旅游需求指标对于旅游目的地的应用意义，并说明旅游目的地应如何正确使用相关旅游需求指标。

第三章 旅游目的地与旅游供给

Tourism Destination and Tourism Supply

学习要点：

- 旅游目的地的概念及类型，旅游环境容量及其测度方法
- 旅游供给的基本内容，影响旅游供给的基本因素
- 旅游供给规律及其供给弹性的含义及特征
- 旅游成本收益的含义、成本收益分析的方法

Learning Points:

- the tourism destination concept and its type, the tourism carrying capacity and its measurements
- the basic contents of traveling supplies , and the factors which influence traveling supplies
- the law elasticity meaning and characteristic of tourism supply
- the cost – benefit meaning and the methods of cost – benefit analysis

第一节　目的地及其承载力含义

一、旅游目的地的概念及形成条件

（一）旅游目的地的概念

如我们以前提到的那样，旅游目的地是个相对概念。在旅游经济活动中，旅游目的地是旅游活动的承载空间，为旅游者提供了消费平台。它往往指某一个特定区域内，以旅游资源为核心并形成了相关旅游设施的空间集中，同时对某种类型的旅游者构成了一定的吸引力，成为满足这些旅游者旅游需求的旅游活动空间，这个地区便成为旅游目的地。可见，旅游目的地是拥有特定性质旅游资源、具备了一定的旅游接待能力和旅游吸引力、能够吸引并满足一定数量旅游者进行旅游活动的特定区域。

（二）旅游目的地的形成条件

从旅游目的地的概念中不难看出，一个特定的地区要成为旅游目的地，必须具备三个条件：一是具有一定数量的旅游资源，这种旅游资源是使旅游者产生旅游需求的原始动力；二是要拥有各种围绕旅游资源建设的相关旅游设施及交通条件，如饭店的数量和档次，通往各地的水、陆、空交通网的密集程度等，旅游者可以借助这些设施从不同的地区顺利到达旅游地并利用这些设施满足其旅游需求；三是在以上两个条件满足的基础上该地区具有一定的吸引力，即具有一定的旅游需求量。通过以上分析可以看出，旅游目的地是一个集旅游资源、旅游活动项目、旅游设施、交通条件和市场需求于一体的复合空间结构。

在旅游经济活动中，旅游目的地占有重要地位。一方面，旅游经济活动大多在旅游目的地或其周边开展，旅游者要在旅游目的地停留就意味着消费，旅游者的消费是旅游目的地经济收入的主要来源。另一方面，旅游目的地的接待能力及服务能力决定着该旅游目的地在旅游发展的道路上能走多远，它决定着该地的旅游供给规模，在一定程度上反映了该地的旅游综合接待能力。

二、旅游目的地的类型

不同的划分标准可以将旅游目的地划分成不同的类型。从旅游目的地的资源性质和特点出发可以将旅游目的地分为观光型和度假型两种不同的类型；从旅游目的地的结合方式出发可以将旅游目的地分为点线型和板块型两种不同的类型；按照空间范围大小来划分，旅游目的地可以分为目的地国家、区域性旅游目的地、城市旅游目的地和景区（点）四种类型。本文主要研究以范围为划分基准的分类旅游目的地类型。

（一）旅游目的地国家

旅游目的地国家是从世界旅游空间范围的跨国旅游来划分的，属于国际旅游目的地的范畴，一般由一个或多个区域性旅游目的地组成。旅游目的地国的突出功能是建立与世界主要客源地之间便利的国际航空交通，并具有向各个区域性旅游地分散客流的功能。在旅游目的地国，旅游业的不断发展对当地招商引资、保护历史文物、完善基础设施建设等起到了重要的推动作用，同时也为世界各国的文化交流与合作搭建了桥梁。

（二）区域性旅游目的地

区域性旅游目的地是从一个国家的空间范围来划分的，通常由多个城市旅游目的地组成。这是由于在一国内，旅游资源的分布与组合的地域差异是客观存在的，区域性旅游目的地的划分就是反映这种客观存在的研究方法。区域性旅游目的地是以国内航空港以及铁路中转交通为中心建立起来的旅游服务体系，在这个体系中包括多个旅游城市、若干个旅游景区，而良好的进入条件、方便的客源分流体系是区域性旅游目的地的主要经济特征。按照一个旅游资源形成、分布、区域组合的相似性和差异性程度，可以将一国划分为不同的区域性旅游目的地。分析各区域性旅游目的地的形成、分布及发展特点，潜力与开发利用方向，以及切实保护旅游资源的正确途径，可为当地旅游经济的发展提供切实可行的指导。

（三）城市旅游目的地

城市旅游目的地是从一个特定区域空间范围来划分的。城市旅游目的地不但具有供旅游者参观、游览及观光等旅游景区具有的功能，还具有完备的以住宿、餐饮为主体的接待功能，并以便捷的交通条件作为保障。

（四）景区（点）

景区（点）是旅游目的地的最小空间单位。目前对旅游景区（点）的定义，基本上都是顾客导向性概念。一个为游客提供游览、消遣、娱乐和受教育的，专门指定和专人经营管理的、长久性的地点（Middledon，1988）。景点应该是一个独立的单位、一个专门的场所，或者是一个有明确界限的、范围不太大的区域，交通便利，可以吸引大批的游人闲暇时来到这里。景点应该是能够界定、能够经营的实体（Swarbrooke，1995）。景点应该是有特色活动的地点、场所或集中地，其经营目的是为了吸引旅游者和当地居民来访；应能够为游客提供轻松的经历和消遣，使他们愉快的度过闲暇时间；应按照景点的特点进行管理，尽量发挥其潜在能力，以满足游客需求；按照游客的需要和兴趣提供相应的设施和服务；景点要根据情况收取（或不收取）门票费用（Walsh – Heron and Stevens，1990）。作为旅游目的地最小空间单位的景区，旅游景区（点）主要具有供旅游者参观、游览及观光的功能，一般不具有住宿的功能①。

旅游目的地的空间范围一般来说决定着旅游目的地的市场范围。随着旅游目的地空间范围的延伸,空间内所涵盖的旅游景区将会增多,旅游资源数量将不断增加,旅游资源类型也不断丰富,旅游吸引力不断增强,其所提供的产品日益多样,意味着该旅游目的地的旅游吸引力不断提升,市场范围必然扩大。从这个意义上讲,旅游目的地的空间范围决定着这个旅游目的地的供给规模和需求水平,从而决定着该地的旅游经济活力和实力。不同层次的旅游目的地在旅游空间体系中分工不同,不同的旅游目的地之间的合理分工便构成了一个国家旅游空间的组织结构,它是国际及国内旅游发展的有力保障。

三、旅游目的地承载力

(一)旅游目的地承载力的含义

旅游目的地的过度利用和拥挤,究竟是旅游业发展走向成功的吉兆,还是它陷入困境不能自拔的开始?为了得到这个问题的答案,用传统的辩证思维分析之后我们会发现,任何事物发展都会受到"度"的约束,旅游业的发展也受到度的制约,一旦冲破这一度的约束,旅游活动的真正内涵及目的地的状况也许会随之而变,这种度我们称之为旅游目的地承载力,简称旅游容量(Tourism Carrying Capacity)。它是指一定时期内不会对旅游目的地的环境、社会、文化、经济以及旅游者的旅游感受质量等方面带来无法接受的不利影响的旅游业规模的最高限度,一般量化为旅游地接待的旅游人数最大值。显然,在这个最高限度的"临界点"以下,增加额外的消费人数不会引发问题;当超过"临界点"之后,由于存在着负的外溢效应,即外部负效益,增加更多的消费者将减少全体消费者的效用。从旅游者外出旅游追求美的享受的需求来看,环境美是基础,在一个空气污浊、水体污染、声音嘈杂的环境中,游客是无法去领略、欣赏、体会具体游览对象的各种美学特征的,正如影剧院、音乐厅里的观众超过一定限量之后,将会影响欣赏效果一样。

为更好地理解旅游容量的含义,我们可以分别从旅游地和旅游者两个角度加以分析:从旅游目的地的角度看,旅游容量乃是旅游目的地在认识到旅游业的消极影响之前所期望吸引旅游者的能力,表现为所期望的最大游客人数而非实际有能力吸引的人数。从旅游者角度来看,当旅游资源利用超过某一程度时,旅游者感觉到这种利用已经过度时就可能产生烦躁甚至厌烦情绪,原来的好奇心和兴趣荡然无存,因而他们必然会另觅他方从而引起该地旅游规模的下降。这一特定利用程度即旅游容量,它是旅游者寻求其他旅游地之前所愿意接受的最低享受程度。换言之,也就是能吸引并保持旅游者前往的旅游资源最高利用程度。

旅游业的综合性规定着旅游业极限容量的多维化特征,物质容量(Physical Ca-

① 转引自:厉新建,张辉. 旅游经济学——理论与发展[M]. 大连:东北财经大学出版社,2002.

pacity)、环境容量(Environmental Capacity)、心理容量(Perceptual/Psychological Capacity)、经济容量(Economic Capacity)四方面共同决定旅游业发展规模及其影响的大小。20 世纪 70、80 年代旅游学者在讨论旅游容量问题时多从前三方面着手,尤其热衷于野生环境(Wilderness Area)容量分析,20 世纪很少涉及经济容量分析。例如,道格拉斯·皮尔斯(Douglas Pearce)在其所著《旅游开发》(Tourist Development,1985)一书中将容量区分为物质容量、环境容量和心理容量三个概念。所谓物质容量,是旅游地实际容纳旅游者的数量;环境容量是指一个旅游地在其生态资源免遭破坏的条件下容纳旅游者的数量;心理容量也称社会容量,包括目的地居民心理容量和旅游者心理容量两方面,前者是指目的地居民从心理上可以接受旅游者的数量,后者则是指在旅游地失去吸引力之前旅游者可以容忍的拥挤程度。而所谓经济容量,则是指在某一特定范围(国家、地区或地方)之内,其经济所能承受的旅游业所产生的冲击和为了最快发展地区经济而允许的旅游业最高限度。①

(二)旅游承载力研究的意义

二战后,各国均努力推进旅游业的发展,旨在增加外汇收入,带动相关产业的发展,同时促进各国人民的交往和科学文化交流。进入 20 世纪 50 年代后,旅游趋向大众化和社会化,越来越多的人涌向各种各样的旅游胜地。在旅游旺季,某些旅游地出现拥挤现象,这种情况引起了一些实际规划人员和旅游学者的关注,他们开始意识到,任一旅游地或区域接待的游客量在一定时间内应有一定的限度,以保证旅游环境质量不受破坏,并使绝大多数旅客满意。我国旅游业发展与发达国家相比较晚,相关研究也较滞后,改革开放后,人们的生活水平提高很快,特别是国家关于促进内需、改革休假制度的政策出台,大大刺激了人们出游的欲望。2006 年,国内旅客已接近 14 亿。目前,经济社会发展对旅游资源的影响是相当惊人的。人们谈论旅游对环境的影响,一开口似乎就是旅游发展了、游人增多了、环境破坏了,这是比较片面的认识。现实的情况是,由于我国经济的高速增长,国民收入大幅提高,的确引发了出游人数持续增长,但更主要的是人们对资源的耗费和环境的影响加剧,即所谓"万元 GDP 能耗水平超过发达国家 3 ~ 11 倍",这才是真正影响甚至破坏旅游资源和环境的最大因素。显然,这个影响不是由于旅游发展造成的,但影响程度远远大于旅游开发所付出的环境代价。而我国原有的旅游基础薄弱,供给与需求矛盾较大,旅游环境承载力问题更加突出。绝大多数旅游地在旺季人满为患,游客食宿困难,甚至发生因拥挤导致人员伤亡的事件。由于旅游地经常超负荷运行,导致了部分旅游设施损坏,服务质量下降,生态环境受损,旅游环境恶化。因此,研究旅游环境承载力在我国旅游发展的进程中就显得更加迫切、更加重要,它能有效地指导我国旅游业进入健康的可持续发展轨道。

---

① 刘振礼. 旅游环境的概念及其他———试论旅游与环境的辩证关系[J]. 旅游学刊,1989(4).

旅游业与有关产业存在依赖性和替代性的二元关系，因此，旅游业的无限制发展会导致其他产业从对旅游业的协助作用最终转化为制约作用，并且旅游业的季节性、较低的潜在生产率和由旅游业高薪拉力所致的对其他产业的替代性会加剧这种转化速度。在经济欠发达国家或地区，大量雇佣外地工作人员和引进外资还有可能导致政治关系和种族关系的紧张。另外，如果从福雷斯特和麦多斯的经济增长极限论出发，似乎可以试着将旅游业极限容量定义为不会带来资源枯竭和环境污染加深的“危机水平”的旅游业增长极限，显然，这种意义上的旅游容量犹如一道悬崖，绝对严格地要求旅游业在容量内运作，容量问题一旦出现，旅游业就有坠入深渊的危险。

（三）旅游承载力的测算

任何一个国家（地区）在对旅游资源进行评价和开发时，都必须充分考虑极限容量，并将它放到适当的位置。但由于衡量容量的标准因社会环境不同而表现出某种不确定性，另外，管理工作对极限容量的影响也会使旅游容量的定量分析存在一定的难度，因此，即便有了一些定量分析，也缺乏普遍的应用性。下面介绍几种较为常见的定量分析基本方法：

1. 高峰期需求测定。旅游业的季节性经营要求分别计算出高峰使用期和平、淡季的需求，然后确定能在多大程度上允许旅游业在较短的高峰期内超容量运行。因此高峰期使用在旅游容量确定上起关键作用。与高峰期需求有关的测定方法有：用一定时期抵达人数与更长时期内抵达人数的比率来评估拥挤程度。

2. 用空间面积来度量拥挤程度。从物质容量来看，目前主要按照人均占地面积来确定，陆地面积平均占地 $2m^2$/人，水面平均 $8m^2$/人，山地（指可涉足面积）平均 $4m^2$/人①。这种以一定面积的理想人数不能超过某个既定值（比如说每公顷海滩不得超过1 000人）来度量拥挤程度的做法显然没有将对拥挤的心理感受因素考虑进去。一个颇受青睐的海滨度假地，其海滨气氛的形成动力或许正是它的拥挤，游人的目的是为了能在滔滔人海中寻求开心和寻找感觉。但在另一种情形下，如果游人的首选利益或第一利益是安宁，则一个海滨接待 10 个游人就会听到有关拥挤的牢骚和不满。

3. 旅游极限有时也同所期望的游人数相关。这种情况多见于所期望的停车场地、旅馆、商店数目的计算之中，人们经常会说，每 2 000 人一个旅馆，每人需要 $0.2m^2$ 商场面积，每个床位需 1.2 辆小车的停车空间，每公顷停车场停车 25 辆等等。

4. 限度评估法。这种方法是已知或预先确定一个对旅游活动有重要影响的有限环境条件，根据这个条件来确定当地的旅游承载力。比如某地供水有限，那么能接待的游人数估值就由可资利用的水供给与每人每天耗水量的比值来决定。

---

① 旅游点极限容量的探讨，《中国旅游报》1987 年 7 月 22 日．转引自匡林，1995.

5. 心理容量的准确数字很难测定，目前使用频率较高的做法之一是摄像与问卷结合法。如在爱尔兰海滩，人们选择在特定的时间从空中拍摄照片，观察实际的游人稠密度和分布情况，同时以问卷形式征求游人意见，通过比较分析，得出 $10m^2$/人的容量。对于当地居民心理容量、社会容量的衡量，也只能在综合各种因素的基础上进行主观的推测。

第二节　旅游供给的基本含义

一、旅游供给的概念

经济学中所讲的供给(Supply)的概念是指在一定时期内(如 1 月或 1 年)生产者在各种可能的价格下愿意并能够向市场提供的产品的数量，所以供给也是出售愿望与供给能力的统一。如果只有供给能力而无出售愿望，那就不形成实际的供给。从旅游经济学的意义上讲，旅游供给就是旅游目的地在一定时期内以一定的价格向旅游市场提供的旅游产品的数量。由于旅游产品是一个相对宽泛和抽象的概念，因此一个旅游目的地旅游供给的变化往往体现在其具体旅游产品——该地商业性旅游企业所提供的设施和服务供给量的变化上。

现代旅游活动规模的迅速扩大是由旅游需求和旅游供给两方面因素的发展共同促成的。一方面，如果不存在具有旅游吸引力并具有一定接待能力的旅游目的地，人们的旅游需求便难以实现。在这个意义上，旅游供给是促成旅游需求发展的先决条件。另一方面，如果没有旅游需求的存在和发展，旅游目的地则缺乏动力和能力去发展和改善其供给条件。从这个意义上，旅游需求又影响着旅游供给。可见，旅游供给与旅游需求是旅游经济活动中既相互促进又相互制约的矛盾的两个方面，旅游供给方面的主体是以旅游目的地为总体代表的旅游产品的供应者或经营者，旅游需求方面的主体是旅游产品的需求者或消费者。

从以旅游资源为基础的总体旅游产品角度分析，有什么样的旅游供给就会吸引来什么样的旅游需求。但是，在竞争非常激烈的旅游市场中，随着经济的发展和旅游者出行经验的丰富，人们最基本的需求边界被突破了，即需求的某个阶段被超越了。换言之，就是旅游者的需求满足达到了一定程度以后，他们的消费会变得不敏感，对未来的供给要求可能变得模糊，失去明确的方向。旅游者因囿于自身经验而缺乏想象和潜在创新的能力，难以给供给者提供准确的市场信息。在这种情况下，旅游供给就不仅仅是需求得以实现的保障条件，同时还是引导需求、促进需求"升级换代"的力量。旅游供给的创新始终是不能停止的，而且作为解决方案的提供者，旅游供给方应始终在旅游经济发展中充当创新主体、引导消费的重要角色。

二、旅游供给的基本内容

旅游供给是旅游产品的供给，依照旅游目的地总体旅游产品的构成情况，旅游供给可划分为基本旅游供给和辅助性旅游供给。所谓基本旅游供给，是指主要针对来访游客的需要而开发和提供的旅游供给部分，其中主要包括借以吸引游客来访的旅游资源、为保障其旅游活动的顺利开展而专门提供的各种旅游设施，以及与此相应的各种旅游服务，三者构成了基本旅游供给体系。所谓辅助性旅游供给，是指旅游目的地的旅游基础设施，其中主要包括当地的公用事业设施和满足现代社会生活需要的基本服务设施。辅助性旅游供给体系的特点在于，这类设施的主要服务对象是当地居民，而不是游客。换言之，如果没有游客，这些设施亦有必要存在。但是，游客的到来也不可避免地需要使用当地的这些设施，否则其旅游活动的顺利进行就缺乏保障，甚至由于无法正常生活而难以实现旅游需求。如果没有这些设施，旅游者由原来的向往之情变为望而却步，当地旅游资源的原始吸引力就会大打折扣，甚至完全抵消。正因为如此，辅助性旅游供给也被纳入旅游供给的范围之内。将旅游供给的内容用图 3－1 表示如下。

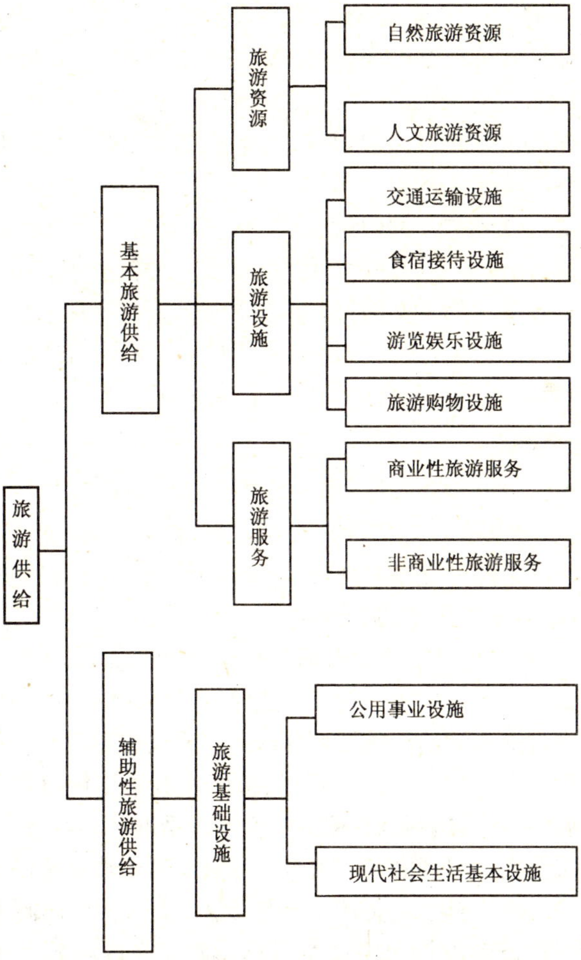

图 3－1　旅游供给内容示意图

（一）旅游资源

旅游资源是发展旅游的核心依托，它是旅游产品的生产基础，也是一个旅游目的地旅游供给的首要内容。旅游资源主要是指那些对游客具有吸引力环境的自然因素、社会因素及其他因素，因而它是旅游活动的主要诱因。如果没有旅游资源，游客便不会被吸引前来旅游访问，旅游业的生存就如同空中楼阁，失去了根本。一般来说，一个旅游目的地拥有的旅游资源越丰富、越具有特色，对旅游者的吸引力也就越大。因此，一个国家或地区旅游业的成功发展，最基础的条件是它所拥有旅游资源的数量和质量。

旅游资源具有多样性的特点，按照形成原因和属性，大体上可以分为两大类：一类是自然旅游资源，一类是人文旅游资源。自然旅游资源主要包括各种对旅游者具有吸引力的气候条件、风光地貌或自然景观、动植物资源和天然疗养条件等。人文旅游资源的种类比较复杂，其中既有有形的人文资源，也有无形的人文资源，既有历史遗留下来的遗产资源，也有当代为发展旅游业而有意识兴建的人造旅游资源。这些人文旅游资源归纳起来，主要包括：历史文物古迹，民族文化，重大的国际性文化、体育盛事，富有特色的当代人造旅游吸引物等。

对于一个国家和地区来说，其基本旅游资源往往是其自然资源、历史遗产和民族文化的总和。这些旅游资源由于其固着在一定的地域和社会环境之中，因而具有不可转让的特点。此外，由于有些旅游资源要么是大自然的恩赐，要么是长期社会历史发展的产物，因而在全部旅游供给中，这些旅游资源的数量在相当长的时期内是稳定不变的。尽管它们当中的某些内容和形式有可能随着需求的变化而失去其旅游资源的地位，然而这些旅游资源的供给却不可能随着市场需求发展而任意扩大，这也是旅游供给区别于其他产品供给的重要特征之一。

（二）旅游设施

除了旅游资源之外，构成旅游目的地旅游供给重要内容的便是能够满足旅游者吃、住、行、游、购、娱等诸方面需要的旅游设施，这些设施和相应旅游服务的数量规模代表着旅游目的地旅游业的发展水平和接待能力。旅游设施通常指商业性旅游服务设施，这种设施种类很多，主要包括：

1. 交通运输设施。这里所说的交通运输设施泛指帮助旅游者实现空间位移的客运设施和设备。这些设备可以满足旅游者从客源地到目的地的往返，以及在旅游目的地区域内因旅游活动的需要而提供的交通设施和服务。尽管交通因素本身可能不会成为旅游者出游的动机，但是旅游的发展始终伴随着交通运输的一次次革命。旅游发展的历史告诉我们，便捷的交通是推动旅游经济发展、旅游目的地成长和发展的最重要决定因素之一。旅游目的地交通运输设施的完备程度决定着其可进入性程度的高低。对于我国旅游业的发展，交通管理体制尤其是民航体制的改革对我国旅游经济的发展必将产生深远影响。在国际旅游尤其是洲际旅游中，交通费用约占旅游费用的1/3。打破我国民航管理中的体制保护伞，理顺体制关系，改善体制环境，才能使国内航空公司之间以及国内与国际航空公司之间的竞争真正而有效的展开。在更好满足旅游者旅游需求的同时，交通费用也将被收入旅游目的地的囊中。

2. 食宿接待设施。食宿接待设施为旅游者提供基本生活服务，是旅游活动得以继续的必要保障。这里的食宿接待设施，是指以现代饭店为代表的能够适应和满足旅游者食宿需要的商业性服务设施。食宿接待设施是旅游目的地旅游接待能力的典型标志。一般旅游目的地将其拥有的饭店的数量和等级作为当地接待能力的重要参考指标。实际上，在旅游食宿接待中担任主力军角色的现代饭店已不再是单纯为旅游者提供食宿服务的场所，其接待功能围绕基本的食宿在逐步拓展，已扩大到游客生活服务的各个方面。在某些地区，设计优良、装修考究、有历史意义、具有人文价值的一些与众不同的饭店甚至扮演着旅游吸引物的角色。

3. 游览娱乐设施。这类设施是指供游客参观、游览或开展娱乐活动的场所，这些设施基本上可以划分为两大类。其中所占比重较大的一类多属集中反映和表现当地民族历史、民族文化、民族艺术和民间风俗的场所，例如各种博物馆、美术馆、艺术馆、民俗展览和表演，反映民族特色的园林以及名人或历史事件纪念馆等等，这些设施往往是当地旅游吸引物的组成部分。另一类则是为丰富旅游者的旅游生活而提供的娱乐设施，例如歌舞厅、游乐场、棋牌室等参与型的娱乐设施。游客借助这些设施开展的活动原则上是其旅游生活的点缀，但在有些情况下，这类娱乐设施也可起到旅游吸引物的作用，如美国的拉斯维加斯就因其娱乐产业的发达、娱乐设施的齐全吸引着世界各地的游人纷至沓来。

4. 旅游购物设施。旅游购物虽然不属于游客必需性的基本需求，但实际上却是旅游者外出旅游的必然行为。正因为如此，游客购物消费在任何旅游目的地的旅游收入中都占有重要的地位。旅游购物设施同一般的购物设施并无原则上的不同，只是布设网点时在不破坏旅游地环境的基础上，尽量方便游客购买。这些购物设施的方便程度，特别是其所供商品的特色、质量、价格，对游客的购物消费额有至关重要的影响。有些地方，旅游购物设施甚至可以成为旅游者到访的吸引因素。如香港一直以“购物天堂”的美誉蜚声国内外，每天都吸引着数以万计的游人前来购物旅游。

（三）旅游服务

从旅游目的地供给的角度看，旅游服务既包括商业性的旅游服务，也包括非商业性的旅游服务。前者多指旅行社提供的导游和翻译服务、交通部门的客运服务、饭店的食宿服务、商业零售部门的导购服务以及其他部门向旅游者提供的商业性接待服务。后者则主要包括当地为旅游者提供的旅游问询服务、出入境服务及当地居民为旅游者提供的义务服务等。旅游服务在很大程度上反映着当地居民对外来游客的友善程度和好客精神，也一定程度上反映着当地政府对发展旅游的态度。旅游服务是旅游供给中最柔性的部分，热情、礼貌、高效的旅游服务往往是提高旅游产品整体质量的关键因素，有的时候甚至是决定性因素。因此，旅游目的地的供给方需要特别注意改造旅游商品所包含的软环境。

（四）旅游基础设施

旅游基础设施是辅助性旅游供给的主要内容。通常这些设施都是针对当地居民的需要而设计和提供的，但到访的旅游者同样也要使用这些设施，因此，在旅游研究中称之为旅游基础设施。这些设施可分为两大类：一类是一般的基础设施或公用事业设施，如供水、供电、供热、排污等设施；另一类是满足现代社会生活所需的基本服务设施或条件，如金融、通信、医疗卫生、治安管理等。旅游基础设施是旅游目的地发展旅游业的重要物质基础，同时也是旅游业深度发展的后盾。仅仅发展旅游服务设施而不注重旅游基础设施条件，则难以吸引大量的游客，特别是难以吸引散客的到来。

三、旅游供给的特点

旅游经济学研究的旅游供给主要指对整体旅游产品的供给，因此，旅游供给具有以下两个显著特点。

（一）旅游供给的关联性

与旅游产品和旅游需求的综合性一致，旅游供给不是单一孤立的行为，其各个组成部分具有内在制约的关联性特征，是一个完整的体系。系统供给不能仅看旅游景区（点）行业的生产能力与旅游者需求之间的力量对比，同样也不能仅看食宿、交通、娱乐等行业的供给与相应需求之间的力量对比。系统组成中任何一个部分的供给与需求力量对比都可能影响到另外一个部门的供给能否实现，从而决定着目的地系统供给能力的实现程度，并最终影响目的地旅游经济的质量。

因此，旅游目的地系统供给能力的形成是各个部分供给能力耦合的结果，是市场协同的结果，但是旅游经济中特殊的机制增加了协同的难度。实际上旅游产品是一个组装型产品，与一些制造业中的组装品不同的是，旅游供给的协同过程中，明显缺乏类似于汽车工业中的能够起到主导作用的总装配厂。在旅游供给中，尽管也有类似于总装配厂的旅行社的存在，但是毕竟旅行社与相关旅游企业的组合较之汽车总装配厂和配套生产厂商的作用不可同日而语。在我国旅游经济发展中，不管是旅行社还是饭店，都没能担当起这一重要角色，来主导整个旅游经济的发展。旅游产业层中这种“非我不可”的组装、协调角色的缺失，是制约旅游经济稳定发展的重要因素。

（二）旅游供给时空的固定性

无论是旅游资源、旅游食宿接待设施，还是旅游娱乐设施和旅游基础设施，这些供给能力一旦形成，就很少可能再发生移动。因此，一般来说，旅游供给是附着在空间维度上的，具有天然的地域分割特点，无法像一般制造类商品一样，通过运输方式实现其供给。

同时，旅游供给也具有时间固定性，一方面是指其生产能力的发展附着在严格的时间维度上，如饭店等住宿设施的生产能力基本上是严格地附着在“一天”这样的时间维度上，不存在生产能力的储存可能，不像制造业中的生产及其设备等在没有使用的情况下，尽管也存在一定的自然损耗，但基本不影响今后的利用，在某种程度上生产能力可以后延使用，可以储存。但是旅游经济中的供给全然不是这样，今天没有“开工”的生产能力就永远失去了今天的价值，这就使得在旅游供给企业实施收益管理（Yield Management）显得尤为重要。另一方面，旅游供给的时间固定性还指供给一旦形成，不能在短期内对旅游需求的变化作出及时的回应，当需求扩张时，供给在短期内不能使数量有较大程度的扩张，需求缩小时，也不可能缩小。

四、影响旅游供给的因素

旅游目的地的旅游供给会受到价格等经济因素的影响，也会受到政治等其他非经济因素的影响。价格对旅游供给的影响将在本章第三节作详细阐述，这里研究的影响旅游供给的因素主要指除价格以外的其他因素的影响。现将主要影响因素列出，如表 3－1 所示。

表 3－1　影响旅游供给的因素

经济因素	非经济因素
社会经济发展水平	旅游目的地环境容量
科学技术发展水平	管理和服务因素
政府的财税制度	

（一）社会经济发展水平

社会经济发展水平的高低对旅游目的地的供给水平有至关重要的影响。有经济实力的旅游目的地往往能够及时地按照市场的需求扩大其供给规模，而经济实力欠缺的旅游目的地想要扩大供给规模却举步维艰，这点在发展中国家（地区）的旅游发展中显得格外突出。发展中国家（地区）大多选择先发展国际入境旅游来赚取外汇以支持其他产业发展的模式。鉴于这个目的，这些旅游目的地都力图迅速开发旅游资源、增建旅游服务设施，而且还要更新和扩建其原有的基础设施以扩大旅游接待能力，这一切都需要大量的资金支持，这就与发展中国家（地区）发展国际旅游带动经济发展的初衷存在着矛盾。由于受到经济发展水平的限制，发展中国家（地区）的供给规模和供给水平一直都处于劣势地位。反之，经济发达国家（地区）的旅游供给，不仅原有的基础良好，而且其雄厚的经济实力也为其扩大旅游接待规模、提高旅游接待质量提供了保证，从而能在较高层次上满足旅游者的需求，获得旅游者较高的满意度，使其旅游业发展进入一个良性循环之中。

（二）科学技术发展水平

科学技术是第一生产力，科技的发展水平很大程度上也代表着旅游目的地的经济发展水平,从而影响其旅游供给水平。一方面,科技发展对旅游供给有直接的影响,表现在利用有关生产要素生产、组合旅游产品的效率提高,即能够利用同样数量的生产要素实现更多的产品,或利用较少数量的生产要素实现与他人等量的产品。另一方面,科技进步带动与旅游相关的其他部门的生产变革,有助于缩短旅游项目的建设周期,从而促使旅游供给能够在较短的时期内迅速扩大。科技水平较高的国家(地区)旅游项目的开发和建设速度普遍快于科技水平较低的国家(地区),原因就在于此。

(三)政府的财税制度

政府对旅游产业的财税制度可以被看做是政府对发展旅游的态度,旅游目的地政府对发展旅游业的态度和政策势必会影响该地的旅游供给。旅游业现在蓬勃发展的势头,使世界上几乎没有哪个国家不支持、不鼓励本国旅游业的发展,很多国家都对发展旅游业采取了一系列的优惠政策和扶植措施,来刺激旅游供给的增长。这些政策和措施主要表现在政府的财税制度上。对旅游企业的财政补贴等积极的财政政策和提供低息贷款等积极的投资政策都会刺激对旅游业的投资,促使旅游供给不断扩张。对旅游企业的低税率或进口关税的减免等税收政策都会引导旅游供给增长。例如,我国旅游饭店业的规模之所以能够在一个比较短的时间内迅速扩大,很大程度上是依赖于政府积极的扶植政策。

(四)旅游目的地环境容量

由于旅游目的地是一个自然或人文单元,相对于大量的来访游客,目的地的容量就显得十分有限。旅游目的地的环境容量在很大程度上决定着旅游供给规模的最大极限。例如,西藏最具代表性的旅游景点布达拉宫,其楼层为土木石结构,几乎没有用一颗铁钉,用黏土和石子夯实的"阿嘎土"地面坚实却不具有韧性,当承受的重量较大时容易发生地面开裂、坍塌。布达拉宫每年接待旅游者和香客 50 多万人次,日均 1 500人左右,而且接待的客人每年还在以 20% 的速度增长,日接待游客最多时曾达到5 000人。如此大的重量流动在上,对于高 115 米、土木石结构的 13 层楼层建筑来说,不但会造成椽子木下垂或开裂、折断,墙体下沉、松动等,而且对地基也形成不可忽视的威胁。据此,布达拉宫管理处提出基于环境容量的新的管理办法,在上午开放的 4 小时,平均每 20 分钟限客 50 人,而在下午开放的 2.5 小时,平均每 30 分钟限客 50 人。这样,布达拉宫每天最多接待人数不超过 850 名。

(五)管理和服务因素

旅游供给的内涵式扩大需要管理和服务层面的支持,良好的管理和服务可以促进供给效率的提高,从而相对地提高旅游供给。服务本身就是旅游产品供给的组成部分,良好、迅速的服务势必提高旅游供给的质量和能力。通过良好的管理,可以更加合理的组合生产要素,使各种要素之间协调一致地参与供给能力的创造,管理促进供给效率的提高可以相对地增加旅游供给。良好的管理同样有助于扩大旅游目的地的自然容量,从而对旅游目的地的供给产生影响。

第三节　旅游供给规律及其供给弹性

一、旅游供给规律

同价格和需求量存在着密切的关系一样,价格和供给量也存在着密切的关系。因此,在其余因素不变的情况下,单独考察供给量同价格的关系,也具有重要的意义。

人们通过对大量事实的观察、统计和分析,可以得到这样一条规律:在影响供给量的其他因素给定不变的条件下,某商品的供给量与其价格成同方向的变动,即供给量随着商品本身价格的上升而增加,随着商品本身价格的下降而减少。这种现象普遍存在,被称为供给定理或供给规律(Law of Supply)。供给定理同样是通过科学的抽象或说是科学的假设而得出的,它以影响供给量的其他因素给定不变为条件。这就是说,只有在这一条件下,才能揭示商品本身价格与其供给量之间的本质联系,得出科学的供给定理。

旅游供给同样受供给规律的影响。在旅游经济中,作为生产要素的资源总是有限的。在其他条件不变的情况下,当旅游产品的价格上升时,供给方出于追求利益最大化的考虑,总是愿意提供更多的产品,使供给量上升;当旅游产品的价格下降时,供给方将减少产品的供应。不仅对于单项旅游产品(如交通、住宿、旅游景点等)是如此,对于整体旅游产品也是如此。基于此,旅游供给规律可以表述为在其他条件不变的情况下,一个国家(地区)在一定时期内愿意并且有能力向旅游市场提供的旅游产品的数量将随着市场价格的涨落而增减。

同时这一关系也可以用数学函数的形式来表示。假定其余因素都是给定不变的,旅游产品的供给数量(S)及其变化取决于其销售价格(P),于是有旅游供给函数:

$$Q_s = g(P)$$

其中:Q_s 表示旅游供给量;P 表示旅游产品价格;g 表示某种函数关系。

把旅游供给规律用图示法来表示,即是图 3-2 所示的旅游供给曲线(Tourism Supply Curve)。供给曲线是供给定理的几何图形形式,它是向右上方倾斜的,即它的斜率为正值。

从图 3-2 中可以看出,旅游产品价格为 P 时,旅游供给量为 Q;当旅游产品价格上升至 P_1 时,旅游供给量会相应上升至 Q_1;同样,当旅游产品价格下降到 P_2 时,旅游供给量也会相应下降至 Q_2。也就是说,在其他因素不变的情况下,旅游产品的价格变化将会导致旅游供给量沿着旅游供给曲线移动。

前面分析过,除了价格以外还有其他会影响旅游供给量变化的因素。如果这些因素发生变化,那么旅游供给曲线也将发生移动。下面通过分析,来看价格以外

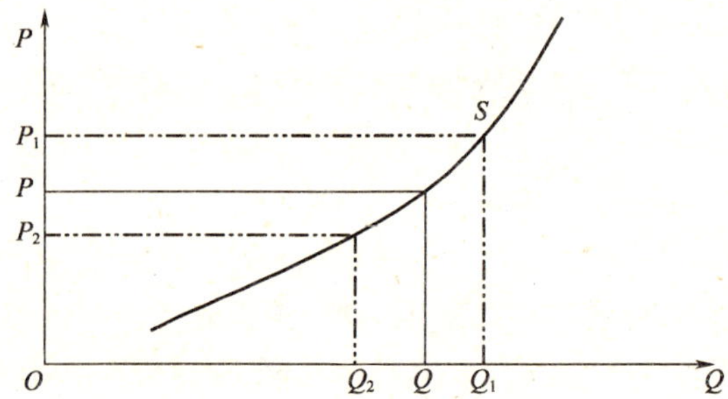

图 3－2　旅游供给曲线

的其他因素的变化会使旅游供给曲线如何移动。如图 3－3 所示，该图中的曲线 S 为原始旅游供给曲线。如果旅游产品价格以外的其他影响因素发生变化，例如政府的税收政策发生有利于旅游业经营的变化，意味着在同等的价格水平下，旅游供给方可以获得较原先更多的收益，因此在价格不变的情况下，增加产品供应便会导致整个旅游供给曲线向右移至 S_1，从而使旅游供给量相应扩大。这类使供给曲线向右方移动的因素，统统归结为利好因素。如果旅游产品价格以外的其他影响因素发生不利于旅游业经营的变化，整个旅游供给曲线则会向左方移至 S_2，从而使旅游供给量相应减少。如果旅游产品价格同时发生变化，旅游供给量则会沿位移后的旅游供给曲线运动。

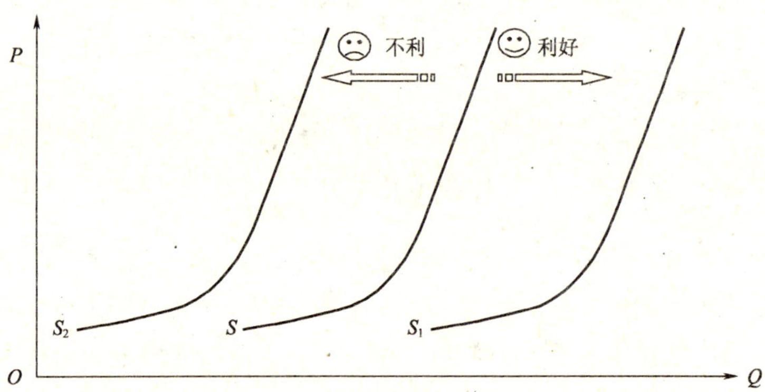

图 3－3　旅游供给曲线受不同因素影响移动图

二、旅游供给弹性

旅游供给随旅游产品价格变动而发生反应的程度，称之为旅游供给弹性。测定其反应程度大小的指标称为旅游供给价格弹性系数，简称旅游供给弹性系数。这一系数为旅游供给量变化百分率与旅游产品价格变化百分率之比，其测定公式为：

$$E_s = \frac{Q_2 - Q_1}{Q_2} \div \frac{P_2 - P_1}{P_2}$$

其中：E_s 表示一定时期内的旅游供给弹性系数；Q_1，Q_2 表示变化前后的旅游需求量；P_1，P_2 表示变化前后的旅游产品价格。

同旅游需求的价格弹性系数一样，该公式是测算旅游供给弹性的基本公式，仅适用于旅游供给曲线上的某点或两点间的变化量很小，其极限值为零的情况。因此，上述旅游供给弹性系数也称为点弹性系数。如果供给曲线上变动的幅度较大，难以忽略不计，上述公式应用起来就不是特别准确，需要引入弧弹性系数的概念。弧弹性用来表示旅游供给曲线上两点之间的供给量的变动对于价格变动的反应程度，其公式如下：

$$E_s = \frac{Q_2 - Q_1}{(Q_1 + Q_2)/2} \div \frac{P_2 - P_1}{(P_1 + P_2)/2}$$

由于旅游产品价格同旅游供给量成同方向变动关系，旅游供给弹性系数始终为正数，另外其数值范围可以从零到无限大。由于旅游目的地的不同以及分析时期的不同，旅游供给弹性系数的测算结果有以下几种可能：

第一，$E_s = 0$ 的情况。这种情况称为供给完全无弹性，在这种情况下，无论价格如何变动，旅游供给量都不发生改变。这时的供给曲线是一条斜率为 0 的直线。例如土地、文物、某些艺术品的供给，或者当地政府为了保护自然和社会环境而采取提高价格从而限制需求量的方法等，都有可能出现这种情况。

第二，$0 < E_s < 1$ 的情况。这种情况称为供给缺乏弹性或弹性小，即旅游产品价格发生一定幅度的变化只会引起旅游供给量较小幅度的变化。这时的供给曲线是一条穿过横轴的向右上方倾斜且较为陡峭的线。例如，在旅游目的地有关生产要素的价格不利于扩大旅游服务设施和接待能力的情况下，即使旅游产品价格发生一定幅度的上升，也不会导致旅游供给量的大幅度增加。如泰山的岱顶，由于受到自然条件的限制，即使价格上升，其接待能力也是有制的。

第三，$E_s = 1$ 的情况。这种情况称为单位弹性，说明旅游产品价格一定幅度的变动会导致旅游供给量相应幅度的变化。这时的供给曲线是通过原点的一条与横轴成 45°角，并向右上方倾斜的线。这种情况在市场中一般很少发生，或是仅在某一时点发生，一般不予研究。

第四，$E_s > 1$ 情况。这种情况称为富有弹性，说明在这种情况下，旅游产品价格的一定变化会引起其供给量较大幅度的变化。这时的供给曲线是一条向右上方倾斜且较为平缓的线。

弹性系数越大，则表示旅游供给的弹性越大，即旅游产品价格出现一定幅度的变化将导致旅游供给量发生更大幅度的变化。例如，当一个国家或地区的旅游业尚处于成长发展阶段时，在政府支持并且有能力继续扩大其旅游业规模的情况下，旅游产品价格的上升将导致旅游供给量的迅速增长。在某些情况下，即使旅游产品价格仅以微小幅度上升,也会促使旅游供给量大幅度增长。

在实际旅游经济活动的运行过程中,当旅游产品价格呈下跌趋势时,一个旅游目的地若愿意减少其旅游供给,相对来说比较容易做到。但目前常见的情况是,随着旅游活动的普及和旅游需求的不断扩大,旅游产品的价格也在上升,然而对于一个旅游目的地而言,要想在短期内迅速扩大其旅游供给则比较困难,特别是在旅游业已具有相当规模或者旅游环境容量已趋饱和的情况下更是如此。造成这种情况的原因,一方面是因为旅游供给的扩大涉及旅游服务设施和旅游基础设施的增建或扩建,以及旅游从业人员的招聘和培训,为人、财、物和时间所限;另一方面则是因为旅游供给的扩大也会受到当地环境容量以及社会容量等诸多因素的制约,人们通常认为旅游供给弹性较小,其原因也在于此。一个旅游目的地旅游供给弹性的大小往往随着时间的延长而有所延展,分析的时期越长,旅游供给弹性越大,时期越短,旅游供给弹性越小。

第四节　旅游供给的成本收益分析

旅游供给的成本收益也称为旅游供给的投入和产出。对成本收益的分析无外乎就是将旅游企业的投入和产出加以比较:投入大于产出说明旅游企业在经营中有损失产生;投入等于产出说明旅游企业没有获得经济效益;投入小于产出说明旅游企业获得经济效益。前面提到,旅游供给方不仅包括直接向游客提供服务的旅行社、酒店、餐饮企业、交通部门、游览胜地和娱乐场所等企业和部门,还包括间接向游客提供服务的城市基本设施。此外,游客从四面八方涌入旅游目的地,就会产生人与人、人与社会、人与环境的多向网状交流,这难免会对当地产生各种影响。因此,从旅游目的地角度来考察旅游供给的成本和收益含义时,既要考虑各个旅游企业在经营活动中的投入和产出,也要考虑旅游活动的开展对全社会的经济、文化、自然等方面所带来的正面或负面影响。综上所述,旅游供给的成本收益应包括两个不同的研究范畴:一是基于旅游企业层面的成本收益分析,二是基于旅游目的地层面的成本收益分析。

一、旅游企业成本收益分析

(一)旅游企业成本含义

旅游企业成本是指旅游企业在一定时期内,为生产旅游产品而发生的各种消耗和支出的货币表现,即旅游企业的成本费用。旅游企业在经营过程中发生的各项耗费,必须严格按照国家规定的成本开支范围记入成本费用。根据现行《旅游、餐饮服务企业财务制度》的规定,旅游企业成本费用的开支范围如下:

1. 营业成本。旅游企业在经营过程中发生的各项直接支出,计入营业成本,包括以下四项:

（1）企业直接耗用的原材料、调料、配料、辅料、燃料等直接材料，包括饭店餐饮部和餐馆耗用的食品、饮料的原材料、调料、配料成本；餐馆、浴池耗用的燃料成本；饭店洗衣房、照相馆、洗染店、修理店耗用的原材料、辅料成本。

（2）旅行社已计入营业收入总额的房费、餐费、交通费、文娱费、行李托运费、票务费、门票费、专业活动费、签证费、陪同费、劳务费、宣传费、保险费、机场费等代收代付费用。

（3）商品进价成本，分为国内购进商品进价成本和国外购进商品进价成本。国内购进商品进价成本是指购进商品原价。国外购进商品进价成本是指进口商品在购进中发生的实际成本，包括进价、进口税金、购进外汇价差、支付委托外贸部门代理进口的手续费。

（4）其他成本，指企业出售无形资产、存货（不包括商品）的实际成本。

2. 营业费用。旅游企业各营业部门在经营中发生的其他支出记入营业费用，主要包括运输费、装卸费、包装费、保险费、燃料费、水电费、展览费、广告宣传费、邮电费、差旅费、洗涤费、清洁卫生费、低值易耗品摊销、物料消耗、经营人员的工资（含奖金、津贴和补贴）、职工福利费、工作餐费、服装费以及其他营业费用。工作餐费是饭店按规定为职工提供工作餐而支付的费用。服装费是饭店按规定为职工制作工作服装而发生的费用。

3. 管理费用。管理费用是指企业为组织管理经营活动而发生的费用以及由企业统一负担的费用，包括公司经费、工会经费、职工教育经费、劳动保险费、待业保险费、劳动保护费、董事会费、外事费、租赁费、咨询费、审计费、诉讼费、排污费、绿化费、土地使用费、土地损失补偿费、技术转让费、研究开发费、税金、燃料费、水电费、折旧费、修理费、无形资产摊销、低值易耗品摊销、开办费摊销、交际应酬费、坏账损失、存货盘亏和毁损、上级管理费以及其他管理费用。

4. 财务费用。财务费用包括企业经营期间发生的利息净支出、汇兑净损失、金融机构手续费、加息及筹资发生的其他费用。

（二）旅游企业收益含义

旅游企业收益即旅游企业利润，又称为营业利润。它是指旅游企业在提供劳务或销售商品等取得的收入扣除企业在经营过程中发生的各项直接和间接开支后的余额。换句话说，就是从企业的营业收入中扣除营业成本、营业费用、管理费用和财务费用后的余额。从经济学意义上讲，它也是旅游企业为社会创造的新增价值。旅游企业的收益，是分析旅游企业经营状况和评价其经济效益的重要指标。在市场经济条件下，要取得理想的经营收益，必须严格控制好经营成本，强化销售工作，争取更多的顾客，才能使旅游企业的利润水平不断地提高。在旅游产品质量和价格不变的情况下，成本越低，利润就越高；反之，成本越高，则利润就越低。在经营旅游产品所耗费用不变的情况下，销售额越高，利润越大，反之销售额越低，利润则越小。

（三）旅游企业经济效益分析

1. 旅游企业经济效益的分析指标。旅游企业的经济效益是通过分析旅游企业的收入、成本、利润的实现，以及它们之间的比较来体现的。因此，要分析旅游企业的经济效益，首先应掌握好各主要指标的经济含义和计算方法。

（1）旅游企业的营业收入。营业收入是指旅游企业在出售旅游产品或提供旅游服务中所实现的收入，其包括基本业务收入和其他业务收入。营业收入的高低，不仅反映了旅游企业经营规模的大小，而且反映了旅游企业经营水平的高低。例如，通过旅游营业收入同企业职工人数的比较，就可以反映旅游企业劳动生产率的水平，公式如下：

$$\bar{S} = \frac{T_S}{\bar{p}}$$

其中：$\bar{S}$ 表示人均旅游营业收入；T_S 表示年旅游营业总收入；$\bar{p}$ 表示年职工平均人数。

（2）旅游企业的成本费用。成本费用就是旅游企业从事旅游经济活动所耗费的全部成本费用之和，也是旅游企业的固定成本费用与变动成本费用之和，用公式表示如下：

$$T_C = C_o + C_f + C_m + C_a$$

其中：T_C 表示旅游企业成本；C_o 表示营业成本；C_f 表示营业费用；C_m 表示管理费用；C_a 表示财务费用。

或

$$T_C = C_g + C_b$$

其中：C_g 表示固定成本；C_b 表示变动成本。

分析旅游企业的经营成本，一方面要分析成本的发生及构成情况，从而有利于加强对成本的控制及管理；另一方面把经营成本同企业职工人数进行比较，可以反映旅游企业的成本水平，计算公式如下：

$$\bar{C} = \frac{T_C}{\bar{p}}$$

其中：$\bar{C}$ 表示人均成本费用。

（3）旅游企业的营业利润。营业利润是指旅游企业的全部收入减去全部成本费用后的余额。旅游企业的营业利润指标，集中反映了企业从事旅游经济活动的全部成果，体现了旅游企业的经营管理水平和市场竞争力。通常，营业利润的计算公式如下：

$$P = T_S - C_o - T - C_f - C_m - C_a$$

其中：P 表示旅游营业利润；T 表示营业税金及附加。

2. 旅游企业经济效益分析的方法。旅游企业经济效益的分析方法可概括为如下几种：

(1)利润率分析法。利润率是反映一定时期内旅游企业的利润同经营收入、劳动消耗和劳动占用之间的相互关系,可从不同角度分析和评价企业的经济效益状况。它具体表现为旅游企业的资金利润率、成本利润率和销售利润率三个利润率指标。

$$P_m = \frac{P}{M_f + M_l} \times 100\%$$

$$P_c = \frac{P}{T_c} \times 100\%$$

$$P_s = \frac{P}{T_S} \times 100\%$$

其中:P_m 表示资金利润率;P_c 表示成本利润率;P_s 表示销售利润率;M_f 表示固定资金;M_l 表示流动资金。

资金利润率,反映旅游企业的利润与资金占用的关系,说明旅游企业劳动占用的经济效益。成本利润率,反映旅游企业利润与成本之间的关系,说明旅游企业劳动耗费所取得的经济效益。销售利润率,反映旅游企业在一定时期内利润与收入之间的关系,说明旅游企业经营规模的效益水平。对以上三个指标的分析,基本上反映了旅游企业的经济效益状况。

(2)盈亏平衡分析方法。盈亏平衡分析方法,是对旅游企业的成本、收入和利润三者的关系进行综合分析,从而确定旅游企业的保本营业收入,并分析和预测在一定营业收入水平上可能实现的利润水平。

通常,影响利润高低的因素有两个,即营业收入和经营成本。按照成本性质划分,经营成本又可分为固定成本和变动成本。于是,收入、成本和利润的关系可用以下公式表示:

$$P = QW - QC_v - T_f$$

其中:P 表示利润;C_v 表示单位变动成本;W 表示单价;T_f 表示固定总成本;Q 表示业务量。

另设 S_0 表示保本点收入额,Q_0 表示保本点业务量。若令 $Q = Q_0$,$P = 0$,则保本点公式为:

$$Q_0 = \frac{T_f}{W - C_v}$$

$$S_0 = W \cdot Q_0$$

知道旅游企业保本点的业务量或收入额,就可根据上述公式的变换,对旅游企业的目标利润和目标收入进行科学的分析和预测,以保证旅游企业不断提高经济效益。

(3)边际分析方法。边际分析方法又称为最大利润分析法,即引进边际收入和边际成本概念,通过比较边际收入与边际成本来分析旅游企业实现最大利润的经营规模的方法。

边际收入(MR),是指每增加一个游客(或销售一个单位旅游产品)而使总收入相应增加的部分,即增加单位游客(或产品)而带来的营业收入。边际成本(MC),是指每增加一个游客(或销售一个单位旅游产品)而引起总成本相应增加的部分,即增加单位游客(或产品)而必须支出的成本费用。比较边际收入和边际成本,有以下三种情况:

当 $MR > MC$ 时,说明增加一个游客(或出售单位产品)时,所增加的收入大于成本,因而还能增加利润,从而使旅游企业的总利润扩大。因此,当 $MR > MC$ 时,可以继续扩大接待人数,以获取更多经济收益。

当 $MR < MC$ 时,说明每增加一个游客(或出售单位产品)时,所增加的收入小于支出,即产生亏损,从而会使旅游企业的总利润减少。因此,当 $MR < MC$ 时,旅游企业应减少接待人数,以保证企业的经济收益。

当 $MR = MC$ 时,说明每增加一个游客(或出售单位产品)时,所增加的收入与支出相等,即增加单位游客的利润为零。在这种情况下,旅游企业的总利润既不会增加,也不会减少,因而是企业实现最大利润的经营规模。

(四)提高旅游企业经济效益的途径

1. 加强旅游市场调研,扩大旅游客源。旅游客源是旅游业赖以生存和发展的前提条件,也是增加旅游企业营业收入的重要途径。因此,必须随时掌握旅游客源市场的变化,对现有客源的流向、潜在客源的状况,以及主要客源国的政治经济现状及发展趋势进行调查、研究和分析,以便有针对性地进行旅游宣传和促销,提供合适的旅游产品和服务,不断扩大客源市场,增加旅游企业的经营收入,提高经济效益。否则就会失去市场竞争力、失去客源,而没有客源就没有旅游经济活动,也就无法实现和提高旅游企业的经济效益。

2. 提高劳动生产率、降低旅游产品成本。提高旅游企业的劳动生产率、降低旅游产品成本是提高旅游企业经济效益的重要途径之一。提高劳动生产率,就是要提高旅游企业职工的素质,加强劳动的分工与协作,提高劳动组织的科学性,尽可能实现以较少的劳动投入完成同样的接待任务,或者以同样的投入完成更多的接待任务,达到节约资金占用、减少人财物消耗,降低旅游产品成本的效果。同时,提高劳动生产率还有利于充分利用现有设施,扩大营业收入,达到提高利润、降低成本、增加旅游经济效益的目的。

3. 加强经济核算,提高经济效益。经济核算是经济管理不可缺少的重要工作之一。旅游企业的经济核算,是旅游企业借助货币形式,通过记账、算账、财务分析等方法,对旅游经济活动过程及其劳动占用和耗费进行反映和监督,为旅游企业加强管理、获取良好的经济效益奠定基础。加强旅游企业的经济核算,有利于发现旅游经济活动中的薄弱环节和问题,分析其产生的原因和影响因素,有针对性地采取有效的对策和措施,开源节流,挖掘潜力,减少消耗,提高经济效益。

4. 提高旅游职工素质,改善服务质量。改善和提高旅游服务质量,是增加旅游效益的关键。旅游服务质量的好坏，不仅表现在旅游景观是否具有吸引力、旅游活动的内容是否丰富多彩、旅游接待设施是否舒适安全上，而且也体现在旅游服务人员的服务态度、文化素质和道德修养上。因为旅游服务是通过旅游企业职工热情周到、诚挚友好的服务态度，通过服务人员谦虚的礼貌、整洁的仪表、娴熟的服务技能、良好的文化素质和修养来使游客真正享受到“宾至如归”的感受，所以，改善和提高服务质量就能满足游客的需求，促使他们延长逗留时间，增加消费，从而相应提高旅游经济效益。既然服务质量的好坏主要体现在职工身上，因此必须提高旅游企业职工的个人素质、专业知识、业务技能和道德修养，这也是提高服务质量的保证。

5. 加强旅游企业的管理基础工作，不断改善经营管理。旅游企业的经济效益也是建立在良好的管理基础工作之上的。良好的管理基础工作，不仅是改善旅游企业经营管理的前提，也是创造良好经济效益的重要途径。因此，加强旅游企业的管理基础工作，必须切实做好以下工作：一是要加强标准化工作，促使企业各项活动都能纳入标准化、规范化和程序化的轨道，建立良好的工作秩序，提高工作效率；二是要在标准化管理的基础上实施个性化工作，旅游工作人员面对的旅游者千差万别，在规范服务的基础上针对不同旅游者的不同需求进行个性化服务，有利于旅游企业经营管理的改善和提高。

二、旅游目的地成本收益分析

（一）旅游目的地成本含义

旅游目的地成本是指为开展旅游活动而付出的社会总成本，包括旅游企业投入的活劳动和物化劳动的价值，国民经济中有关经济和非经济部门为旅游企业开展旅游业务的需要而提供的物化劳动和活劳动的价值，以及社会在纠正、调整旅游目的地损失上所付出的代价，此外还要计算各种机会成本因素。由于资源的稀缺性，必须看到对旅游目的地成本衡量的重要性。旅游目的地成本，由旅游目的地国家（地区）、企业、私人投资成本和附加成本两部分构成。投资成本可以由旅游消费支出而得到补偿，附加成本是没有相应补偿而被转嫁给他人的成本。如一位游客入住某饭店，他所支付的房费、餐费、娱乐费等补偿了旅游成本，但他往返所必须使用的公路、当地警察维护治安及交通管理等服务，以及由于他和像他一样的游客的到来所带来的交通拥挤、犯罪率上升、火灾、水污染、废弃物、自然景观破坏等一系列当地社会的变化，则是游客没有支付的附加成本。附加成本一般由政府的财政负担，通过税收的方式转嫁给当地居民。

事实上，旅游业虽然是一个“无烟工业”，但并非是无污染的产业。随着旅游业的发展及大量旅游者的涌入，首先会对旅游目的地的环境和生态造成消极影响，如疾病的流传、环境的污染、生态平衡的破坏，从而使良好的自然景观受到影响。其次，会造成对传统文化、艺术及各种文物古迹的破坏和影响。特别是大量海外游客涌入，对旅游目的地国家和地区的传统道德观念、社会安定等都会带来一定的消极影响。再次，会引导旅游目的地的消费超前增长，从而刺激通货膨胀、物价上涨，对社会经济增长和经济结构调整产生消极的作用。总之，旅游经济活动的消极影响往往为人们所忽略，解决这些问题需要投入大量的成本费用，因此就形成了旅游目的地成本的重要组成部分。

（二）旅游目的地收益含义

旅游目的地收益是指为开展旅游活动而获得的全社会的收益，包括：旅游企业的赢利；旅游企业以及相关部门向国家、地方上缴的利税；促进国民经济中相关行业、部门的发展，促进地区产业结构的改善；增加就业机会，促使文化交融；等等。旅游活动为目的地社会带来的难以用货币衡量的效益虽然无法用量化的形式表现出来，但它对社会的促进作用是显而易见的。例如，旅游经济活动促进了国家之间、民族之间、人民之间的相互了解，增进了友谊；旅游经济活动给旅游目的地国家带来了广泛的经济、文化和科学技术信息，促进了这些国家科学技术的进步和教育事业的发展；对旅游资源的开发利用促进了自然环境的保护和对各种民族文化、历史遗产的保护和维修，弘扬了优秀的民族文化传统；此外，旅游经济活动对陶冶人们的情操，增强人们的爱国主义观念，促进精神文明建设以及带动边疆少数贫困地区的社会经济发展等都具有积极的作用。

因此，研究旅游目的地经济效益就不能孤立地研究旅游产业，还必须对相关的社会经济和生态环境进行分析和研究。旅游目的地收益一般通过分析游客的消费及其影响来测算。

（三）旅游目的地经济效益评价指标

旅游目的地经济效益涉及面很广，内容丰富，通常要求从多方面、用多种指标进行分析和评价。目前，考核旅游目的地经济效益的指标主要有以下几个：

1. 旅游创汇收入和旅游总收入。旅游创汇收入反映了旅游业通过开展旅游经济活动，直接从海外游客的支出中所得到的外汇收入。由于外汇收入在一国的国际收支平衡中有着重要的意义，旅游业又是除了出口产品以外最主要的创汇途径，因此旅游创汇收入指标在旅游目的地经济效益的考核评价中占有十分重要的位置。对旅游创汇收入的计算，通常是以年度内旅游产业内部各部门（如旅行社、饭店业等）的创汇总计来表示的，货币单位统一使用国际通行的美元作为结算币种。

旅游总收入，是指通过开展旅游经济活动从国内外旅游者的支出中所得到的全部收入。旅游总收入反映了旅游产业发展的总规模收益，同时也是考核评价旅游目的地经济效益的重要指标。

2. 旅游就业人数。旅游就业人数指标反映了旅游产业发展过程中，为社会提供的劳动就业人数的总量。促进就业始终是旅游业发展的主要目标之一，发展中国家尤其注重旅游业对促进就业的特殊作用。世界旅游组织把旅游对就业的贡献列为旅游对经济社会发展最重要的作用之一，1997 年《马尼拉宣言》、2000 年《海南宣言》、2001 年《大阪宣言》都强调发展旅游对促进就业的突出贡献，提出"旅游业是 21 世纪创造就业与保护环境的引导产业"，要求各个国家制定有利于吸收当地劳动力资源的旅游业发展长期计划。世界旅游理事会的报告指出，1999 年，全球旅游就业人数达 1.92 亿人，占全球就业人数的 8%。到 2010 年，全世界旅游就业人数将达到 2.54 亿人，将有 9% 的社会就业依赖于旅游业。

旅游业是一个以服务为主的综合性产业，具有对劳动力的高容纳性特点，就业门槛相对较低，可以从不同的工种、不同的部门吸纳劳动力，为社会提供大量的就业机会。据世界旅游组织统计，旅游行业每直接收入 1 元，相关行业的收入就能增加 4.3 元；旅游行业每增加 1 个直接就业机会，社会就能增加 5 ~ 7 个就业机会。联合国世界旅游组织预测，到 2015 年中国将成为世界上第一大入境旅游接待国和第四大出境旅游客源国。届时，预计我国年入境旅游人数可达 2 亿人次，国内旅游人数可达 26 亿人次以上，出境旅游人数可达 1 亿人次左右，游客市场总量可达 30 亿人次左右，我国居民人均出游可达 2 次，旅游业总收入可达 2 万亿元人民币左右。这将是一个巨大的市场，将为旅游就业创造巨大的潜力。"十一五"时期我国旅游业将每年新增直接就业 70 万人、带动间接就业 350 万人，到 2015 年，预计我国旅游直接和间接就业总量将达 1 亿人左右，发展旅游、促进就业将迎来美好的前景。因此，旅游业就业人数的多少，反映了旅游业自身发展的规模及其对社会经济发展的推动作用。①

3. 旅游投资效果系数。该指标是指旅游投资所获得的赢利总额同投资总额的比值，是反映旅游投资效益的重要指标。其计算公式如下：

$$E_I = \frac{T_S - T_C}{T_I}（静态指标）$$

或

$$E_I = \frac{F}{T_I}（动态指标）$$

其中：E_I 表示投资效果系数；T_I 表示旅游投资总额；F 表示年平均净现金流量。

投资效果系数的动态指标是考虑了资金的时间价值以后，通过贴现计算每年的平均现金净流量，因此该指标通常略低于静态指标，但更符合旅游经济活动的实际。根据旅游投资效果系数，就可评价旅游投资的效益好坏。通常旅游投资效果系数越大，则表明旅游投资效益越好。

4. 旅游投资回收期。旅游投资回收期是指一项旅游投资回收的年限，是投资效果系数的倒数，也是反映旅游投资效益的重要指标之一。其计算公式如下：

$$T_b = \frac{T_I}{T_S - T_C}（静态指标）$$

$$T_b = \frac{T_I}{F}（动态指标）$$

① 邵琪伟. 在全国发展旅游促进就业工作会议上的讲话. 2007.9.13.

其中：T_b 表示投资回收期。

通常，旅游投资回收期数值愈小，说明旅游投资的回收时间短、投资效益好；反之，旅游投资回收期数值较大，则投资的回收时间也较长，投资效益就差。

5. 旅游带动系数。旅游带动系数是指旅游直接收入的增加对国民经济各部门收入增加的促进作用。据中国有关部门研究测算，在中国，旅游业每收入 1 美元，第三产业产值相应增加 10.7 美元；旅游外汇收入每增加 1 美元，利用外资金额相应增加 5.9 美元。

（四）旅游目的地经济效益的评价

对旅游目的地经济效益的评价，主要是评价旅游产业的发展对整个国民经济发展的贡献。它可从以下三方面进行综合评价：

1. 对旅游产业自身经济效果的评价。对旅游产业自身经济效果的评价，是旅游目的地经济效益评价的主要内容，即通过分析旅游业满足社会需要的程度及发展旅游业所消耗的社会总劳动量间的比较关系，来评价旅游业的宏观经济效益。旅游业满足社会需要的程度，主要指通过对旅游业及相关产业的投资，最大限度地满足旅游市场的需求，它通常用接待旅游者数量、旅游收入、接待设施规模等指标来体现。发展旅游业所消耗的社会总劳动量，主要指用于提供食、住、行、游、购、娱等多种旅游产品要素的劳动量。而在基础设施、接待设施、娱乐设施及旅游服务等方面所花费的全部物化劳动和活劳动消耗，通常用旅游投资及经营成本来反映。因此，分析旅游产业投资经济效果，就可以对投入和产出进行比较，具体就是用单位接待能力投资额、劳动生产率、资金利税率、投资效果系数及投资回收期等主要指标来反映。

2. 对旅游产业社会经济效果的评价。旅游业是一个综合性的经济产业，它对社会经济的促进作用主要表现在对社会的促进及相关产业的带动方面。对社会经济的促进可以通过旅游创汇指标、提高就业机会以及人们收入水平增加等指标来反映。旅游业对国民经济相关产业的带动作用则可通过计算旅游产业同其他相关产业的关联性、带动系数等指标来反映。通过上述两方面的比较，可以评价旅游业关联带动功能的强弱。对于旅游资源丰富、具备发展旅游业的条件及关联带动功能较强的地区，可通过大力发展旅游业来带动相关产业的发展，从而促进整个国民经济的发展。

3. 旅游产业对生态环境的评价。旅游活动对旅游区环境的影响主要在于旅游过程产生的垃圾对景点环境的污染以及旅游活动本身对景点自然生态平衡及旅游意境的影响。由于旅游区本身设施的不完善和游客素养不高，随着旅游活动规模的扩大，景点垃圾遗弃量日益增加。超过旅游目的地承载能力的旅游活动将使旅游区的生态系统结构发生变化，旅游区的旅游功能丧失。这主要表现在：大量游人将旅游区土地踏实，使土壤板结，树木死亡；大量游人在山地爬山蹬踏，破坏了自然条件下长期形成的稳定落叶层和腐殖层，造成水土流失，树木根系裸露，山草倒伏，从而对旅游区生态系统带来危害。

不当的旅游活动本身所带来的问题是严重的，忽视这种影响，只注重短期效益，盲目扩大规模，无限制地接待游客，将对旅游业未来的可持续发展带来严重损害。旅游资源开发中对环境的破坏主要表现为古迹复原处理不当，新设项目与旅游区景观不协调，改变或破坏了旅游区所有的且应当保留的历史、文化、民族风格和气氛。旅游产业环境影响评价内容包括：旅游区环境承载力分析、旅游规模分析、开发活动对环境的影响识别、旅游过程对环境的影响分析等。

（五）提高旅游目的地经济效益的途径

1. 改善宏观调控，完善旅游产业政策。旅游业与国民经济中许多行业和部门是密切相关的，旅游经济活动的顺利开展必须得到其他相关部门和行业的支持与配合。同时，旅游产品和服务又是由多个旅游部门和企业共同完成的，客观上也需要这些部门和企业达到最优化的配合。因此，要提高旅游目的地的经济效益，促进整个旅游业的发展，就要求国家不断改善和加强宏观调控，充分利用经济、行政、法律等调控手段，对整个旅游产业的发展作出统一、科学、合理的规划和指导，调动社会各方面的积极性，促进旅游产业的发展。

另外，由于我国现代旅游业起步较晚，基础薄弱，为了促使旅游业适当超前发展，不断提高经济效益，还必须制定和完善旅游产业政策。在完善旅游产业政策时：一是要确立和完善旅游产业结构政策，明确旅游产业的发展重点及优先顺序，制定保证实现旅游产业发展重点的政策措施；二是健全旅游产业组织政策，建立反对垄断、促进竞争的政策和机制，推动旅游产业的规模化经营，实现优胜劣汰；三是倡导旅游产业技术政策，强化技术进步对旅游发展的促进意义，制定推动旅游技术进步的具体措施；四是制定旅游产业布局政策，运用区域经济理论推动旅游资源的区域开发，并从空间上对旅游业及其产业结构进行科学、合理的布局。

2. 改革旅游经济管理体制，建立现代企业制度。在社会主义市场经济条件下，必须改革传统的经济管理体制，按照市场经济的要求建立旅游经济管理体制。

首先，在旅游经济宏观管理中，要做到政企分离，明确划分旅游行政管理部门和企业的权利和责任，充分调动旅游企业的积极性，提高旅游企业的经济效益。

其次，要改善旅游行业管理，促进行业管理的规模化和科学化，减少和杜绝行政管理部门对旅游企业正常经营活动的干预，促进旅游企业面向市场，在国家宏观调控下自负盈亏地从事各种旅游经济活动。

再次，要改变单纯依靠国家投资的做法，在统一规划的前提下，建立能调动各方积极性的管理机制，促进国家、集体、个人及外资等多渠道投资的格局，加快旅游风景区的开发和旅游设施的建设，促进旅游业的进一步发展。

最后，必须加快对国有旅游企业制度的改革，建立适应于社会主义市场经济要求的现代旅游企业制度，明确界定企业所有者和经营者的地位和身份，建立合理的利益动力机制，调动各方面的积极性，不断提高旅游经济效益。

3. 加强旅游环境保护科研工作，进行环保宣传教育。长期以来，环境科学的研究只是从人类健康需要出发，很少从人类精神、心理需要进行研究，而这正是人类与环境相互联系的另一个重要方面，并在人类旅游活动中得到充分体现。旅游环保研究的领域有：从旅游业对旅游环境的依赖关系，旅游区环境对旅游活动的承载能力，旅游业发展对旅游环境的破坏等方面研究旅游环境与旅游业的关系；从确定景观美学质量标准、自然生态质量标准、满足特种旅游活动的环境质量标准、旅游区环境质量评价方法等方面研究旅游环境保护的方法论；从美学、心理学角度出发研究旅游环境保护的工程方法；还要进行旅游环境保护政策研究，为正确的决策奠定基础；加强旅游环境保护知识的宣传，提高人们的旅游环境保护意识，向全体游人、旅游从业人员和旅游区附近居民宣传旅游环境保护知识。

4. 抓好旅游市场管理，加强法制建设。旅游业是一个新兴产业，涉及面广，关联效应大，因此在经济管理、行政管理及法制建设等许多方面都有待进一步理顺和定型。对现阶段的我国而言，目前还存在旅游市场秩序紊乱、旅游安全形象不佳、市场竞争非法性等问题，必须建立、健全市场法规，依法规范市场主体行为，严厉打击破坏、犯罪行为，制止各种不正当竞争手段，提高旅游市场管理水平，使旅游行业管理逐步实现法制化、规范化和国际化，加快与国际旅游市场的接轨，促进旅游产业服务质量和经济效益的不断提高。

案例分析

在线旅游供给商成旅游行业新宠

世界旅游组织早在2001年的报告中便已预期，全球在线旅游市场将连续5年以350%以上的速度增长。目前，世界主要旅游客源地约有1/4的旅游产品订购是通过互联网实现的。经过几年的网络培育，我国的在线旅游市场正在逐步完善。

“跟团走？太累太没意思了，全程都要听导游的安排，不喜欢的景点也要去。”旅游爱好者小陈说，自己已经几年没有参团旅行了。现在每次外出都是在旅游网站订好往返机票和酒店，打印出旅游行程，然后轻装出发。像小陈这样的旅行者如今不在少数，尤其是在20~50岁之间的旅游人群中，相当一部分人早就抛弃了传统旅行社千篇一律的线路和方式。虽然不少旅行社近年也推出了“只包机票和酒店”的自由行线路，但由于这些行程都规定了严格的往返日期（如5日游、7日游等），让消费者感到不便，所以越来越多的中青年选择用网络的方式自己设计线路行程。“想玩几天，想去什么地方，全由自己做主。”

自2000年中国出现在线旅游以来，我国在线旅游市场发展十分迅速，诸如携程网、亿龙网、芒果网等，在线旅游服务代理商们不停地推出新的信息及提供更好的服务，竞争越来越激烈。据中国旅游产业分析报告预测，未来10年间，我国旅游业将保持年均10.4%的增长速度。到2020年，中国将成为世界第一大旅游目的地国和第四大客源输出国。巨大的增长潜力和庞大的消费人口基数，给在线旅游市场勾画了广阔的前景，也在现阶段留下了深刻的课题：与美国高达30%的在线旅游份额相比，我国在线旅游市场不到中国旅游业总营业额的10%，在线旅游市场这块蛋糕还有很大余地可做。

2006年，中国宽带网民总数第一次超过了1亿人。随着3G的到来，手机逐渐成为新的网络终端，预计将有47.4%的网民把网络作为获取信息的渠道。在他们眼中，在线旅游将使旅游变成人们身边的产品。据调查数据显示，我国在线旅游市场使用网上预订的旅客大部分是旅游常客，26%称其在过去一年中至少度假4次。虽然中国的网络用户主要是在境内旅行，但越来越多的人正计划出国旅行，将近40%的人希望下一次旅行时能够走出国门。

资料来源：根据"中国在线旅游市场日渐火爆，生意人订房网，2007－5－11"改编。

案例思考题：

1. 你如何看待我国的在线旅游供给行业？

2. 请结合实际和自己所了解的情况谈谈在线旅游供给对我国的旅游行业产生了哪些影响？

3. 你认为在线旅游供给和传统的旅游供给相比较有何不同？利在哪里？弊在哪里？

思考与练习题

1. 如何理解旅游目的地的概念？旅游目的地分哪些类型？

2. 如何正确理解旅游容量的概念？

3. 旅游供给的概念及其影响因素是什么？请分析人民币升值对我国旅游供给的影响。

4. 旅游供给的特点及旅游供给规律是什么？

5. 研究旅游供给弹性有何意义？旅游供给弹性的不同取值说明了什么？

6. 旅游供给成本收益的含义是什么？如何理解旅游供给成本收益短期和长期变动规则？

第四章 旅游市场与市场调节机制

Tourism Market and Market Adjusting Mechanism

学习要点：

➢ 旅游市场的含义和结构

➢ 旅游价格的概念、分类、制定、实现及影响因素

➢ 旅游市场竞争原则、竞争特点及竞争策略

➢ 旅游供需矛盾的价格调节机制和市场调节机制

Learning Points：

➢ the concept of tourism market and its structure

➢ the concept, classification, formulation, implementation of tourism prices, and its impact factors

➢ the tourism market competitive principals, characteristics and strategy

➢ the price and market adjusting mechanism of the contradiction between the tourism supply and the tourism demand

第一节　旅游市场的含义和结构

一、旅游市场的含义

市场是个广泛使用的多义词。它既可指交易场所，也可指交换关系，还与经济社会制度相关。“市场是商品经济的范畴”；[①]“哪里有社会分工和商品生产，哪里就有市场”；“生产劳动的分工，使它们各自的产品互相变成商品，互相成为等价物，使它们互相成为市场。”[②]这表明，市场就其本质而言，是指商品交换的场所，也包括人们在商品交换过程中所发生的各种经济行为和经济关系。

旅游市场是当代市场的重要组成部分，它是社会经济发展到一定阶段的产物。旅游市场有广义和狭义之分：广义的旅游市场指在旅游活动中，旅游产品供给者、旅游产品需求者及旅游媒介体在旅游产品交换过程中所形成的各种经济关系的总和。狭义的旅游市场指对旅游产品具有购买能力的旅游需求，即旅游客源市场。旅游经济学中研究的旅游市场主要是就广义的旅游市场而言的。据世界旅游组织统计，早在20世纪90年代，全世界国内旅游收入达2.4万亿美元，加上国际旅游收入总计达2.65万亿美元，与能源、汽车制造等重要产业并驾齐驱，已成为世界经济中三个最大的产业之一。随着全球经济的迅猛发展，一方面，游客形成了巨大的旅游需求，他们必须通过购买和消费旅游经营者提供的旅游产品来完成一次旅游活动，并由此得到旅游需求的满足。另一方面，旅游经营者依靠游客的旅游消费来生存和发展，并实现其经营的终极目标——获得利润。旅游需求与旅游供给通过特殊的商品交换方式联系在一起，就形成了旅游市场。它们之间的矛盾运动构成了旅游市场的主要内容，并受到商品经济条件下的供求规律、价值规律等一系列经济规律的影响和支配。

旅游市场实际上是以旅游产品为纽带联结起来的旅游供给与旅游需求之间的矛盾运动过程。无论是从旅游供给还是从旅游需求来看，其范围、规模的不断扩大，其经济功能的日益增强都离不开社会经济、技术发展的推动与支持。因此它必然受到整个社会经济、技术发展的制约，整个社会经济发展繁荣、比例协调、技术水平较高，旅游经济就能在比较宽松、协调的环境中运行。

二、旅游市场的特点

（一）异地性

旅游市场一般都远离旅游产品的生产地，也就是说，旅游客源地与旅游目的地

① 《列宁全集》第1卷，第16页，第83页.

② 《马克思恩格斯全集》第25卷，第718页.

在空间上是分离的。其他行业的产品可以在当地生产、销售和消费，而旅游产品的购买者主要是异地居民，旅游产品的交换和消费必须通过旅游者向目的地的移动才能实现。旅游市场的异地性特点，要求旅游企业必须了解市场信息，适应市场环境，掌握市场动态，根据市场需求确定相适应的营销方式和竞争策略。

（二）脆弱性

旅游市场的发展状况与国际局势、国家间关系、世界经济状况、重大活动或突发事件、旅游者心理需求等因素均有关联，上述任一因素的变化都会引起旅游市场的波动，导致旅游者的流向、流量和构成发生变动，这就是旅游市场的脆弱性。旅游企业应当密切注意各种因素的变化，及时调整经营策略，尽量避免旅游市场波动所产生的负面影响，保证旅游业的稳定发展。

（三）季节性

在一年之中的不同时期，某一旅游市场的客源量存在着明显的差异，有的时期多，有的时期少，因此构成了旅游市场的季节性特点。自然因素是造成旅游市场季节性的主要原因，社会因素是另一个重要原因。据此，我们可以将旅游市场分为旺季、淡季和平季三个时期。受不同自然因素和社会因素的影响，各个国家及地区的旅游旺季、淡季和平季的具体时间有所不同。

三、旅游市场的结构和基本功能

（一）旅游市场的结构

旅游市场是一个整体，为了全面反映它的构成和全貌，我们可以从不同的角度将旅游市场划分为若干类型：

1. 区域旅游市场。根据各个地区在经济、文化、交通、地理、旅游者流向与流量等方面的状况，将世界旅游市场划分为六大区域市场，即欧洲市场、美洲市场、中东市场、非洲市场、南亚市场、东亚及太平洋市场。

2. 国内旅游市场和国际旅游市场。国内旅游市场是指旅游活动在一国范围内进行，旅游者为本国居民。国际旅游市场是指旅游活动在世界范围内进行，旅游者为外国居民。国际旅游市场又可以分为出境旅游市场和入境旅游市场，出境旅游市场指本国居民赴国外旅游，入境旅游市场指外国居民到本国旅游。

国际旅游市场与国内旅游市场相互依存、密切相连，国内旅游市场是国际旅游市场的基础，国际旅游市场是国内旅游市场的延伸。在经济发展的基础上，一般是国内旅游先发展，国际旅游后发展，这种顺序是发达国家发展旅游业的常规模式。许多发展中国家为促进本国经济的发展，扩大外汇收入，优先发展国际入境旅游，而后发展国内旅游和国际出境旅游，这就是发展旅游业的非常规模式。我们则应当根据中国的国情，选择旅游业发展的最佳模式。

3. 主要、次要和机会旅游市场。主要旅游市场指在旅游接待人数中占绝大比例的客源市场，如我国的主要旅游市场为日本、美国、韩国等。次要旅游市场指在旅游接待人数中占一定比例的客源市场，如我国的次要旅游市场为英国、德国、澳大利亚、加拿大、法国及东南亚各国等。机会旅游市场指在旅游接待人数中占较少比例，但是呈上升趋势的客源市场，如意大利、北欧和东欧等国为我国的机会旅游市场。同时，我国已成为澳大利亚、韩国、东南亚各国的机会旅游市场。

4. 高、中、低档旅游市场。由于旅游者的收入各不相同，其旅游需求具有很大的差异，由此形成了不同消费水平的旅游市场，即高档、中档和低档旅游市场。旅游业的经营管理者要根据客源市场的档次确定旅游产品的级别，根据旅游需求的层次确定旅游产品的结构。

5. 团体与散客旅游市场。人们的个性和旅游动机不同，选择的旅游方式亦有所不同，由此便形成了团体旅游与散客旅游两种旅游形式。团体旅游是指旅游者参加一个旅游团体，并向当地旅行社交付所需费用，然后由目的地旅行社负责该团的旅游活动这样一种组织形式。散客旅游是指单个或自愿结伴的旅游者自主进行旅游活动这样一种组织形式。这两种旅游形式各有优劣，随着国民经济及旅游业的发展，散客旅游的比重将越来越大。

总之，我们划分旅游市场的目的，是为了有针对性地推销旅游产品，进一步开拓、占领旅游市场。

（二）旅游市场的基本功能

市场作为资源配置方式，它具有以下五个基本功能：

1. 利益刺激功能。即市场主体利益导向规律和价值规律通过利益机制刺激企业和供方从事经营服务活动的积极性，他们按照利润最大化、投入最小产出最大原则组织生产，从事经营活动。

2. 信息传递功能。市场主体在甄别分析信息后，及时作出决策，提供产销对路的产品。因此，信息又是联系国家、市场、企业、消费的纽带。

3. 资源调节功能。即市场机制根据供求的变化、价格的波动引导生产要素的流动，实现社会资源的合理配置。

4. 市场导向功能。它通过价格的变动反映市场供求状况，引导企业进行选择。价格不仅是供求变动的信号，也标志着供方的损益程度。

5. 奖优罚劣功能。它通过竞争对企业及市场的每一个主体进行评价、筛选，结果是优胜劣汰，达到资源的优化配置，最终推动社会经济不断向前发展。

第二节　旅游市场价格调节机制

一、旅游供求矛盾的主要表现

旅游供给与旅游需求是旅游市场经济运行的两个侧面，前面分析了旅游产品是一种特殊的劳务产品，它具有生产和消费同一性的特点。从这一点来分析，旅游的供求应是和谐一体的，而不该出现矛盾。但是在现实旅游经济的运行过程中，由于受不同因素的作用和影响，旅游产品的生产和消费却又呈现出不同的运动特点，从而造成两者之间的矛盾。由于供给方总是希望以更高的价格卖出更多的产品，而对于需求方来说，却希望以更低的价格购得更多、更好的产品，再加上多种因素的交互作用，旅游供需之间常表现为一种非均衡的状态。然而，旅游经济活动的正常运行又要求供求只有在双方同意的价格下交换彼此认可的旅游产品才能顺利进行，这时旅游供求平衡才能实现。这种由不平衡到平衡的循环运动是通过旅游市场的调节作用得以实现的。

像任何其他市场一样，在旅游市场上，旅游供求之间在大部分情况下总是表现为不均衡，由不均衡到均衡的过程往往比较漫长，达到某一均衡稍作停留甚至不停留就开始了新一轮的由不均衡到均衡的循环。正是这种从不均衡到均衡的运动过程，推动了旅游经济的发展。只不过区别于其他市场的是，旅游市场上这种供求的矛盾由于消费主体参与生产和消费的全过程，因此其供求矛盾表现出更加频繁的特征。一般而言，旅游供求矛盾主要表现在数量、时间、空间、结构等方面。

（一）旅游供求的数量矛盾

旅游供给与旅游需求在数量上的矛盾主要体现在旅游供给或旅游接待能力与旅游者总人次的矛盾上。

一定时期内，旅游接待能力与游客需求之间都有一定的量的比例。只有这个比例相适应或相一致，才能实现旅游供求的平衡。然而实际上，这种平衡往往难以实现，通过前面章节的分析可以看出，旅游需求在多种因素的作用下，具有较强的伸缩性和变动性，而旅游供给却在一个较短的时期内呈现一定程度的稳定性。这种旅游需求的多变性和旅游供给的稳定性之间的不平衡，反映在市场上就势必形成旅游供需之间数量上的矛盾，出现供给不足或供给过剩的局面。旅游产品供不应求的情况下，旅游供给增长明显存在时滞，即使不断深度开发可能也难以满足不断增长的旅游需求。由于到访的游客过多，旅游产品质量也受到影响，旅游需求不能得到充分满足。在旅游产品供过于求的情况下，极有可能发生削价竞争，而削价竞争往往伴随着产品质量的下降，这在各国旅游业的发展过程中都得到了证明。

（二）旅游供求的时间矛盾

旅游供求的时间矛盾主要是由于旅游淡旺季的变化而导致旅游供求之间的矛盾，也就是说，尽管旅游目的地在全年中的旅游供求总量可能基本平衡，但是游客季节性的集中到访往往会造成旅游供求的季节性失衡。经济发展的实践表明，旅游目的地不能以高峰需求来进行供给能力的设计，否则在淡季必然面临过剩供给能力带来的固定资产的价值实现压力。也不能完全按照低谷需求来设计供给能力，否则在旺季时就要面对巨大旅游需求而供给将面临障碍。这就是旅游经济中供求配置的两难问题，也就是旅游供求的时间矛盾问题。

（三）旅游供求的空间矛盾

旅游供求的空间矛盾是指同类产品的供求在一个国家（地区）之间的不平衡。对于一个旅游目的地国（地区）而言，尽管供求总量基本平衡，但由于旅游资源分布不均，旅游设施等也有很大差别，会造成各地吸引游客数量的不同，从而造成旅游供求在地域上即空间上的失衡，主要表现在旅游热点地区供不应求，旅游冷点地区供过于求的局面。旅游冷点地区为了提高该地区产品的卖点，往往通过支付旅行社等相关旅游企业高额佣金的方式，促使相关旅游企业在旅游产品中组合该地的旅游景区（点），并在旅游产品的售卖中，着重宣传该地的旅游景区（点），这在一定程度上缩小了旅游景区（点）供求的差距。但是另一方面，由于旅游企业的不规范操作也带来了市场混乱的局面，造成旅游产品质量的下降。

（四）旅游供求的结构矛盾

旅游供求的结构矛盾是指同一时间、同一旅游目的地的旅游产品的供求之间的结构上的不相适应或差距，主要表现为旅游供给类型或项目与旅游需求不相适应，旅游供给档次或等级与旅游需求不相适应。由于旅游供给是根据客源市场预测和旅游地客观条件设计的，一经形成就具有特指性和稳定性，而由于受多种因素的影响，旅游需求往往具有多样性和多变性的特点。因此，就会出现旅游供给和旅游需求在结构上的矛盾，即在同一时期某一种旅游产品出现供过于求的情况，另一种旅游产品则发生供不应求的问题。

二、旅游供求矛盾的均衡

根据旅游需求规律和供给规律，分别确定旅游的需求曲线和供给曲线，在这两条曲线的交点，旅游供给方愿意出售的旅游产品价格和旅游需求方愿意支付的价格，以及旅游供给方愿意供给的数量和旅游需求方愿意买进的数量恰好相等，这时旅游市场达到均衡状态。这种在旅游需求状况和旅游供给状况为已知并确定不变的情况下，旅游市场供求达于平衡状态时的价格，就称为旅游均衡价格，与旅游均衡价格相对应的供（需）量，称为均衡产（销）量。如图4－1，D 和 S 分别为需求曲线和供给曲线，两线交点 E_0 所对应的价格 P_0 和产量 Q_0 为均衡价格和均衡产量。

用经济模型来表示，均衡价格决定的条件为：

$$Q_d = f(P) \quad \text{（式 4－1）}$$

$$Q_s = g(P) \quad \text{（式 4－2）}$$

$$Q_d = Q_s \quad f(P) = g(P) \quad \text{（式 4－3）}$$

式4－1是需求函数，式4－2是供给函数，式4－3是供求相等，即均衡价格决定的公式，也就是当 $D = S$ 时，就可以得出均衡价格和均衡数量的值。

显然，均衡价格和均衡产量只是一种理想状态，并且是市场竞争的结果。通常供给方总想提高价格，而需求方则想方设法地降低价格。在价格高于均衡点时，就

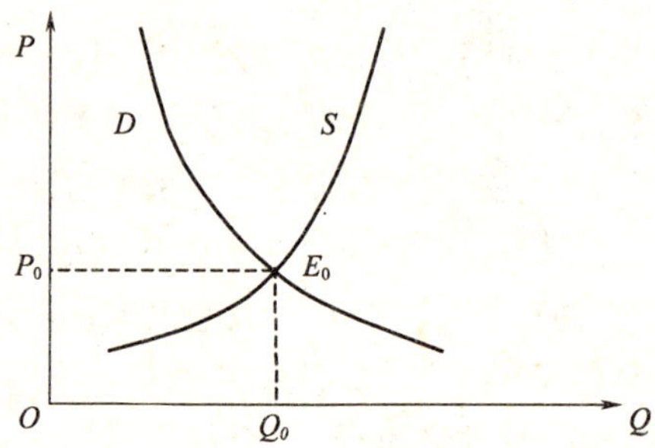

图 4-1　旅游供求均衡图

会出现超额供给，生产者之间的竞争将迫使销售者降低要价，从而使价格回落；反之，在价格低于均衡点时，就会出现超额需求，这种情况导致一部分人提高其出价，从而迫使价格上升。买卖双方的竞争，将最终使市场趋于均衡状态。

均衡价格由需求和供给决定，所以，需求的变动和供给的变动，就会引起均衡价格和均衡数量发生变动。需求与供给的变动对均衡价格与均衡数量的影响就是供求定理，其内容包括：①需求变动引起均衡价格与均衡数量同方向变动；②供给变动引起均衡价格反方向变动，均衡数量同方向变动。例如，图 4-2 中，假设 D 与 S 是某旅游产品原来的需求曲线与供给曲线，则由此决定的均衡价格是 P_0，均衡产（销）量是 Q_0。

假设供给状况不变，但由于收入提高或者与之互为替代的其他产品的价格提高，导致人们对该商品的嗜好加强了，人们对于该商品的任一价格下的需求量较前增加，这就是说，需求状况发生了变化，这表现为需求曲线向右上移动到 D_1。显然，由 D_1 和 S 所决定的均衡价格将由 P_0 升为 P_1，均衡产量由 Q_0 增为 Q_1。相反的情况可如图 4-3 所示。由此可见，需求变动引起均衡价格与均衡数量同方向变动。也就是说，需求的增加，引起均衡价格上升，均衡数量增加，需求的减少引起均衡价格下降，均衡数量减少。

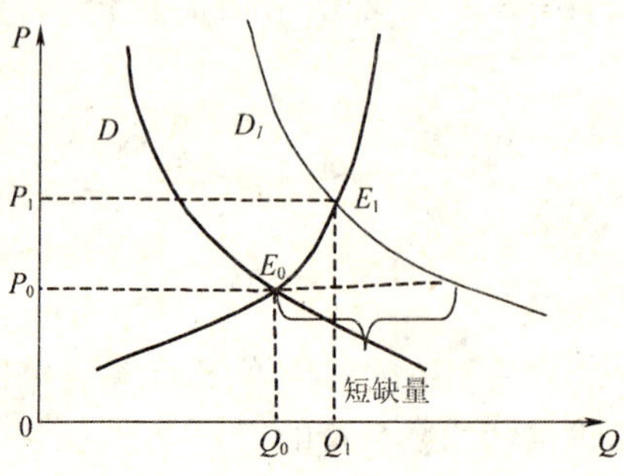

图 4-2　需求增加的旅游供求均衡图

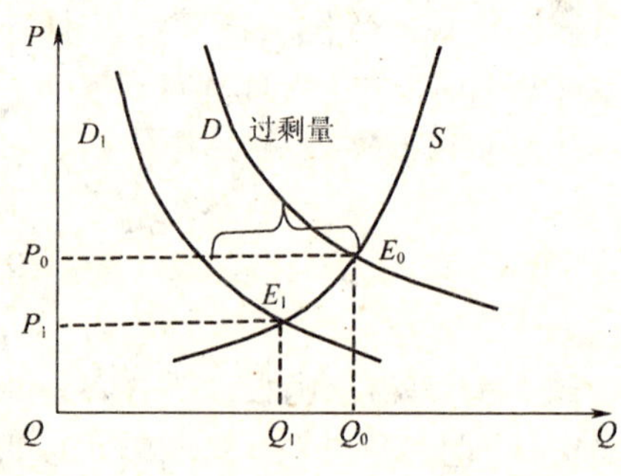

图 4-3　需求减少的旅游供求均衡图

再假定需求状况不变，但由于生产技术的提高，或生产要素的价格降低，使供给状况发生了变化（如图4－4所示），这表现为供给曲线向右下方移动至 S_1 的位置，与该商品每一价格相应的供给量较前增加。S_1 与 D 交于 E_1 点。可见，D 与 S_1 所决定的均衡价格 P_1 比 P_0 降低，而均衡产（销）量 Q_1 则比 Q_0 增加。相反的情况如图4－5所示。由此可见，供给变动引起均衡价格反方向变动，均衡数量同方向变动。也就是说，供给的增加引起均衡价格下降，均衡数量增加，供给的减少引起均衡价格的上升，均衡数量减少。

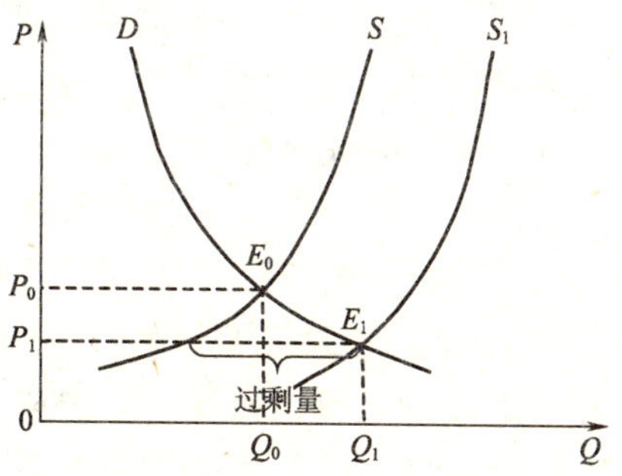

图4－4　供给增加的旅游供求均衡图

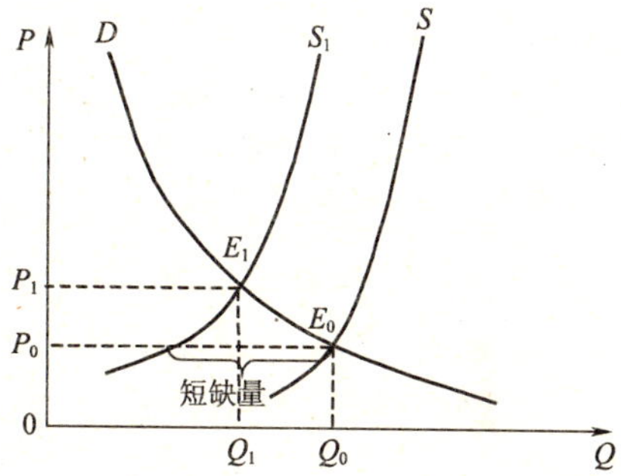

图4－5　供给减少的旅游供求均衡图

三、旅游价格调节机制

在市场经济条件下，价格是最直接也是最敏感的调节供求矛盾的因素。一般的，当供求不平衡时，市场机制会通过价格的变化来促使供给和需求趋向一致。正确的认识旅游价格调节机制可以更好地发挥其在调节旅游供求矛盾中的作用。

（一）旅游价格的概念和构成

1. 旅游价格的概念。在经济学中，价格是产品价值的货币表现。价格与价值处于不同的层次之中，价值虽是价格的本质却不是决定价格的唯一因素，它不能决定价格的特殊本质，即价格要反映价值、供求、币值三者变化的关系，这三者变化的方向和程度是决定价格变化的数量界限。旅游价格是游客为满足其旅游活动的需要所购买的旅游产品的价值表现，它同样也是价值、供求、币值三者综合变化的反映。

在国际旅游市场上，旅游价格一般是指旅游产品基本部分的价格，主要是旅游目的地为旅游者提供的住宿、餐饮、交通、游览和娱乐等活动的价格。

2. 旅游价格的构成。出于不同的生产目的，可以从不同的角度对旅游价格的构成进行分析，以下介绍几种主要的构成方式：

（1）从价值形式上划分，旅游价格是由成本和赢利两部分组成。成本由物化劳动消耗的转移价值和活劳动消耗的补偿价值两部分组成。赢利则是员工所创造的新价值扣除必要劳动消耗部分的余额。

(2)从购买方式上划分,旅游价格可以分为单项价格、统包价格及部分包价。这种方式主要是针对游客不同的购买需要而言的。如果游客按零星付费的方式进行旅游活动,也就是散客,此类旅游者往往按单项价格来支付。如他们可能分别购买饭店的住宿服务、机票、导游、娱乐等单项服务,则这些单项服务所表现出的就是单项价格。另外,有些游客按一次性购买的方式进行旅游活动,旅游价格就以统包价形式出现。统包价往往是旅游企业为满足旅游者的需要所提供的各项旅游产品的单价、旅游综合服务费与旅行社的赢利之和。还有一种价格称为部分包价,这种价格是介于单项价格和统包价格之间,表现为一些参加半包价、小包价旅游团或零包价旅游团的旅游者支付的价格。随着旅游活动的不断发展和游客个性化出行方式的不断更新,传统的统包价格形式有被部分包价和单项价格所取代的趋势。

(3)从旅游范围上划分,旅游价格可以分为国际旅游价格和国内旅游价格两种。对于国际游客来说,旅游报价一般由三部分组成:一是旅游客源国(地区)到旅游目的地国(地区)间的往返交通费;二是旅游目的地国(地区)旅游产品的价格;三是组织国际旅游的旅游客源国(地区)旅行社的相应费用和赢利。一般来说,远程包价旅游中,三者所占比率分别约为25%,45%和30%。对国内旅游者来说,旅游价格也分为单项旅游价格、统包价格和部分包价三种。

(二)旅游价格的制定

1. 旅游价格的制定依据。旅游价格的制定是一个动态的过程,其价格不是一成不变的,而是在一定的范围内呈现上下波动的态势。旅游价格的制定就是要找到其价格波动的区间,即首先找到旅游产品的最高价格和最低价格,然后确定旅游价格波动范围,确定旅游价格。一般而言,旅游产品的最高价格是由旅游需求方对市场的认知来确定最高价格,即需求价格。需求价格是指在一定的时间内旅游者对一定量的旅游产品愿意和能够支付的价格,它表现为旅游者的需求程度和支付能力。需求价格是旅游价格的上限。旅游产品的成本决定最低价格,即供给价格。供给价格是指旅游经营者根据旅游产品的价值量制定的旅游价格,是经营者可以接受的价格。由于市场的竞争和旅游供求关系的影响,市场中表现出的旅游价格往往既不是最高价也不是最低价,而是在最高价与最低价之间波动,即由市场竞争及供需博弈决定成交价格。

2. 旅游价格的制定原则。旅游价格的制定原则是价格决策的依据,它是为了保证旅游企业所要达到的生产经营目的而制定的价格标准。同时,在市场经济条件下,影响旅游企业收益大小的因素很多,旅游企业为了获得最大的利益,就要和这些多变的、不确定的因素作反复不断的斗争,导致旅游企业在生产经营的过程中,根据市场发展和自身特点在根本一致追求利润的同时呈现出经营的不同侧重点。相应的,旅游企业在价格制定上也就体现了多样性原则,主要包括:

(1)以获取最大利润为原则。追求利润最大化是任何企业存在和发展的根本动力，旅游企业也不例外。对于旅游企业获取利润，理论上可以通过两个方面来实现，一是增加接待量，二是提高旅游价格。在这里旅游企业需要注意，利润的最大化既不等同于接待量最大，也不等同于价格最高。所以一味的扩大接待量和盲目提升旅游价格都不是明智之举，只有二者处于一个合适的比例，才能使旅游企业获得最大的利润，这就需要旅游企业能够摆正长期利润和短期利润的关系。一般而言，在制定价格时应以实现企业的长期利润最大化为主要目标。为此，必要时还可能牺牲局部的、短期的利润以换取全局的、长期的利润的实现。

（2）以反映产品质量为原则。作为市场要素之一的价格必须反映旅游产品的质量，做到质价相符甚至质优价廉，才能更多地吸引游客，实现企业持续经营的长远目标。旅游产品是一种特殊产品，不同于我们传统产品交换中的以货币易物或以物易物，而是游客依靠着一种美好的预期来购买该产品，游客期望获得的是物有所值甚至物超所值的旅游产品。旅游产品的质量影响到游客的出行质量及旅游企业的商誉，保证良好的质量是旅游企业经营制胜必须遵守的原则。

（3）以维持和提高市场占有率为原则。市场占有率，简单来讲，是指在一定时期、一定的市场范围内，某种产品销售量占该市场同种产品销售总量的百分比。旅游产品具有不可储存、不可转移的特点，因此旅游企业就要保证将旅游产品最大限度地销售，这样才能保证其生存和发展。销售量的大小或是市场占有率的高低就可以决定旅游企业在市场上的竞争力。市场占有率高的旅游企业，往往可以形成一定的控制市场价格的能力，通过规模效益降低成本增加赢利，实现企业的长期稳定经营。

（4）以符合市场行情为原则。在市场竞争的情况下，确定旅游价格时还必须考虑同类旅游产品现行的市场价格，也就是了解市场上竞争对手的价格水平，不致因价格严重偏离市场行情而受到游客的冷落。

3. 旅游定价方法与价格制定策略。了解了旅游价格的制定依据和制定原则，我们具体来看旅游定价方法与策略。

（1）旅游定价方法。考察旅游企业的定价方法，对于了解旅游产品定价大有裨益。如前所述，旅游企业在定价的过程中依据产品的成本决定其产品的最低价格，依据游客的认知决定产品的最高价格，同时根据市场的竞争和供需关系来决定其成交价格。但是现实中的完全竞争几乎不存在，市场中也没有一个企业真正愿意接受由市场相互作用形成的价格，大多数旅游供给商都具有一定的价格决定权。

对于旅游企业而言，其本质是为顾客提供以劳务为主的产品，整个过程是一个服务主体和服务客体的互动过程。旅游定价方法本应该与管理咨询、美容美发等服务性行业一样，在定价的过程中采取顾客导向定价法，以顾客的认可和满意为定价的首要考虑条件。但是目前的大多数旅游企业，还在采取成本加成定价方法。其原因是：①旅游企业提供的旅游产品是一个综合体，它包含着吃、住、行、游、购、娱等多个方面，这就决定旅游产品的成本容易受到多方面因素的影响而成为一个不容易控制的因素；②旅游企业通过提供的综合旅游产品而获得的收益中，旅游供给企业除了取得综合服务费和少部分的费用及合理的利润外，有很大部分都是代收费用，这也决定旅游产品的定价不能够以顾客的意志为转移，只能将顾客因素作为其考虑因素之一，但不是主要因素；③提供旅游产品的旅游企业从事的是招徕并组织旅游者出行的工作，但整个旅游活动过程中的大部分接待服务是由其他企业完成的，这也决定了旅游产品的定价不能采取其他服务行业的顾客导向的定价方法。

对大多数旅游企业而言，成本加成定价法依然是标准的定价方法。所谓成本加成定价法，是指旅游企业在产品成本的基础上，加上其合理的利润率而构成的旅游产品的价格。用公式表示为：

$$单位旅游产品价格 = 单位旅游产品成本 \times (1 + 单位利润率)$$

(2)旅游价格制定策略。旅游价格制定策略是指旅游企业为实现其价格目标，在不同的内外部条件约束下采取的价格对策。价格制定的方法是相对稳定的，但是在不同的内外部条件下价格制定的策略是灵活的，一般来说常见的定价策略有新产品定价策略、差别定价策略、心理定价策略三种。

第一，新产品定价策略。新产品定价策略主要包括取脂定价策略、渗透定价策略和满意定价策略。

取脂定价策略，又称撇油定价策略，是指企业在产品寿命周期的投入期或成长期，利用消费者的求新、求奇心理，抓住激烈竞争尚未出现的有利时机，有目的地将价格定得很高，以便在短期内获取尽可能多的利润、尽快地收回投资的一种定价策略。其名称来自从鲜奶中撇取乳脂，含有提取精华之意。

渗透定价策略，又称薄利多销策略，是指企业在产品上市初期，利用消费者求廉的消费心理，有意将价格定得很低，使新产品以物美价廉的形象吸引顾客、占领市场，以谋取远期的稳定利润。

满意价格策略，又称平价销售策略，是介于取脂定价和渗透定价之间的一种定价策略。由于取脂定价法定价过高，对消费者不利，既容易引起竞争，又可能遇到消费者拒绝，具有一定风险；渗透定价法定价过低，对消费者有利，对企业最初收入不利，资金的回收期也较长，若企业实力不强，将很难承受。满意价格策略采取适中价格，基本上能够做到供求双方都比较满意。

第二，差别定价策略。差别定价策略也叫歧视定价，是指针对不同的顾客、不同的市场对同一产品制定不同的价格的策略。差别定价有四种形式：

顾客差别定价，即企业按照不同的价格把同一种产品或劳务卖给不同的顾客。例如，我国在旅游发展初期实行价格双轨制，在将同一种商品或劳务卖给中外游客时其价格并不相同。这种价格歧视表明，顾客的需求强度和商品知识有所不同。

产品形式差别定价，即企业对不同型号或形式的产品分别制定不同的价格，但是，不同型号或形式产品的价格之间的差额和成本费用之间的差额并不成比例。如旅行社推出的港澳双飞七日游，同样的产品，由于实行了不同档次的吃、住、行、游、购、娱产品的组合而出现了不同的报价。

产品部位差别定价，即旅游企业对于处在不同位置的产品或服务分别制定不同的价格，即使这些产品或服务的成本费用没有任何差异。例如飞机上的座位，虽然不同座位的成本费用都一样，但是不同座位的票价有所不同，这是因为人们对飞机上不同座位的偏好有所不同。

销售时间差别定价，即旅游企业对于不同季节、不同时期甚至不同钟点的产品或服务分别制定不同的价格。

第三，心理定价策略。心理定价又分为以下几种形式：

尾数定价策略，即在确定零售价格时，以零头数结尾，使用户在心理上有一种便宜的感觉，或者是按照风俗习惯的要求，价格尾数取吉利数，也可以促进购买。该策略适用于非名牌和中低档产品。

整数定价策略，它与尾数定价策略相反，利用顾客"一分钱一分货"的心理，采用整数定价。该策略适用于高档、名牌产品，或者是消费者不太了解的商品。

声望定价策略，主要适用于名牌企业和名牌产品。由于声望和信用高，用户也愿意支付较高的价格购买，但是，滥用此法可能会失去市场。

招徕价格，这是利用部分顾客追求廉价的心理，企业有意识地将价格定得低一些，达到打开销路或者扩大销售的目的，如常见的大减价和大拍卖，就属于这种策略。该策略主要适用于竞争较为激烈的产品，但滥用此法会损害企业的形象。

4. 旅游价格的影响因素。在制定旅游价格的过程中，还要考虑许多影响旅游价格的因素。这些因素虽然不能决定旅游价格的高低，但在旅游价格的制定过程中却不容忽视。

(1)通货膨胀。旅游价格与一国的通货膨胀率有直接关系。在纸币流通的情况下，如果纸币发行量超过流通中对货币的需求量，则会发生通货膨胀。在这种情况下，只能通过币值下降、物价上涨来恢复货币的供求均衡。也就是说，在其他条件不变的情况下，旅游目的地通货膨胀率越高，则旅游价格越高，反之则越低。

(2)汇率变动。汇率水平的变化不仅关系一个国家的对外贸易，而且也影响到旅游产品的价格。在一国货币汇率下调而国内通货膨胀率较低的情况下，同等数量的外国货币的购买力增强，对国际旅游来说，相当于旅游价格下跌，刺激国际入境旅游。

(3)政府政策。一个国家(地区)在不同的经济发展形势下，所实行的经济政策是不同的，旅游价格政策作为经济政策的一个重要组成部分，其不同的内容会对旅游价格的形成产生不同的影响。

(4)替代品价格。与旅游产品成替代关系的产品价格发生变化后，会使旅游产品的价格发生一定的同方向变动。如替代产品的价格上升后，游客会更多地选择旅游产品，从而使旅游产品的价格因需求量的增加而上涨。

(5)旅游需求状况。游客的需求状况主要通过需求能力、需求强度、需求层次来反映。在需求能力较低、需求强度较小、需求层次较少的情况下，一般旅游产品都是以廉价的基本旅游产品为主，旅游价格的上涨势必会受到旅游需求状况的制约。

(6)产品质量和特色。产品质量的好坏往往会影响产品价格的高低,产品的特色也在一定程度上影响着产品的价格。一般越是有特色的高质量旅游产品越具有价格上涨的空间。但是旅游产品所依附的旅游吸引物往往具有准公共物品的性质,因此高质量、独具特色的旅游产品不一定能够抬高其价格。

(三)旅游价格的实现

在市场上旅游价格的实现是通过各种形式的差价与优惠价而进行的。通过差价和优惠价的实行,贯彻旅游企业的定价原则与定价策略,实现对旅游供需矛盾的调控职能。

1. 旅游差价。旅游差价是指同种旅游产品由于不同的地区、时间、环节、质量而引起的价格的一定幅度变化或价格差额。旅游差价是客观存在的,是旅游产品的特殊性所决定的,同时也是旅游产品价值实现所要求的。通过对旅游差价概念的分析,我们不难看出旅游差价主要表现在以下四个方面:

(1)地区差价。旅游地区差价是指同种旅游产品由于地区不同而造成的价格差别。由于旅游资源的分布不均、地区经济文化水平等因素的限制,旅游的地区发展的不平衡是客观存在的。旅游资源吸引力上的不同导致了旅游需求上的差异,而不同地区经济发展水平和劳动生产率的不同,又造成提供同种旅游产品所耗费的劳动量各不相同。这些差异反映在价格上就形成了旅游地区差价。旅游热点地区的价格要明显高于旅游温冷点地区。

地区差价对促进不同地区旅游业的发展起到了积极作用。现在,很多景区的旅游产品都实行捆绑销售,即旅行社在为游客设计旅游线路时,采用旅游热点、温点、冷点相搭配的原则,这样既实现了市场的均衡发展、降低了旅游企业的经营成本,同时还保证了旅游产品的多样性。利用地区差价来调节不同地区间的客流,可以达到平衡各地区旅游经济效益的目的。

(2)季节差价。旅游季节差价是指同种旅游产品由于时间不同而造成的价格差额。这种差价是游客的集中需求和旅游产品本身价值的实现所要求的。形成季节性差价的主要原因,一是自然因素,即大自然的四季更替,气候变化,它形成自然的旅游淡旺季。如北京的香山红叶只有在每年的9~11月才出现,吉林的雾凇景观也只有冬天才能得见。二是社会因素,即社会节假日的不同会促成人为的旅游淡旺季。如“黄金周”的旅游出行高峰。由于旅游产品的不可储存性,在淡季旅游价格下降,这样才可能保证旅游产品的价值得以实现,旅游资源、旅游设施不致因闲置而浪费,而到了旅游旺季旅游价格上升,缓解旅游供不应求的矛盾。通过这两种措施,旅游季节差价最终得以形成。

无论从自然因素来看,还是从社会因素来看,旅游淡旺季是客观存在的。为了调节淡旺季的旅游客流量,尽量使淡季不淡、旺季不过于拥挤,使用旅游季节差价是非常必要的。灵活地应用季节差价可以有效地调节淡旺季的供求矛盾,促进旅游产品价值的实现,使旅游企业获得更大的利益。

(3)环节差价。环节差价主要体现在旅游产品销售环节中的批零差价,它是指同种旅游产品由于经销环节的不同而造成的价格差额。旅游批零差价有两种情况:一是发生在旅游批发商与旅游零售商之间,一般来讲,旅游批发商主要负责旅游产品的设计、组装,旅游零售商从批发商那里购进旅游产品略加改动或原封不动地再销售给游客,这样就形成了零售价高于批发价(零售商购入价)的批零差价;二是发生在旅行社与旅游产品经营者之间,由于旅行社对各种旅游企业产品总是批量购买,因此各旅游企业在明码实价的基础上都给批量采购的旅行社以一定数量的价格折扣,这也是旅游批零差价的体现。

旅游批零差价是社会分工的必然结果,是促进旅游销售的有效手段。批零的环节差价有利于刺激批零双方的销售积极性,促进旅游经济活动在更大范围内展开。

(4)质量差价。旅游质量差价是指同种旅游产品由于质量不同而产生的价格差额。对于旅游产品来说,无论是有形的物质产品还是无形的服务都有质量好坏之分。质量上的差异,就会造成游客需求的满足程度不同,从而在价格上表现出较大的差异。

实行按质论价,保持合理的旅游质量差价,既有利于保护游客的合法权益,也可以促使旅游企业努力改进经营管理水平,不断提高服务质量。

2. 旅游优惠价。旅游优惠是旅游产品供给者在明码公布的价格基础上,给予一定比例的折扣或优惠的价格。旅游优惠价主要包括以下几种:

(1)同业优惠价。同业优惠价是指旅游产品供给者对消费对象是同行业者所实行的优惠。同业优惠主要是为了保持同行业相关企业业务合作的愉快和顺利,而相互给予的一种优惠。这种优惠价的实施有利于加强同业合作、稳定客源和增加利润。同业优惠的比例有统一规定的,也有自定或协商而定的。

(2)销售量优惠。销售量优惠是指根据消费者购买产品数量的多寡实行的价格优惠。这种优惠可以是一次性购买量达到要求而给予优惠,也可以是在一定时期内累积购买量达到要求而给予优惠。无论是哪种形式,其目的都是要建立旅游企业与消费者之间长期稳定友好的客户关系,刺激消费者多购买,以达到扩大销售、增加利润的目的。

(3)老客户优惠。老客户优惠是指对经常光顾的老客户给予的价格优惠。旅游产品不可转移和不可储存的特性决定了要想保持一个相对稳定的销售量,就必须有稳定的客户群体,实行老客户优惠有利于长期稳定与某一群体的买卖关系,实现企业的可持续经营。

3. 旅游差价与旅游优惠价的关系。虽然旅游差价与旅游优惠价都是从销售出发,在价格上给予一定的差额,但是两者的区别还是很重要的。

首先,旅游差价是价值规律的作用,差价的基础是价值,以价格之差来调节旅游供求关系;旅游优惠价也是以供求关系为基础,但更着重于业务关系和私人往来，往往带有一定的私密性。

其次，旅游差价是旅游供给者规定的公开的价格，见诸于广告等宣传品中；旅游优惠价或是由所属组织规定，或是由旅游供给者自定，但不公之于众。

最后，旅游差价仅仅表现为价格上的差别；而旅游优惠价除价格上的优惠外，还可以有其他方面的优惠，如联合促销、中间商奖励旅游等手段都可以视做旅游优惠价的实施。

（四）旅游价格政策

1. 价格调节及其局限性。均衡价格形成与变动的过程实际上就是价格调节经济的过程，在现实中价格的形成及价格对经济的调节是同一社会经济过程。

在市场经济中，价格在经济中的作用可以归纳为：传递信息、提供刺激，并决定收入分配；作为指示器反映市场的供求状况；价格的变动可以调节需求；价格的变动可以调节供给；价格可以使资源配置达到最优状态。

从理论上说，通过价格调节，就可以使资源配置达到最优状态。但是在现实中，由于种种条件的限制，价格调节并不一定能达到理论上的这种完善状态。即便从经济的角度看，也许价格的调节能达到那种理论上完善的状态，从社会或其他角度看，也不一定是最好的，这就是经济学家所说的"市场失灵"。为此，通过一定的经济政策来纠正这种失灵就成为必然。

2. 旅游价格政策的实施。价格政策就是为了纠正"市场失灵"采取的政策。价格政策包括许多种，我们这里主要介绍两种：支持价格和限制价格。

（1）支持价格。支持价格是政府为了扶植某一行业的生产而规定的该行业产品的最低价格。支持价格一定高于均衡价格。由于高于均衡价格，供给量将大于需求量，该商品市场将出现过剩。为维持支持价格，政府就应采取相应措施。这类措施有：一是政府收购过剩商品，或用于储备，或用于出口。在出口受阻的情况下，就有必要为此增加政府财政开支。二是政府对商品的生产实行产量限制，但在实施时需带有指令性且有一定的代价。

在我国目前的情况下，采取对农业的支持价格政策是有必要的，对于稳定农业经济的发展有着积极的意义：①稳定了农业生产，减缓了经济波动对农业的冲击；②通过对不同农产品规定不同的支持价格，可以调整农业结构，使之适应市场的变动；③扩大农业投资，促进农业现代化的发展和劳动生产率的提高。

（2）限制价格。限制价格是政府为了限制某些生活必需品的物价上涨而规定这些产品的最高价格，其目的是为了稳定经济生活。但限制价格一定低于均衡价格，因而，需求量将大于供给量，该商品市场将出现短缺。这样，市场就可能出现抢购现象或是黑市交易。为解决商品短缺，政府可采取的措施是控制需求量，一般采取配给制，发放购物券。但配给制只适用于短时期内的特殊情况，否则，一方面可能使购物券货币化，还会出现黑市交易，另一方面会挫伤厂商的生产积极性，使短缺变得更加严重。

所以，限制价格的实行有利于社会平等的实现，有利于社会的安定，但其也有不利的影响：①价格水平低不利于刺激生产，从而会使产品长期存在短缺现象；②价格水平低不利于抑制需求，从而会在资源缺乏的同时造成严重的浪费；③价格水平不合理是社会风气败坏、官场腐化等不良风气的经济根源之一。

第三节　旅游市场竞争调节机制

一、旅游市场竞争的目标与途径

旅游市场上，除了运用价格调节机制以外，还可以运用竞争调节机制来调节供需矛盾。所谓竞争，就是为了己方的利益而与他人争胜。旅游市场竞争是独立的旅游产品生产者或旅游产品经营者之间，为赢得更多的市场份额而进行的较量和争夺，是商品经济的必然产物。竞争的实质可以从几个方面来认识：

第一，竞争基本上是围绕游客开展的活动，并被他们认为自己所提供的产品比其竞争对手的产品更具有吸引力和优点，从而改善和提高自己在市场中的地位。

第二，竞争能力是通过追求游客购买而显现出来的，并依此而采取的各种旨在胜过竞争对手、争取更多利益和更大市场份额的各种策略。

第三，竞争行为意味着企业既要享受策略的成功还得承担策略的失败。

在不同时期和不同的市场状况下，旅游供给者的具体竞争目标虽各有不同，但都是为了获得最大的利润。一般来讲，旅游市场的主要竞争不外乎是对旅游者和旅游中间商的竞争。

（一）争夺游客

游客是旅游产品的购买者，并且作为旅游企业的服务对象，游客全程参与产品的生产及消费活动。旅游产品从游客开始购买的那一刻到游客完成旅行返回其常住地，其价值才能最终得以实现，旅游企业也从中获得收益以保证其生产的持续进行，从而保证旅游市场的供求均衡。因此，以各种有效的、合理合法的手段争取更多的游客是旅游企业开展市场竞争的根本目的。

对于旅游供给方来说，吸引更多的游客虽然是旅游市场竞争的根本目的，但竞争中他们有时也是盲目的，所以必须明确具体的目标和对象，进行准确的市场细分，发挥自身的竞争优势，采用正确的竞争策略和正当的竞争手段，力争在特定的目标市场上取得优势。特别是在国际竞争中，最终应当使本国的旅游市场扩大，这就要求旅游企业在竞争中始终把国家总体利益放在首位，不能只是满足于“分蛋糕”，而要积极的“做蛋糕”。

（二）争夺旅游中间商

旅游中间商是游客和旅游企业之间的一座桥梁。对旅游中间商的争夺实际上间接的是争夺游客，也可以将其理解为争夺游客的继续。旅游中间商是帮助目的地企业在客源市场上销售其旅游产品的中介机构或个人,尤其是在国际旅游中,旅游中间商往往扮演着宣传者、销售者和组织者的重要角色。旅游中间商的选择对旅游目的地国(地区)旅游产品的销售有至关重要的影响,旅游中间商数量的多少、规模的大小及实力的强弱等都会对销售数量产生直接的影响。因此,作为客源组织者和提供者的旅游中间商自然就成了旅游市场竞争的又一主要目标。

虽然争夺旅游中间商的目标是由争夺游客这一根本目标派生出来的,但是由于旅游中间商是旅游接待企业的直接客户,是游客的批量提供者,失去一个旅游中间商就可能失去一批游客甚至一个市场。因此,必须高度重视对旅游中间商的竞争,要力争形成一个比较稳定的销售网络、客户关系网络,特别是要重视与旅游中间商的合作。

(三)提高市场占有率

旅游市场占有率是反映旅游企业在市场竞争中的实力及地位的重要指标,提高市场占有率是企业实现其利润目标的必由之路,通过争夺游客和旅游中间商都可以达到提高市场占有率的目的。旅游市场占有率是指一定时期内,某一旅游经营主体(可以是一个国家、一个地区或一个企业)的某项经营指标(通常指接待人次和旅游收入两个衡量指标),与同期更大范围内同项指标的总量的比率。旅游市场占有率有绝对和相对之分,下面以旅游人次为例,说明绝对市场占有率和相对市场占有率对旅游经营主体的不同作用。

1. 绝对市场占有率。旅游市场绝对占有率是指一定时期内,某一旅游经营主体(可以是一个国家、一个地区或一个企业)的某项经营指标(通常指接待人次和旅游收入两个衡量指标)的绝对量,与同期更大范围内同项指标的总量的比率。如衡量某旅游企业接待人次在该国家的绝对市场占有率,则可以应用以下公式:

$$\begin{matrix}\text{某旅游企业旅游市场}\\\text{绝对占有率}\end{matrix}=\frac{\text{一定时期某旅游企业接待的旅游人次}}{\text{该时期内该国的到访客总人次}}\times 100\%$$

通过该指标,我们可以看出该旅游企业在该国游客接待中所占的地位,可以看出该企业的实力和发展规模,其取值范围是一个 0 ~ 1 的数值。该指标构成了从人次方面反映的旅游市场占有率。从旅游人次方面去考察市场占有率,对于引导一个国家(地区)或企业走外延式发展道路有现实意义。若以旅游收入来衡量某一国家(地区)或旅游企业在旅游收入中所占的份额,则构成了从价值量方面反映的旅游市场占有率。重视从旅游收入方面去考察市场占有率,对于引导一个国家(地区)或旅游企业走内涵式的发展道路具有重要的现实意义。实践中,我们往往是将这两个指标相结合,帮助一个国家(地区)或旅游企业走内涵和外延相结合的发展道路。

2. 相对市场占有率。该指标是指一定时期内,某一旅游经营主体在某一特定市场上的市场占有率,与同期、同市场范围内面对的最大的竞争对手的市场占有率的比率。所谓最大竞争对手,就是在一定时期内其市场占有率为该市场范围内最高的旅游企业。例如,要计算某旅游企业与该国旅游市场中最大竞争者的旅游市场相对占有率，可用以下公式：

$$\text{某旅游企业旅游市场相对占有率}=\frac{\text{一定时期某旅游企业的市场占有率}}{\text{该时期该国旅游市场上最大竞争者的市场占有率}}\times 100\%$$

通过该指标，我们可以看出一个企业与其最大竞争对手的关系，其取值范围是一个大于0的数值。当该相对市场占有率取值大于1时，则表示该旅游企业是该时期内该市场的领导者，其市场占有率领先于其竞争对手，分得该市场中最大的一块蛋糕；当该相对市场占有率取值等于1时，则说明该旅游企业已与该市场最强大的竞争对手并驾齐驱；当该相对市场占有率取值小于1时，则说明该企业落后于其最大的竞争对手。掌握该情况对于旅游经营主体明确自己在市场中的地位，把握下一步发展的方向能起到很好的指导作用。

二、旅游市场竞争的特点

随着旅游业的发展，旅游市场出现了一些新变化，市场竞争特点十分突出，根据现阶段的发展状况，我们可归纳出如下几大特点。

（一）国内竞争国际化，国际竞争国内化

国内旅游企业市场竞争将由国内的局部竞争向全方位、国际化方面发展，使企业在国际市场进行国际竞争的同时也在国内市场进行国际竞争。世界旅游市场竞争的主要趋势之一是国内地区、旅游企业的竞争呈现出白热化状况。具体到某一旅游目的地，各国（地区）都纷纷挖掘本地资源潜力，上项目、办大型企业，以发展旅游产业为本地区的经济增长点。如截至2006年我国已有20多个省、市、自治区将发展旅游业作为促进经济发展的支柱产业，形成了争夺、抢占国内旅游市场客源的高潮。一些有实力的大型旅游企业集团，除在国内的旅游市场具有很强的竞争力外，也跨出国门参与了国际市场的竞争，取得较大的业绩和实效。

我国加入WTO后，国内的旅游市场要向WTO的所有成员开放，这将使更多的外国企业进入中国的旅游市场，随着市场的开放，激烈的国际化竞争将不可避免。目前旅游产业中，中外合资饭店、旅行社、运营汽车公司纷纷建立，尤其饭店业是我国改革开放初期最先引进外资的行业之一，已形成规模和档次，对旅游产业的整体发展具有重要的推动作用。旅行社行业虽然刚刚向外资开放，但发展速度较快，成功率较高，而且待过渡期结束，一大批外商独资旅行社企业将以更快的速度在我国建立，成为国内市场强有力的国际竞争者。这些在中国注册的外资企业，实际上就是中国企业，它们将享有与国内企业同样的国民待遇。如此众多的代表国际一流水平的旅游企业在中国经营，参与竞争，从根本上提高了市场竞争的档次和竞争的激烈程度。

（二）竞争主体集团化

无论是国际竞争或是国内竞争，旅游企业的市场竞争都将主要体现为集团化企业的企业群体竞争。小型企业在大规模、高层次的激烈竞争中不易取得一席之

地。近几年,资产重组、国内兼并、国际国内合作等资本运作已是国内旅游企业提高竞争力的重要方式和手段,规模化、集团化企业参与各种范围内的竞争是一种大趋势。根据国际饭店与餐馆协会的统计资料,2000 年世界饭店管理集团排行前 10 家为圣达特、六洲、马里奥特、雅高、精品国际、希尔顿、最佳西方国际、喜达屋、卡尔逊、凯悦,除了圣达特外,其他饭店集团均进入中国,加大了市场竞争的激烈程度。中国旅游市场成为国内旅游企业集团与跨国企业集团合作与竞争的舞台,如何使国内的旅游企业具备基本的国际竞争力,营建中国旅游业的航空母舰,这是在新的市场形势下,旅游企业求得生存并获得更大发展的重要战略目标之一。过去旅游企业之间的竞争,目标很明确,对手很清楚,大多是单体企业一对一或一对几的争斗,但很难形成左右一个领域、一个行业、一个地区的明显优势。随着旅游集团的建立、发展、壮大,单一企业在竞争中生存、发展的难度越来越大。目前我国所有具有较多旅游资源的省、市、自治区都成立了旅游集团或旅游企业联合公司,规模较大、名气较大的如北京首旅集团、上海锦江集团、陕西旅游集团等。过去单一企业的竞争变成了一个企业集团与另一个企业集团的竞争,单一企业仅是大企业集团的一个组成部分。

(三)对企业品牌的竞争

品牌建设历来是企业发展的关键与核心。具有跨国经营能力的大型企业集团的主要优势就是国际品牌的效应,旅游企业更是如此。很多国际旅游跨国公司向中国市场发展,其竞争的基本战略之一就是充分利用品牌的优势,在中国市场打造企业的核心竞争力,同时靠此核心竞争力来提升企业的无形资产。在新经济时代,国际竞争中的知名品牌代表了企业的强劲市场竞争力和市场占有率,是企业经营成功与否的重要标志,旅游企业的品牌效应对企业发展影响之大、效果之显著是其他手段无法相比的。游客在市场经济大潮中对品牌的认可程度代表了对旅游企业、旅游服务的信任和认知。这种信任和认知是企业的宝贵财富,是企业提高市场竞争力、扩大市场规模的重要源泉。品牌这种无形资产一旦形成,游客便愿意为企业的高质量旅游服务支付高价,投资者也愿意为品牌投入高额的资金。目前,已有越来越多消费者将消费观念建立在对旅游企业品牌价值和服务价值认可的基础上,品牌资产、品牌形象、品牌忠诚度等都将不断地把市场份额转化为企业的财富。在国际旅游企业中具有较大影响、在国际旅游企业集团中销售额居第四位的法国雅高集团经过34 年的努力,已在全世界拥有11 个品牌和3 488家饭店,充分反映了跨国旅游集团在市场竞争中的地位和实力。在国际旅行社业,美国运通旅行社公司和日本交通公社一年的营业额分别相当于我国9 000家旅行社营业总额的 3 倍和4 倍。这些经营成果除了因其经营规模大、范围广以外,品牌影响和企业信誉在开拓市场和进行市场竞争中的作用是十分重要的。

(四)对人力资本的竞争

旅游企业是否能在国际竞争中取得成功,人才的竞争是关键。随着知识经济的发展，具有知识和专业技能的人已被作为资本来配置，在国际市场竞争中，人才资源已成为企业竞争的重要目标。先期进入中国市场的各家著名国际酒店管理集团大多已将酒店管理权移交给中方人员，国内一大批高级酒店管理人才群体也已逐渐形成。有的国际酒店集团实行高级管理人员本地化，不但争夺中国的旅游经营市场，而且争夺旅游人才市场，这必然对国内旅游企业集团的人才开发战略带来极大影响，也使对人力资本的争夺愈发激烈。

目前一些由国际管理集团管理的旅游企业对中国雇员的工资待遇进行了调整，基本与外方雇员的收入水平相一致，以吸引人才和防止人才流失。同时，他们也注意给予中国雇员更多的权限，使人才价值得到体现。外资旅行社进入中国市场后，首先考虑的是争夺人才资源，尤其是投资所在国的人才，由于其人尽其才的用人机制，竞争优势将非常明显，因此，国内旅游企业必须注重对人才资源的培育，并能将引进的人才为我所用，要把市场竞争的目标从仅为扩大经营规模、强化资本经营的角度逐渐向这些目标与争夺人才资源并重的方向转移，从而吸收先进的管理理念、管理模式、管理机制。

（五）注重旅游产品软件的提升

所谓旅游产品软件，是指旅游服务质量和档次。目前我国旅游市场竞争大部分还处于低层次、传统的模式阶段，竞相压低价格、铺天盖地的广告宣传仍是各旅行社和酒店市场竞争的主要手段。近几年，旅行社、酒店的价格竞争愈演愈烈，从实际效果看，过低的服务价格可能一时会收到实效，旅行社获得大量的新客源，酒店客房出租率逐渐提高，但随之而来的却是服务水平下降，服务范围缩小，甚至出现经营欺诈现象，引起法律纠纷，对企业的声誉造成很大损害。就国际旅游企业而言，经营方式绝不仅仅是价格的竞争和广告的宣传，尤其采取低价销售更不是旅游企业成熟的经营策略，因此，旅游市场将打破价格战和广告战单一的传统竞争方法，进而更注重提供优质、高档、细致、周到、高附加值的服务，提高企业信誉，从而最终在激烈的市场竞争中赢得消费者、获得市场。

三、旅游市场竞争主要策略

竞争是市场经济有效性的最根本保证。市场机制正是通过优胜劣汰的竞争，迫使企业降低成本、提高质量、改善管理、积极创新，从而达到提高效率、优化资源配置的结果。竞争的策略、手段是多种多样的，但最主要的还是以市场为中心，去赢得游客。旅游市场竞争策略是一系列为了应对竞争对手的变化而不断的调整和创新的策略。这些竞争策略是为旅游企业发展的整体战略服务的，保证旅游企业的优势能够得到延续。旅游企业要在激烈的市场竞争中立于不败之地，不仅要勇于竞争，而且要善于研究竞争策略。旅游市场竞争的策略是多样、灵活、变化的。一般来说，旅游市场竞争策略可以分为两种，即价格竞争策略和非价格竞争策略。所谓价格竞争策略，是指旅游企业以产品低价赢得顾客或市场而采取的竞争策略；

非价格竞争策略是指旅游企业在产品、销售渠道、促销、服务等方面为赢得顾客或市场而采取的竞争策略。

（一）价格竞争策略

价格是决定游客购买的重要因素。旅游产品的价格能否被游客接受，直接影响产品的销售量和产品在整个市场的份额，进而影响产品的竞争力。

在旅游市场竞争激烈时，旅游企业为了维持和提高产品的竞争力，以低价吸引消费者，在某种意义上说是一种可行和有效的竞争策略。但是，低价策略也并非灵丹妙药，并非总是可行和有效。

首先，对于企业经营而言，追求利润是市场经济的法则，产品价格的下跌，并非总能保证企业销售收入和利润的增加。根据经济学原理，只有那些需求价格弹性大的商品，才能保证价格降低使销售收入增加。而利润是否增加不仅仅取决于销售收入的增加，还取决于增加产品供给所带来的成本的增加。所以，是否采取降价策略以及降价幅度的大小，取决于旅游企业对自己产品的性质（需求弹性的大小）以及企业现有技术水平下的投入产出关系等是否有深入的了解。当然，并不排除企业为了进入新的目标市场，或为了在现有目标市场上建立自己的品牌，而采取的价格竞争策略。但是上述情形应该是短期的，或者说只是企业长期利润追求策略的辅助策略。

其次，对于消费者而言，随着消费者理性购买意识的逐步增强，他们所追求的已不再是传统意义上的价廉商品，而更多的是追求高质服务。

（二）非价格竞争策略

非价格竞争策略可以分为以下两种类型：

1. 以服务为中心的产品竞争策略。人们通常是按传统的生产观点来理解旅游产品的，即产品是指一种具有某种特定物质形状和用途的物体，由此选择的产品竞争策略主要考虑产品的质量、创新、特色，以及商标、品牌等，而将整体产品的产品服务排除在外。在非价格竞争策略中，我们常将服务竞争策略与产品竞争策略分离开来，其结果是很多企业一旦将产品销售出去就认为大功告成。对于购买旅游产品的游客来说，虽然付费在前，但是真正的产品生产和消费是游客全程参与的，良好而完整的售前、售中及售后服务容易得到游客的认可，有利于企业保有并扩大其市场份额。对于旅游企业来讲，旅游产品竞争策略就应该是将售前、售后及售中服务包括在内的市场竞争策略。一般的旅游企业都比较关注售前和售中服务，而往往忽视了售后服务。售后服务是旅游企业竞争过程中的重要一环。以游客服务为中心的组合竞争策略，不仅是为了接近游客，更好地为其服务，而且也是为了与游客沟通，接受游客的反馈意见，改进产品，以利于新一轮的市场竞争。

2. 促销宣传竞争策略。旅游企业向消费者宣传产品的特征、优势及其给消费者带来的利益，唤起需求、诱导购买兴趣、刺激产生购买行为，以实现市场竞争中取胜的策略，称为促销宣传策略。促销是通过信息传递手段，将企业及产品的信息传递给顾客，利用广告、产品、展销会、订货会、代销、试销等传播方式来达到竞争取胜的目的。旅游企业经销的旅游产品没有实物可供旅游者现场感知，尤其要通过促销宣传的竞争手段来传达尽可能多的信息，方便游客选择。

案例分析

杭州景点门票“反弹琵琶”

在全国多数重要旅游景点的门票价格逐步上涨的背景下，杭州西湖不仅没有提高门票价格，反而一直免费开放，并且取得了良好的效益。我们把杭州市的这种与众不同的做法称为“反弹琵琶”。2003 年 4 月，没有围墙、不收门票的整个西湖把自己的每一寸绿地和每一处景观都免费提供给市民和游客。当时有关专家说，西湖不收门票当然“亏”了——每年要少掉几千万元的门票收入。然而，一年以后，杭州有关部门算了一笔账，西湖门票虽然少掉几千万元收入，但却因此赢得了上亿元的收益。西湖南线未取消门票之前，每年的门票收入为 600 万元左右，而取消门票之后，这里的游人剧增，人气很旺，仅沿线商铺每年的拍卖总收入就已达到了 700 万元。不仅如此，2004 年国庆黄金周期间，杭州接待外地游客的旅游收入达 14.78 亿元，比上年同期增长了 51.43%。2004 年与 2003 年相比，外汇收入 5.97 亿元，增长 41.5%；国内旅游收入 361.18 亿元，增长 24.1%；全年实现旅游产业增加值 156 亿元，增长 23.4%。

众所周知，旅游产品有两个重要特点：

一是它属于需求富有弹性的产品，即需求量变动的幅度大于价格变动的幅度。因为这种产品属于奢侈品，不是人们生活离不开的东西，是否购买这种产品主要取决于收入状况和价格水平，故它受价格变动的影响就大。另一方面，旅游产品之间的可替代程度较高，当一个旅游点的价格高或服务不好时，旅游者就可能选择到其他地方旅游。上面这两个因素决定旅游产品是需求富有弹性的产品。

二是旅游产品具有消费上的关联性和多样性。旅游产品的消费与其他商品不同，一般商品人们一次可能只买一件或两件，但外出旅游特别是远距离旅游一般要参观若干地方，而不会局限于一两个景点，否则消费成本会太高。旅游产品消费的多样性则表现在它是集观、行、吃、住、购物等的系列消费行为。旅游产品的这两个特点决定了在旅游产品比较集中的地方保持旅游产品的低价位有利于增加总收益。

杭州市是一个旅游资源丰富的城市，自然赋予的独特环境和几千年的文化积淀，使杭州成为我国东南部风景名胜荟萃之地。以西湖为中心，有历史上形成的西湖十景，还有20世纪80年代评选出的西湖新十景。在市区和市郊，有吴山、胡庆余堂、钱江潮与灵山洞景等著名景点。在远郊，有富春江—新安江—千岛湖国家级风景名胜区。这就形成杭州丰富的旅游产品总供给。在这种条件下，如何形成和扩大旅游产品总需求，是提高旅游产业经济及社会效益的重要环节。扩大旅游产品总需求，在价格上起码有两种策略可供人们选择：一是低价位策略，即薄利多销；一是高价位策略，就是依靠较高的价格增加收益。杭州市选择的是前一种策略，西湖实现免费开放，价格降为零，就是这种策略的集中表现。将旅游产品价格保持在较低的价位上，必然会吸引更多的旅游者来杭州旅游，同时由于杭州市旅游资源丰富，旅游者自然而然地会多去一些景点，在杭州逗留的时间相应会延长，住宿、购物、交通、餐饮等方面的需求必然相应增加，最终结果是旅游产品的需求量扩大。

资料来源：田家官."反弹琵琶"的经济学思考——从杭州西湖免费开放谈起，2005年07月19日，光明日报。

案例思考题：

1. 结合我国目前景区门票价格的实际，谈谈我国景区的门票价格究竟该不该涨？如果该涨的话涨多少可以算做是合适的尺度？

2. 杭州在各大景区门票涨价的同时反其道而行，为什么能够取得成功？这种做法是不是在哪里都可以实行？

3. 请结合所学知识和我国旅游经济发展的现实谈谈你对我国目前旅游产品定价的看法。

思考与练习题

1. 如何正确理解旅游市场的概念？旅游市场的特点和功能有哪些？
2. 旅游市场的结构有哪些？并简述定价原理。
3. 详述旅游价格的概念。影响旅游价格制定的因素有哪些？
4. 旅游价格的制定原则有哪些？制定价格的策略有哪些？
5. 什么是旅游差价与旅游优惠价？二者有何区别和联系？
6. 为什么说竞争也是调节旅游市场供求矛盾的途径？
7. 旅游市场竞争的目标及途径有哪些？
8. 理解旅游竞争的主要策略。你认为我国旅游企业目前需要用哪些策略来帮助其缓解供需矛盾，实现利润最大化。

第五章 旅游供求矛盾与政府调控职能

Tourism Supply and Demand Contradiction and the Function of Government Control

学习要点：

➢ 旅游供求矛盾的概念、特征及影响因素，供求矛盾周期波动规律

➢ 政府干预旅游经济必要性及其实现途径，旅游规制特点和原则

➢ 旅游产业政策的概念、特征及内容

➢ 旅游行业管理的概念、特征、手段及内容

Learning Points:

➢ the definition, characters and influencing factors of tourism supply and demand contradictions, the periodic fluctuate rules of tourism supply and demand contradiction

➢ the necessity and the methods of government intervention, the characters and principles of tourism regulation

➢ the definition, characters and content of tourism industry policies

➢ the definition, characters, methods and content of tourism trade management

第一节　旅游供求矛盾概念及特征

旅游经济学作为一门专门的学科，其研究对象是旅游经济活动以及活动过程中所发生的各种经济关系、经济现象以及经济规律。谈及旅游经济规律，指的是旅游经济运行中内在的、本质的东西。旅游是一种客源地居民为寻求快乐通过空间移动而展开的一系列活动，而旅游经济正是伴随着人们的空间移动消费而产生的经济现象。但由于受时空约束的影响，在客源地和目的地之间运行条件不匹配的情况是大量存在的，由此产生了许多旅游经济活动中特有的经济现象，形成了各类复杂的经济关系以及经济运行规律。因此，正确认识旅游供求矛盾及其特征就成为认识旅游经济现象、解决旅游经济问题的前提。

一、旅游供求矛盾的概念

旅游需求与其他产品需求最大的不同之处在于旅游需求的实现需要消费者具有一定的余暇时间，因此，旅游需求是指那些具备支付能力和余暇时间的人们，在一定时期内愿意按照一定价格购买的旅游产品的数量。而基本的旅游供给则是以旅游资源为基础，包括旅游设施和旅游服务等在内的总体旅游产品，它是一定时期内，旅游目的地以一定价格向旅游市场提供的旅游产品的数量。需求决定供给的内容、结构和数量，因此，旅游需求决定了旅游产品的开发，而一个目的地的旅游供给状况与特点又反过来决定了旅游者的需求是否能够实现。可见，旅游需求与旅游供给之间是相互影响、相互制约的。

从这个意义上讲，旅游市场和其他市场一样，旅游供求矛盾是指目的地旅游供给和客源地旅游需求之间的对立统一关系。旅游供给和旅游需求既相互促进又相互制约：一方面，旅游产品的提供者和旅游者双方存在对立的关系，即两者的利益目标不一致，这决定了旅游供给和旅游需求之间的相互对立；另一方面，旅游产品提供者和旅游者双方又存在着相互统一的关系，即一方利益的实现以对方的存在为前提，这反过来决定了两者之间相互依存的关系。因此，旅游供给和旅游需求是一对矛盾统一体。但由于旅游需求多样性与旅游供给主体指向性的矛盾、旅游需求多变性及发展性与旅游供给相对稳定性的矛盾，以及旅游劳务的特殊性、旅游需求的地域性和季节性等原因①，旅游供求之间矛盾也存在特殊性，其具体的矛盾关系可以阐述如下。

旅游供给和旅游需求之间的相互依存，指的是旅游需求决定旅游供给，且旅游供给在很大程度上影响旅游需求。一般来说，有什么样的旅游需求就要求有相应的旅游供给与之相适应，旅游需求决定了旅游供给的结构、数量以及质量；从另一个角度来看，旅游供给也影响着旅游需求。由于旅游供给是依托一定的旅游基础

---

① 厉新建、张辉．旅游经济学——理论与发展[M]．大连：东北财经大学出版社，2002.

设施与上层设施而提供的，相对于旅游需求来讲，旅游供给在短期内弹性较小，具有明显的刚性。因此，旅游供给的数量和结构影响着旅游需求的实现程度。而且，当旅游业发展到一定程度时，旅游供给会对旅游需求起到一定的引导作用，会激发旅游者的旅游动机，引导旅游者的消费趋势。

旅游供给和需求之间的相互对立，指的是旅游产品的提供者和旅游者在旅游活动中追求不同的目标和效用：旅游产品的提供者希望收益最大化，希望旅游产品能够以较低的成本、较高的价格进行生产与销售；旅游者则希望在花费最小的情况下达到效用最大。利益目标的不一致，导致旅游供给和需求之间存在矛盾。供求之间的矛盾主要反映在旅游产品的价格上，当供应商按照自身的利益来组织生产时，所提供的旅游产品的数量、质量和价格就与旅游者最大效用的实现产生一定的矛盾，这使得旅游供求经常出现不相适应的状况。

旅游供求之间的矛盾集中体现在旅游需求规律与旅游供给规律上。由于旅游产品与其他产品之间存在着相互替代的关系，当旅游产品价格上升时，旅游者会减少对旅游产品的需求转而消费其他产品，旅游需求与旅游产品的价格呈反向变化，如图 5 –1 所示。

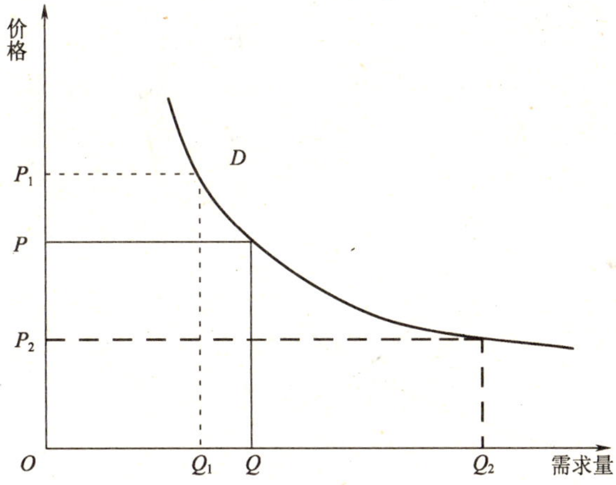

图 5 –1　旅游需求与价格之间的关系

资料来源：林南枝、陶汉军主编．旅游经济学[M]．天津：南开大学出版社，2000.

而对于旅游供给来讲，旅游产品供给与旅游价格之间则成正向变化，如图 5 –2 所示。

因此，如图 5 –3 所示，旅游产品供给与需求之间经常处于一种不均衡的状态。只有在均衡价格 P 之下，旅游产品的供给和需求相等，市场上的需求量与供给量均为 Q，此时，供求之间才处于均衡状态。在旅游市场中，由于市场供求的不断变化，旅游产品的价格是不断波动的，旅游产品的供给和需求之间经常处于不相适应的状态，但在市场力量和价值规律的作用下，旅游产品的价格总是趋向于价值，即旅

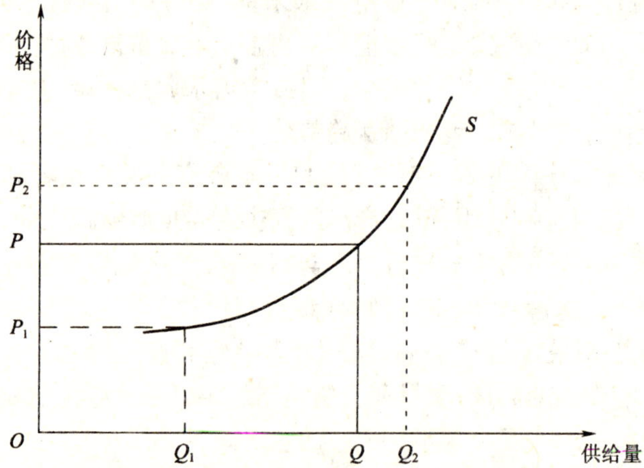

图 5－2　旅游供给与价格之间的关系

资料来源：林南枝、陶汉军主编．旅游经济学[M]．天津：南开大学出版社，2000.

游供求总是由不均衡趋向于均衡。

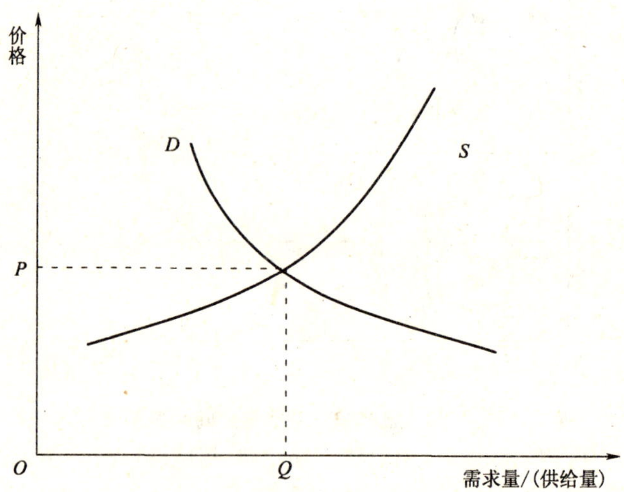

图 5－3　旅游供求之间的均衡

总之，旅游供求矛盾运动的过程，就是旅游产品的供给和需求之间对立统一的过程。当供求之间能够相互协调、相互适应时，就会出现一种暂时的均衡状态，但由于两者之间的对立关系，这种均衡状态很快就会被打破，旅游供求很快又将处于一种不均衡的状态。旅游经济活动就是在这种矛盾关系中不断向前发展的。

二、旅游供求矛盾的特征

旅游业的综合性和关联带动性较强，旅游供给与需求受多种因素的影响，特别是旅游需求具有很强的敏感性，因此，旅游产品的供求关系更易受相关因素的影响，即旅游需求与旅游供给任何一方的变化都会影响到旅游供求关系的变化。在这种背景下，旅游供求矛盾也呈现出一些明显的特征。

（一）旅游供求矛盾的季节性较强

首先，受旅游资源条件的影响，目的地旅游产品的吸引力具有明显的季节性特征。比如中国的哈尔滨，其提供的主要为冬季旅游产品，该目的地的入境客流也因此呈现出明显的季节性特征，这同时构成了旅游需求季节性的一个主要原因。但目的地的旅游服务与旅游设施等供给方面却具有常年稳定性的特点，这使得旅游产品的供给与需求之间形成一定的季节性矛盾。

其次，由于受目的地和客源地的共同影响，两地的社会经济水平、闲暇制度、风俗习惯等都影响到旅游需求的产生，使旅游需求具有很强的时间分布特征。特别是客源地闲暇制度的安排，比如"黄金周"的实行，人们的旅游需求出现高峰期，这使旅游需求具有明显的淡旺季之分。随着旅游需求的淡旺季变化，旅游产品供求的数量与结构也会受到淡旺季的影响，供求之间的关系也因此不断变化，此时的供求矛盾表现为旺季时供不应求、淡季时供大于求的状况。近年来的"黄金周"期间，由于假期集中，旅游需求集中于高峰期，旅游弹性较大，但在旅游供给刚性较强的情况下，旅游供给在短时间内很难迅速作出调整，旅游供给和需求之间的矛盾在短时间内难以调和。

总之，旅游供给与需求的季节性特点使旅游产品之间的供求矛盾也呈现出很强的季节性特征。

（二）旅游供求同时存在技术性矛盾和制度性矛盾

在不同国家、不同的社会制度以及不同的社会生产力水平下都会出现的旅游供求矛盾被称为技术性矛盾①。在旅游经济中，这类矛盾需要通过市场来调节，比如说通过市场价格来调整饭店业的布局与供应数量等。

还有一类供求矛盾是制度性矛盾，与不同国家的文化、体制、政策、发展战略等因素有关，由这些特殊性因素导致的旅游供求的矛盾称为"制度性矛盾"。例如，各国对闲暇的制度安排不同，导致旅游者的出游时间呈现集中或分散的情况，由此对旅游产品之间的供求关系产生的影响即为制度性的旅游供求矛盾。旅游供求矛盾的一个突出特征就体现在旅游供求的制度性矛盾上。我国的市场经济发展水平还比较落后，除了人们的观念、闲暇制度的安排等社会制度对旅游供求产生影响之

---

① 厉新建，张辉．旅游经济学——理论与发展[M]．大连：东北财经大学出版社，2002.

外，我国的经济政治体制、产业政策以及旅游经济的发展战略等因素都给旅游供求矛盾带来了很大的影响。近年来，我国旅游业三大市场的发展，以及我国旅游业的发展战略都集中体现了这一点，这说明我国旅游产品的供求矛盾具有明显的制度性矛盾特征。

（三）旅游供求矛盾变化较为敏感

由于旅游业的综合性特点，旅游业的发展与整个宏观环境以及相关行业的发展之间存在着明显的关联关系，旅游供给和需求均受到来自客源地和目的地的经济、政治、社会文化、自然环境等多种因素的影响，相对于一般产品的供求矛盾来讲，旅游产品供求之间的关系更为复杂，旅游产品供求矛盾的影响因素也较多。

此外，旅游产品是一个综合性产品，旅游产品的供求包含众多方面，因此旅游产品供求的均衡相对于一般产品来说更加难以调节。比如，旅游供给在食、住、行、游、购、娱等每一个方面与市场需求之间是否均衡都会影响整体旅游产品的均衡，而且这些供给因素之间也会相互影响，其中一个环节的供求状况会进一步影响到别的环节，也就是说，旅游供给与需求之间的平衡关系更加敏感，其中任何一个因素的变化都很有可能对旅游产品的供给或需求产生极大的影响，旅游产品供给与需求的变动也就进一步影响到旅游供求之间的均衡关系。因此，由于旅游供求的复杂性和综合性，旅游供求之间的矛盾存在着明显的敏感性特征。

三、旅游供求矛盾的表现形式

目前对于旅游产品供求矛盾表现形式的研究基本上达成一致意见，即旅游产品供求之间的矛盾主要体现在数量、结构、时间与空间四个方面。

（一）旅游供求在数量上的矛盾

旅游供给和需求在数量上的矛盾是旅游供求矛盾最为直接的表现。供求的数量矛盾主要是指旅游产品的供应（旅游接待能力）与旅游需求（来访旅游者）数量上的不适应。

由于旅游供给受旅游资源、旅游设施、目的地社会经济发展水平等因素的影响，一方面旅游供给具有一定的稳定性，即旅游供给在短时间内不可能随着需求量的变化产生很大的变动，比如在旅游接待设施的建设上，当地旅游业发展的水平决定了投资水平，而且由于建设周期的影响，在短时间内新建或减少饭店设施也不太可能。另一方面，目的地的旅游供给具有接待能力的最高限度，如旅游景区、景点由于特定的环境承载力，并不是任何旅游需求量都能接待和承受的，因此，旅游产品的供给在一定程度上存在刚性，也比较稳定。相对于旅游供给来讲，旅游产品需求的弹性则较大，受来自于客源地和目的地两方面因素的影响，旅游需求具有很大的不确定性。

旅游供求在数量上的矛盾集中体现在旅游供求淡旺季之间的矛盾上。比如，旺季时旅游需求量迅速膨胀，而旅游供给量此时则无法迅速增加以满足旺盛的需求，在这种情况下，旅游供求之间的矛盾非常明显，当供给与需求出现不适应的状况时，旅游供求就处于一种不均衡的状态，要么供过于求，旅游产品价格下降，有可能导致各种资源的浪费；要么供不应求，有可能影响到旅游产品供给的质量。

（二）旅游供求在结构上的矛盾

旅游产品供给和需求在结构上的矛盾指旅游产品的供给结构和旅游者的需求结构不相适应。在这种情况下，旅游产品的供给类型与旅游市场上旅游者的需求类型之间存在差异，如酒店业市场上对经济型酒店产品存在很大的需求，但市场上提供的主要是四星甚至是五星的产品，在这种情况下就存在供求之间的结构矛盾，供给不能满足旅游者的需求。

旅游市场是处于不断变化之中的，随着人们消费水平和消费观念的变化，旅游产品的供给要进行及时调整，其中包括对旅游产品的档次结构、旅游产品的供给方式、旅游产品的质量等方面的调整。另外，随着体验经济的到来，人们更加喜欢体验性较强的、个性化较强的旅游产品，这无疑增加了旅游产品供给的难度，因为，在旅游产品供给刚性较强的情况下，旅游产品供应者很难根据旅游者的个性化要求对旅游供给结构作出迅速的调整，旅游供求的结构性矛盾就会非常明显。因此，旅游产品的提供者应时刻关注市场的变化趋势，捕捉市场需求信息，以长远的眼光不断进行旅游产品的创新。在旅游经济运行中，不仅要被动地满足旅游者的需要，更主要的是要引导旅游者的消费，以此减少结构性矛盾带来的影响。

（三）旅游供求在时间上的矛盾

旅游产品供给与需求在时间上的矛盾主要体现在旅游供求的季节性特征上。

首先，由于旅游供给依托于相应的旅游资源，受各地自然条件的影响，旅游吸引物具有很强的季节性特征，这形成了目的地旅游产品吸引力的季节性特点。同时旅游目的地的接待设施却具有常年的稳定性，这与旅游需求的季节性特点产生了极大的矛盾。

其次，旅游需求受到闲暇制度的安排、人们的出游习惯等客源地自身因素的影响，因此旅游者的出游具有很强的季节性，从而形成了旅游旺季和旅游淡季。

旅游供求在时间上的矛盾一直以来都是旅游业界和学界关注的焦点，也是旅游供求矛盾的集中表现。存在淡旺季的情况下，如何安排旅游产品的供给一直是一个非常难以权衡的问题。只有结合旅游目的地的旅游资源特点，开发出适宜全年旅游的产品，并从社会制度安排上分散旅游者的出游时间，才能从根本上解决旅游供求在时间上的矛盾。

（四）旅游供求在空间上的矛盾

旅游供求的空间矛盾是指旅游产品供求在空间、地域上产生的不适应与不协调。

首先，由于旅游产品所依托的旅游资源具有地域分布不均衡的特点，旅游供给在空间分布上不平衡，有的地区旅游资源丰富、类型多样，有的地区则比较匮乏、类型单一。旅游资源分布上的不平衡必定会导致旅游供给空间分布上的不平衡，最终影响旅游供求之间的关系。

其次，由于旅游资源的不可移动性，旅游活动的开展需要旅游者向目的地移动，因此，旅游者多流向旅游资源比较丰富的旅游热点地区，这就导致了旅游流在空间分布上的不平衡。旅游热点地区供不应求，旅游的非热点地区却出现资源闲置的情况，这是旅游需求在空间上的不均衡。考虑到目的地的旅游接待能力，热点地区为了保护旅游资源，实现可持续发展，必须对旅游供求关系进行调整。

四、旅游供求矛盾激化的后果

旅游供求矛盾的激化会对旅游经济的发展产生一系列的影响。旅游供求矛盾的激化存在两种情况，即严重的供过于求以及严重的供不应求，这两种情况都会对旅游市场产生极大的影响，干扰旅游市场的正常运行，其矛盾激化的后果主要体现在以下四个方面。

（一）旅游供求矛盾的激化会干扰旅游市场竞争秩序

旅游供求矛盾激化最直接的影响是对旅游市场竞争秩序的影响。在供给大于需求的情况下，市场上会存在大量的旅游产品剩余，要实现这些旅游产品的价值就必须通过市场交换。而为了促进旅游产品的销售，旅游产品的提供者必定会采取各种方式展开竞争，在矛盾激化的情况下，会不惜采取一些极端的手段，如恶性的价格竞争、非法的竞争手段等。在恶性价格竞争的情况下，旅游市场将出现混乱的局面，整个旅游市场的竞争秩序都会受到干扰，这不利于旅游经济的正常运行。在供不应求的情况下，旅游产品的供给无法满足旅游者的需求，在这种市场状况下，供给方有可能会自行提高旅游产品的价格，使价格远远高于价值，违背价值规律的作用，这种情况也将干扰旅游市场的竞争秩序，不利于公平竞争。

（二）旅游供求矛盾的激化会影响旅游产品的质量

旅游供求矛盾的激化会干扰旅游市场的竞争秩序，这种矛盾激化的结果会进一步影响到旅游产品的质量。

在供大于求的情况下，恶性价格竞争使得旅游产品的价格出现低于成本的情况，因此，为了维持正常的经营，旅游产品的经营者只能通过牺牲产品质量来求得生存。

在供不应求的情况下，旅游产品的经营者关注的是如何生产尽可能多的旅游产品来满足旅游者的需要，因此，市场关注更多的是产品的数量而不是质量。比如说旅游者对某一个目的地非常向往，大量的旅游者前往该旅游地进行旅游消费，该旅游目的地的经营者只是尽可能多地接待来访旅游者，接待过程中很容易忽视旅游产品的质量，因此，旅游者获得的旅游经历质量很差，这只能带来消费者的抱怨。

（三）旅游供求矛盾的激化将会影响旅游供求双方的利益

在矛盾激化的情况下，旅游市场竞争秩序将出现混乱的局面，影响旅游市场的公平竞争,这种混乱的竞争又会进一步影响旅游产品的质量。在这种情况下,旅游产品供求双方的利益都无法保障。

旅游产品的供给者将无法在公平的市场环境下展开竞争,这必将影响旅游产品供给者的利益,比如恶性竞争使旅游产品的价格低于成本,旅游产品供给者的利润将无法保证。竞争秩序的混乱使旅游产品的经营者无法在公平、健康的市场环境下开展经营活动,这对旅游产品经营者的利润产生极大的影响。

由于恶性竞争的出现,为了营利,一些生产者必定会以降低旅游产品质量为代价来赢得价格上的优势。

如上所述,旅游产品的质量在供求矛盾激化的情况下会受到很大的影响,毋庸置疑,由于旅游产品质量的下降,旅游者在旅游消费过程中的利益必定会受到影响。因此,极端的供求矛盾会使供求双方的利益都受到损害。

(四)旅游供求矛盾的激化会导致社会资源的浪费

旅游供求矛盾的激化,尤其是在供给大于需求的情况下,会导致社会资源的严重浪费。

从旅游设施的建设上来看,供过于求必然会使大量旅游服务设施闲置,这些旅游服务设施不但无法通过市场实现其价值,而且还需要旅游产品供给者花费一定的成本去维护;从人力资源的角度看,在淡季时,如果旅游企业的从业人员数量过多,会导致人力资本的浪费,而且还会因为支付工资产生额外的成本,特别是在酒店业中,资产专用性较强,为了避免浪费,在进行投资时不能盲目,要对市场需求状况进行充分调研,避免淡季时大量的闲置成本以及退出时的沉没成本而导致社会资源的浪费。

旅游市场若出现严重供大于求的情况,旅游者对旅游资源的过度消费会破坏旅游资源。因此,对整个社会资源来讲,旅游供求矛盾的激化会导致社会资源的严重浪费。

第二节 政府干预与旅游规制

在我国旅游业的发展过程中,政府一直起着重要作用,政府主导型的旅游发展战略本身就体现了政府对旅游经济的干预。旅游业自身的特点以及旅游业在一国或一个地区的地位与发展模式,决定了政府对旅游业的干预程度和干预方式,本节内容将主要针对这一问题进行分析。

一、政府干预旅游经济的必要性

虽然各国旅游经济发展的具体情况不同,但各国都在不同程度上对旅游经济施加了一定的干预措施。政府对旅游经济干预的必要性主要可以从以下四方面考虑。

（一）旅游经济对社会经济发展产生一定的影响

1. 旅游经济在国民经济中的地位与影响决定了对旅游经济干预的必要性。旅游经济对一国经济的发展起到不同程度的影响，具体表现为：

首先，旅游经济的发展可以增加该国的外汇收入或者是其他外部资金的注入，这将会进一步促进当地经济的发展。为了使这种促进作用得到更好的发挥，政府有必要对旅游经济进行引导。

其次，由于旅游发展的模式与战略不同，旅游业在国民经济中处于不同的地位。在有的国家旅游业居于主导产业的地位，旅游业的发展对该国或该地区经济的发展意义重大，因此，国家干预旅游经济是十分必要的。

另外，旅游也是一个综合性产业，关联带动性极强，旅游经济的乘数效应将会带动其他行业的发展。为了减少旅游漏损，最大限度的发挥旅游乘数效应，国家也应对旅游业的发展进行干预。

2. 旅游经济对社会文化的影响决定了国家干预旅游经济的必要性。鉴于旅游业对当地的社会文化存在着正反两个方面的影响，既有可能改善目的地的社会文化环境，也有可能干扰当地居民的生活，带来负面的影响。比如，旅游经济的发展可以改善当地的基础设施建设，促进当地社会文明的提高和居民文化素质的提高，另外，在发展旅游业的过程中还有利于对当地文化的发掘与保护，这些都是对社会文化的积极影响。但旅游经济的发展也有可能产生消极的影响，比如外来文化的糟粕有可能扭曲当地人的价值观，由于商业运作可能使当地文化被泛化，失去原真性，大量外来人口的进入也可能使当地的犯罪率升高等，所有的这些都要求政府对旅游经济的发展进行干预。

3. 旅游经济的发展对目的地环境的影响决定了国家对旅游经济的干预。旅游业的发展会对目的地自然环境产生很大的影响。当然，旅游基础设施的建设会改善目的地的居住环境，但旅游业的开发与经营无疑会对目的地的资源造成破坏。特别是在经营过程中，一些旅游企业受眼前经济利益的驱使，没有以可持续发展的眼光看问题，导致目的地自然环境被污染、目的地资源被过度使用等情况，这就需要政府进行干预以保护旅游目的地的环境。

旅游经济对目的地的影响，以及旅游经济在国民经济中的地位和重要性决定了政府干预旅游经济的必要性。在旅游经济的发展过程中，政府应采取一定的措施对旅游经济的发展进行引导，这样才能趋利避害，促进旅游经济的发展。

（二）旅游经济自身的特点要求政府干预

旅游经济活动中存在的一些特征决定了旅游经济的发展需要国家的干预，因为这些特征使旅游市场出现失灵的状况，在市场无法调节的情况下，只有通过政府的干预才能保障旅游经济的正常运行。这些特点包括：

1. 旅游经济活动中的信息不对称。在完全的市场配置下，其中的一个前提假设是市场主体都是经济人，都是理性的行为主体，都能通过信息的获取作出理性的判断。但是,在旅游经济活动过程中却存在着严重的信息不对称。

从旅游者的角度来看,旅游者的旅游决策需要多方面的信息,既有来自于目的地的旅游供给信息,也有来自于客源地的旅游服务信息,因此,对于旅游者而言,全面地搜集这些信息是不可能的,而且还会耗费大量的成本。特别是对国际旅游者而言,这种信息不对称现象更加严重。

对于旅游经营者来讲,做到充分地把握相关信息也是非常困难的。因为旅游需求处于不断地变化之中,而且旅游供给还会受到来自于目的地和客源地的社会、经济、文化、自然等各种因素的影响。另外,由于成本因素的存在,也没有必要获取全部的信息。

2. 旅游经济的外部性。外部性是指某个经济主体生产和消费物品及服务的行为不以市场为媒介而对其他的经济主体产生的附加效应的现象。① 旅游经济活动中同时存在着外部经济和外部不经济的现象。当旅游经济的发展使整个旅游目的地社会总收益大于社会总成本时,目的地会从中受益,这反映了外部经济的现象。如通过旅游经济的发展,提升了目的地的形象,改善了目的地的整体环境,促进了目的地社会经济的发展。当旅游经济发展使整个目的地的社会总收益小于社会总成本时,这种成本转嫁到当地社区,就属于外部不经济的现象。比如旅游经济的发展使目的地的旅游环境遭到破坏,会产生一些噪音、废水、废气等污染,不但破坏当地的环境,增加治理成本,还在一定程度上干扰当地居民的正常生活。因此,为了避免这种情况的出现,政府应对旅游经济进行干预。

(三)旅游经济中公共产品的存在

旅游经济中存在许多公共产品,如旅游景区和其他的一些旅游资源和旅游基础设施,这些产品具有非排他性和非竞争性,一个人对旅游产品的使用不会排斥其他人的使用,此时的边际成本几乎为零。如果政府不进行干预的话,私人企业或者管理者出于部门利益的考虑必然会对公共物品收费,这样就会产生不公平的现象。

另外,由于公共物品的使用者包括整个目的地社区和旅游者,因此当地旅游环境的维护成本应该由当地社区和旅游企业共同承担。但出于公共产品的特性,旅游企业和旅游者很有可能产生搭便车的现象,就是说自己不承担成本却享有旅游环境带来的收益。因此,为了公平起见,政府也需要对旅游经济进行干预。

(四)旅游经济中旅游产品的独特性

首先,旅游产品具有综合性特征,旅游业的发展也因此涉及各个行业,涉及食、住、行、游、购、娱等行业内的协调以及旅游业与其他行业之间关系的调节。这些关系的调整不是单个旅游企业可以实现的,需要政府和其他社会组织进行协调。

---

① 植草益. 微观规制经济学[M]. 北京:中国发展出版社,1992.

其次，作为整体的旅游目的地形象的建设以及目的地旅游基础设施的建设不是单个旅游企业能够实现的，这种大规模以及长周期的投资需要政府利用自身的优势在资金和各项资源上给予支持。

另外，许多旅游资源具有自然垄断的特征，提供这些产品的企业也具有自然垄断的特点。在垄断的前提下难以通过市场实现资源的最优配置，所以也需要政府对旅游经济进行干预。

对于我国来说，旅游业发展模式是政府主导的推进型发展模式，旅游经济的发展不是在市场完全发育的条件下进行的。旅游业发展的初期，主要是通过入境旅游的发展带来大量外汇的注入，再进一步带动国内旅游以及出境旅游的发展。在这种情况下，政府的干预十分必要。在市场机制不完善的情况下，为了发展旅游业，应利用旅游业的关联带动作用，在国家的主导下对旅游业的发展进行整体部署。而且考虑我国的社会主义制度，共有财产的维护也是国家干预旅游经济的一个主要原因。

二、政府干预旅游经济的实现途径

前面分析了政府干预旅游经济的必要性，政府对旅游经济的干预也主要是针对上述各个方面进行的。由于政府干预的范围包括宏观领域和微观领域，可以采取经济、行政、法律等手段实现对旅游经济的干预。

（一）通过对旅游市场的完善进行干预

市场失灵的原因主要是旅游经济中存在信息不对称、外部性和公共产品等问题，所以针对旅游市场的建设与完善，政府可以从以下几个方面着手：

1. 培育旅游市场体系。培育市场体系不仅对旅游业，对我国整个经济的发展都是十分重要的。我国还处于社会主义初级阶段，市场经济的发展与发达国家相比还存在一定的差距，在旅游经济发展中，市场主体与市场体系的发育都不健全。因此，我们应注重从两个方面促进旅游市场的不断完善。对于培育市场主体来说，一方面要进行经济体制改革，建立起现代企业制度，提高旅游企业参与市场竞争的能力；另一方面要为民营企业的发展营造公平的市场环境，鼓励民营企业的发展。对于市场体系的完善来说，要结合旅游业的发展阶段，协调好入境、出境、国内旅游市场发展的关系，保证三大市场能够全面发展、相互促进。

2. 规范旅游市场秩序。规范市场竞争秩序是政府干预旅游经济的重要内容与途径。国家应通过法律、行政等手段，根据旅游经济发展的需要和旅游经济运行的规律制定相应的法律、法规，维护旅游市场的竞争秩序。现阶段由于旅游供求之间矛盾的存在，旅游市场的竞争秩序比较混乱，甚至出现恶性竞争的行为，这些现象不利于旅游企业的发展，更不利于旅游者利益的保护。因此，政府应制定相应的法规与市场行为规范，规范旅游市场竞争秩序，促进旅游经济的正常运行。

3. 改善旅游市场环境。政府干预还要注重旅游经济微观环境和宏观环境的建设,政府应通过市场环境的改善服务于旅游企业。

首先,应为旅游企业提供所需的信息服务,加强旅游信息的建设。政府可以利用自身在资源以及信息渠道上的优势为企业提供市场信息,而且还应该为企业提供一个信息交流平台,使企业能够及时获取并发布旅游信息,使旅游企业和旅游者之间能够进行充分的交流。

其次,政府还应该注重改善社会、政治、文化等宏观环境,为旅游企业提供一个良好而且稳定的发展环境。

(二)通过提供公共产品支持旅游经济发展

旅游经济的发展在很大程度上依赖于公共物品的建设,尤其是旅游基础设施的建设,它甚至成为旅游业发展的瓶颈,因此政府应利用自身的优势,建设公共物品,促进旅游经济发展。公共物品的建设包括,通过旅游基础设施建设改善目的地的可进入性,通过一些旅游服务设施的建设提高目的地的旅游接待能力;加强对旅游目的地的形象宣传,提升目的地的旅游形象等。这些公共产品的建设是单个旅游企业无法实现的,政府应给予支持,以促进旅游目的地的整体发展。

(三)通过旅游发展规划引导旅游经济的发展

旅游业发展规划主要是从宏观角度对旅游经济进行干预,以期对旅游经济的总供给和总需求进行调节。旅游发展规划主要是明确旅游业的发展目标、发展战略以及为实现该目标对旅游业所作的整体安排。通过旅游规划的制定,确定旅游经济的发展战略,这将对旅游企业自身的发展起到一定的引导作用,并根据市场供给和需求状况,进一步协调旅游企业的供给,协调旅游经济运行中的供求关系,使旅游市场实现供求平衡。

三、旅游规制

(一)旅游规制的概念

“规制”一词的英文为“Regulation”,一般来讲,指的是政府规制。所谓政府规制,是指政府为达到某种目的而凭借其法定权力对社会经济主体施加具有约束力限制或规范的一整套工具。政府规制包括各级政府颁布的法律、正式或非正式法令与强制性规则,政府授予管制权的非政府机构或自我管制性机构所颁布的各种规则及其实施。[①] 政府规制是政府对市场失灵的治理,目的在于维持正常的市场经济秩序,限制市场势力,提高市场资源配置效率,提升全社会福利,保护大多数社会公众的利益不受少数人侵犯。另外,Breyer 教授也认为,规制是对市场失灵或缺陷的回应,是通过一定的和适当的政府行为提高资源配置效率以增加全社会的福利。

结合上述政府规制的定义,我们可以看到,政府规制是政府对产业经济进行的

---

① 丁美东. 政府规制失效及其优化[J]. 当代财经,2001(8).

约束与干预。由于旅游经济中存在信息不对称、公共产品、外部性等现象，导致市场失灵，旅游资源仅通过市场无法实现最优配置，因此，需要政府从增加整个社会福利的角度，通过采取一定适当的政府行为和手段对旅游经济主体进行限制、约束和规范，从而提高旅游资源的配置效率，以弥补市场的不足，这就是旅游规制。

从旅游规制的概念中可知，旅游规制的主体是政府，是政府通过一些行为对旅游经济进行的干预。其次，旅游规制的客体是旅游经济中的相关主体，是对他们的经济活动进行的限制、规范和约束。旅游规制的手段包括法律、行政等手段，这些政府行为具有一定的约束力。另外，旅游规制的目的是为了弥补市场配置资源的不足，提高旅游资源的配置效率，从而增加整个社会的福利，即提高经济、社会、自然环境等各个方面的综合效益。

（二）旅游规制的特点

旅游规制除了具有一般政府规制的特点之外，旅游行业自身的特征使其具有一些特殊性。旅游规制的特点主要体现在以下几个方面：

1. 旅游规制的强制性。旅游规制和一般的政府规制一样都具有强制性特征。因为，旅游规制的主体是政府，是政府通过采取一定的政府行为和措施对旅游经济主体进行限制、规范和约束，一般由行政管理机构制定并颁布，因此，旅游规制具有一定的法律约束力。为了规范市场秩序，保护公平竞争的行为，旅游规制的实施具有强制性的特点，旅游经济主体必须在该规制的约束之下开展旅游经济活动。

2. 旅游规制的特指性。旅游规制的制定随各国的具体情况而具有不同的内容与特征。由于各国旅游业的发展战略与发展模式不尽相同，旅游业的发展水平也不同，因此对旅游业进行规制的具体内容也不相同。另外，各国的社会制度以及市场经济发展水平也在很大程度上影响旅游规制的制定。在我国现阶段，市场体系还不完善，因此，我国的旅游规制就是根据旅游经济的发展状况和我国的市场环境来制定的，它体现了我国旅游业的特征，适合于我国的特殊情况。因此，旅游规制也是有特指性的。

3. 旅游规制的系统性。由于旅游业的综合性，旅游规制还具有系统性的特点。旅游规制涉及的范围比较广泛，为了协调旅游业的发展，要求旅游规制的制定具有系统性。旅游规制的系统性首先表现在规制的形式具有综合性，包括法律、法规等方面；其次，旅游规制涉及各个行业及至市场的各个环节，因此它是一个完整的体系，而且各个部分之间是相互联系的。只有通过完整的体系对旅游经济的整体运行进行干预，才能实现旅游规制的目的，促进旅游经济的正常运行。

（三）旅游规制的原则

《中华人民共和国行政许可法》明确提出了政府规制的原则，即政府规制应当遵循经济和社会发展规律，有利于发挥公民、法人或者其他组织的积极性、主动性，维护公共利益和社会秩序，促进经济、社会和生态环境协调发展。

1. 旅游规制的合规律性与适度干预原则。任何规制都应当遵循经济和社会发展规律，旅游规制也是一样。旅游规制的制定与实施也必须遵循客观规律，因此，首先必须明确旅游规制中的适度干预原则。旅游规制是一种政府行为，政府在干预旅游经济的过程中要把握好度。“市场失灵”要产生效率损失，国家干预则是为了最大限度地挽回这种效率损失。但是，由于国家也是一个有限理性的经济主体，它在干预经济活动挽回一部分效率损失的时候，也可能会导致效率损失。当国家干预能以最低的效率损失挽回最大的效率损失时，就是最佳的、最理想的国家干预，即国家干预的适度。① 所以，在政府规制中，政府的干预既不能越位也不能不到位，要符合市场经济的内在规律。

2. 旅游规制的完整性与系统性原则。旅游业具有综合性的特点，旅游经济的发展涉及部门间、行业间的合作。为了使旅游规制真正起到作用，必须确保规制措施的制定在部门间协调一致。因此，行政部门在制定规制措施时要注重完整性和系统性，不能人为地割裂各个职能，也应该避免因部门间规制不统一引起的旅游规制无法实施。

3. 旅游规制的公正透明与保护公平竞争的原则。任何法律、法规的制定都要坚持公正透明的原则，要保证旅游规制的公平性。为了确保公平性，在制定旅游规制的过程中就要坚持透明的原则，这是为了确保各利益主体的公平参与，真正体现旅游经济中各利益主体的利益。所以，政府在制定旅游规制时，要通过一定的制度和措施引入旅游经济各主体的参与，制定出体现各主体利益公平性的旅游规制。在这样的旅游规制下，要注意保护公平竞争的原则，这是消除市场失灵的重要手段。

4. 旅游规制的激励性原则。旅游规制虽然重在对旅游经济主体的监督、规范与约束，但规制的最终目的还是为了促进旅游经济的发展，所以相关的旅游规制措施应注重对经济主体的激励。只有这样，才能实现政府规制的目的，才能在监督、规范旅游经济发展的过程中，发挥公民、法人或者其他组织的积极性、主动性，促进旅游经济的不断发展。

5. 旅游规制的社会综合效益原则。政府规制的原则是维护公共利益和社会秩序，促进经济、社会和生态环境协调发展。对于旅游规制来说，更要坚持这一原则。由于旅游业的发展对社会、经济、文化以及自然环境都存在很大的影响，旅游业的发展要坚持经济效益、社会效益和环境效益的统一。因此，旅游规制的制定要坚持社会综合效益的原则，规制措施的制定要有助于社会综合效益的实现。

第三节　旅游产业政策

旅游产业政策是国家调控旅游经济运行的重要手段，根据旅游经济发展的不同需要，制定和调整旅游产业政策可以起到引导旅游企业发展方向、规范旅游经济

---

① 王继军，张钧．论市场规制法的基本原则[J]．山西大学学报，2003(3)．

秩序和实现国家整体发展目标的作用。

一、旅游产业政策的概念及特征

(一)旅游产业政策的概念

关于产业政策(Industrial Policy),国内外学者比较有代表性的观点有以下几种:

产业政策就是以产业结构政策为核心,由其他政策与之相适应,共同构成的经济发展目标与手段体系。

产业政策是对一定时期内产业结构变化趋势和目标的设想,规定各个产业部门在社会经济发展中的地位和作用,并提出实现这些设想的政策措施。

产业政策是政府为改变产业间的资源分配和各种产业中私营企业的某种经营活动而采取的政策。换句话说,它是为促进某种产业的生产、投资、研究开发、现代化和产业改组而抑制其他产业的同类活动的政策。

产业政策是政府为了取得在全球的竞争能力,在其国内推行的发展或限制各种产业的行为的总称。

产业政策是由于竞争性市场存在的缺陷(即市场失灵),当只有竞争导致资源分配和收入分配出现问题时,为提高本国经济福利水平而实施的政策。

产业政策是指以产业发展为目标,谋求增加生产资源的总量或改善各部门之间的资源配置的经济政策,这种经济政策一般来说具有特定的产业指向特征。[①]

虽然上述定义存在一定的差异,但从中我们可以看到,产业政策的主体是政府,调整的对象是各产业,具有一定的产业指向性,采取的方式是制定各种政策措施,而最后的目的都是为了改善资源配置状况,实现特定时期的经济目标。因此,旅游产业政策是政府为了改善资源配置状况,实现一定时期内的社会经济发展目标而制定的具有旅游产业指向的政策的总和。

(二)旅游产业政策的特征

1. 导向性和间接性。产业政策是国家主动对产业的发展进行干预,因此,旅游产业政策具有对产业的引导作用。旅游产业政策的制定是为了促进旅游业的发展,针对旅游产业的综合性强、关联性高等提出的。国家发展旅游业也是为了充分发挥旅游业对国民经济的带动作用,所以旅游产业政策具有导向性特征。旅游产业政策与其他产业政策一样,是一种规范性的政策,具有引导经济结构,包括旅游产业中的行业结构、地区结构、产品结构、组织结构和所有制结构,并促使企业行为趋于合理化的作用。[②] 但旅游产业政策的干预是在市场经济规律和旅游业发展规律的指导下进行的,它是通过相应的政策对旅游业发展的引导,并不直接干预旅游

---

① 王磊. 论中国产业政策的调整和转型[硕士论文]. 武汉理工大学. 2004.

② 唐留雄. 中国旅游产业转型与旅游产业政策选择[J]. 财贸经济,2006(12).

经济的发展，因此，具有间接性特征。

2. 综合性与系统性。由于旅游业的综合性与关联带动性，旅游产业政策的制定与实施也涉及许多相关领域或群体。因此，旅游产业政策的制定必须考虑旅游业的特点，在调节旅游业内部以及旅游业与其他产业的关系时，要注意政策间的融合与协调，必须正确处理产业之间的各种投入产出联系。另外，旅游产业政策要成体系，要使产业内各行业部门能够协调发展。

3. 阶段性和动态性。产业政策的制定是在特定的时期内进行的，它反映了该阶段社会经济发展的目标和现状。对于旅游业来讲也是如此，在不同的阶段，旅游业的发展状况不同，旅游业在我国社会经济中的地位不同，旅游业的发展目标也各不相同。因此，旅游产业政策的内容具有阶段性特征。不同的发展阶段，旅游产业结构、组织、布局等具有各自的特征，随着外界环境和旅游市场的变化，旅游产业政策的相关内容也会相应的发生变化。因此，旅游产业政策体系也会呈现出动态性特点。

4. 稳定性和连续性。旅游产业政策具有极强的针对性，它的制定需要经过科学预测与决策。为克服政策的时滞性，保持政策的预见性显得十分重要。旅游产业政策一般会影响经济运行的短期平衡，甚至会对短期收益构成较大的损害，但政策旨在中长期促进旅游产业的健康运行，因而必须具有较长期的稳定性和连续性。旅游产业政策的影响和作用主要表现为影响经济的中长期发展，只要中长期的收益大于政策引致的短期损失，这种产业政策就是符合社会经济原理的，应着力贯彻落实。

二、旅游产业政策的内容

旅游产业政策是一系列政策措施的总合，其本质上是政府在不同程度上对旅游经济的干预。① 根据功能定位的不同，产业政策可分为产业组织政策、产业结构政策、产业布局政策和产业技术政策。

（一）旅游产业组织政策

产业组织政策法是指在市场经济条件下，调整同一产业内企业的组织形态、各企业间相互关系及产业组织合理化的法律规范的总称。根据《90 年代国家产业政策纲要》的规定，我国产业组织的政策目标是：促进企业合理竞争，促进规模经济和专业化协作；规模经济效益显著的企业，应该形成以少数大企业集团为主体的市场结构；对其他产业，形成大、中、小企业合理分工或者大、中、小型企业分布和企业数目较多的市场结构。② 可见，完善旅游产业组织政策，就是要建立反对垄断、促进竞争的政策和机制，推动旅游产业的规模化经营，实现优胜劣汰。因此，旅游产业

---

① 杨伟民．中国可持续发展的产业政策研究（上册）[M]．北京：中国市场出版社，2004．

② 卢炯星．论创立和完善我国宏观经济法的法律体系[J]．政法论坛，2001(2)．

组织政策也涉及影响旅游市场结构以及旅游市场行为的各项政策内容。如旅游企业的进入退出政策、旅游企业的规模与市场集中度、旅游企业的竞争与旅游企业的集团化与网络化等内容。在旅游产业组织政策的制定过程中要兼顾规模效益与市场竞争，要积极引导旅游企业的集团化建设，同时要避免垄断与地区封锁的产生，还要鼓励中小企业的发展与联合，实现旅游经济运行的规范化与公平竞争。

（二）旅游产业结构政策

确立和完善旅游产业结构政策，就是要明确旅游产业的发展重点及优先顺序，制定保证实现旅游产业发展重点的政策措施。在制定旅游产业结构政策时，首先就要明确旅游业在国民经济中的地位。随着旅游业的发展以及旅游业对国民经济带动作用的加强，旅游业在国民经济中的地位逐步增强，其地位的明确有利于促进旅游产业的发展。其次，要明确旅游业中三大市场，即入境、国内、出境旅游之间的关系。由于我国旅游业发展模式和战略的特殊性，在旅游业发展初期以入境旅游来带动国内旅游和出境旅游的发展。近年来，随着旅游业的发展以及旅游市场的扩大，旅游业的三大板块都取得了巨大的发展，尤其是国内旅游。因此，在旅游产业政策制定的过程中，要根据旅游业的发展现状调整三大旅游之间的关系。另外，还要协调好旅游产业内部各行业之间的关系，包括数量上和质量上的协调与配套，以使旅游业可以持续健康的发展。

（三）旅游产业布局政策

旅游产业布局政策，就是运用区域经济理论推动旅游资源的区域开发，并从空间上对旅游业及其产业结构进行科学、合理的布局。由于旅游资源分布的不均衡、社会经济发展水平的差异，旅游产业的布局也因此受到影响。在建设旅游项目的过程中，要合理组织与安排地区旅游业布局，加大对中西部地区旅游业的开发力度，实现各个地区旅游业的协调发展。协调发展不是均衡发展，并不意味着全国2 200多个县都要把旅游业作为支柱产业，协调意味着每一个地方的优势都能够得到充分发挥。[①] 一方面，国家在制定产业政策时要考虑到各个地区的旅游资源特点、旅游业发展现状以及旅游业在国民经济中的地位和作用，从整体上合理规划旅游产业的布局，如当前对西部旅游的开发。另一方面，各地应结合自身状况，对旅游业的发展进行合理的布局，加强旅游热点地区的发展，支持旅游业后进地区的进步，以使全国旅游业的发展在合理的布局之下相互带动、共同发展。

（四）旅游产业技术政策

旅游产业技术政策，就是强化技术进步对旅游发展的促进意义，制定推动旅游技术进步的具体措施。科学技术是第一生产力，旅游业的发展同样也离不开新兴科技的发展。当前，信息技术和网络技术的发展对旅游产业产生了极大的影响，政

---

① 魏小安、韩健民．旅游强国之路：中国旅游产业政策体系研究[M]．北京：中国旅游出版社，2004.

府应通过相关政策，鼓励新技术的开发与应用，鼓励旅游企业的创新，在资金、人才、技术、政策等方面给予旅游企业相应的支持。通过旅游产业技术政策促进旅游产业的发展。

三、我国旅游产业政策的变化历程

我国旅游产业政策的形成与发展经历了一个曲折的过程。在改革开放初期，旅游产业政策还没有明确的概念，而且在旅游业发展之初，人们对旅游业存在一些偏见，旅游在某种程度上是在一种受歧视的政策环境里成长起来的，可以说，当时旅游业的发展面临着艰难的社会、经济、文化环境。

（一）20 世纪 70 ~80 年代旅游产业的政策环境

20 世纪 70 ~ 80 年代是旅游业发展的关键时期，国家提出了一些对旅游业的发展影响深远的方针政策。这些政策对旅游业的发展起到了关键性的作用，但人们对旅游业的认识还未实现根本的转变。

1978 ~ 1979 年，邓小平同志就旅游业发展的 5 次重要讲话，从各个方面提出了旅游业发展的大政方针，奠定了旅游业发展的基本政策思路。其间，旅游业发展经历了一系列标志性事件，这些构成了早期的旅游产业方针政策。特别是 1984 年，中央书记处明确了旅游发展要实行“四个转变”和“五个一起上”的方针，主要从以国际旅游为主转向国际和国内旅游并重，并且在旅游开发方面，要坚持中央、地方、部门、企业、个人“五个一起上”，这个方针的确定对旅游业的发展起了决定性作用。1986 年，国务院明确把旅游业纳入国民经济计划。1988 年，国务院出台了 101 号文件，把旅游宾馆的建设纳入楼堂馆所的范围，实行严格控制，而且楼堂馆所被列为限制发展类别。可见，当时人们对发展旅游业的观念还没有根本转变，旅游业仍面临相对严苛的政策环境。

（二）20 世纪 90 年代的旅游产业政策环境

20 世纪 90 年代是旅游业发展的转折点，旅游业的地位得到提高，旅游业也逐渐蓬勃发展起来。而且在这一时期国家也明确提出了产业政策的概念。

1990 年是旅游业发展中具有转折意义的一年，国务院政策研究室和国家计委产业政策司召开产业政策工作会议，国家第一次提出产业政策概念，明确产业政策工具，也提出一些大的政策方针，重点是大力发展第三产业。此后随着旅游业的发展，旅游业的地位逐步提高。1991 年国务院下发了 8 号文件，提出关于加强旅游行业管理的 9 条意见。之后，情况逐步好转。1992 年中国成功举办了第一次“友好观光年”，产生了很大的影响。1993 年对于旅游业的发展来讲十分重要，因为国务院办公厅下发 75 号文件正式提出关于国内旅游的意见，此后国内旅游蓬勃发展。1994 年的国家外汇管理体制改革，使旅游外汇统计方式从行政统计调整为抽样调查方式，而且国内旅游统计正式开始进行，旅游业第一次具有反映全行业状况的比较完整的数字体系。大市场、大产业的形象开始树立，地位逐步提高。

1994～1998 年，旅游工作的主要精力转向标准化建设和法规制定，政策环境有所改善，仍然没有大的突破，仍没有相应政策出台。但在各个地方，情况却发生了大的变化，各级党委和政府对旅游业的重视程度大大提高，采取了一系列政策支持发展，创造了好的发展局面。

（三）21 世纪以后旅游产业政策问题的提出

旅游经济对国民经济的影响越来越大，旅游业在国民经济中的地位逐步提高，因此，如何更好地发展旅游经济并通过旅游经济来带动整个经济的发展成为被普遍关注的问题，旅游产业政策制定的问题也因此提上了议事日程。

随着中国经济的发展以及中国旅游业在世界上的影响逐渐扩大，国家逐渐关注旅游产业的发展，而且把旅游业明确为国民经济新的增长点，由此国家旅游局提出了制定旅游产业政策的问题，此后出现的一些事件又为旅游产业政策的制定带来了一些影响：2000 年，国务院召开会议，听取了旅游部门工作汇报，汇报重点是假日旅游的情况，国务院办公厅下发了 46 号文件，提出有关黄金周的工作意见，组建了假日旅游部际协调机制；2001 年，国务院召开了旅游发展工作会议，之后下发了国务院 9 号文件，确定了 23 条内容，这个文件本身基本上就是旅游产业政策的框架，也都是政策性的要点。而且各地对旅游业的重视达到空前未有的程度，出台了一系列的支持政策。这些机遇都为旅游产业政策的出台和执行奠定了良好的基础。

旅游业的综合性与关联带动性很强，因此，需要制定产业政策来引导旅游业的发展。但回顾旅游产业政策的制定过程，可以看出，由于人们对旅游业的偏见，旅游业的产业政策环境并不是太理想，而且直到现在，在旅游产业蓬勃发展的时期，旅游业的饭店与旅行社在有些方面仍面临着不公平的待遇与政策，在以后的发展过程中应努力改善旅游业的产业政策环境，支持旅游业的发展。

第四节　旅游行业管理

旅游行业管理是旅游经济运行中一股重要的管理力量，是市场经济体制日益健全条件下保持旅游市场竞争秩序所必不可少的管理途径，在我国旅游经济运行过程中，旅游行业管理尚不健全，有许多亟待完善的地方。

一、旅游行业管理的概念与旅游行业管理组织

（一）旅游行业管理的概念

行业管理，作为一种经济制度，是指按行业规划、按行业组织、按行业协调以及按行业沟通的一种产业管理体制①。这种体制包含着两个层次及其相互的协调：

① 苏东水．产业经济学[M]．北京：高等教育出版社，1998．

一个层次就是组织行业协会，通过它来统一规划、协调、指导、沟通行业内企业的生产经营活动；第二个层次就是国家政府机构，通过制定各种财政金融政策来确定行业发展的方向、目标，实现对行业的规划协调和管理。这两个层次的管理和协调构成行业管理的整体。① 因此，行业管理是以对行业全体进行管理为特点，其实施可以打破对行业的分割，使市场主体按经济利益的内在要求在市场竞争中联合起来，规范市场行为，实现公平竞争，优化产业结构，优化资源配置。②

结合行业管理的定义，旅游行业管理就是指为了规范旅游市场行为，实现公平竞争，优化产业结构，优化资源配置，通过一系列的规划、法律、政策等来引导、协调、监督旅游行业的发展。简单地说，旅游行业管理就是管理旅游市场，培育旅游市场机制，建立旅游市场规则，维护旅游市场秩序；③也是政府组织及行业组织通过旅游政策、法规，引导旅游发展方向，建立市场规则，协调、监督和维护市场秩序，规范旅游企业行为，达到提高旅游服务质量和经济效益的目的。

随着我国经济的发展，行业意识与市场意识不断形成，特别是当前经济处于转轨期，市场经济体制的逐步建立使对行业的管理由部门管理转向行业管理。但是，行业管理体制是建立在行业发展机制的基础上的，行业发展机制代表了行业内所有企业的共同利益，它包括三个方面：一是行业的自我保护机制；二是行业的自我约束机制、自律性机制；三是行业的市场促进机制。④ 因此，旅游行业管理的效果取决于市场机制和行业发展机制的建立与完善。目前，我国旅游行业管理的发展取得了一定的成绩，但仍存在一些不足之处。

首先，我国行业管理制度、行业管理政策的建立是在市场经济的内在规律和企业自身发展的要求下建立的。根据这些要求，制定出一系列的管理制度，对旅游企业进行审批、监督与规范。可以说，我国的旅游行业管理已经在一定程度上形成体系。

其次，我国的旅游行业管理还存在一些不足之处。在行业管理建立的过程中，由于市场机制仍不健全，市场体系还不完善，旅游行业发展机制中的自我保护机制、自我约束机制以及市场促进机制都还有待完善，因此，政府及相关的行业组织有必要对旅游市场秩序、旅游企业行为等进行管理，以期为旅游业的发展营造良好的内外部环境，促进旅游的可持续发展。

（二）旅游行业管理组织

行业管理职能的实现需要管理主体采取相应的管理手段，因此旅游行业管理需要相应的管理组织。从广义上来看，旅游行业管理包括政府管理部门的行业管理以及行业组织的行业管理，即上述行业管理定义中两个层次的关系，我们可以看

---

① 阙丽萍．中国旅游饭店行业管理结构重组与制度创新研究[论文]．青岛大学，2002.

② 林峻．社会转型期我国行业管理的有关法律问题研究 [论文]．南京航空航天大学，2004.

③ 厉新建，张辉．旅游经济学：理论与发展[M]．大连：东北财经大学出版社，2002.

④ 王大悟，魏小安．新编旅游经济学[M]．上海：人民出版社，1998.

到,旅游行业的管理组织也分为两个层次。

首先是政府管理部门,即相关的职能部门。政府通过制定相关的规划、法律、政策,对旅游行业进行管理。这一层次上的行业组织主要是各级旅游行政管理部门,在我国主要是各级旅游局。这一级行业管理部门的职责主要是对旅游行业的发展进行宏观调控,对旅游业的发展进行引导与规范。在市场经济条件下,政府应实现管理职能的转变,由“管企业”变为“管市场”,为旅游企业的发展提供一个良好的经营环境。由于旅游市场还不健全,旅游业自身的综合性以及旅游经济的关联带动性较强,政府作为行业管理的一个重要主体扮演着十分关键的角色。

其次,就是旅游行业组织,即行业协会。各国的情况不同,其行业的具体构成与职能也不尽相同,但行业管理组织作为行业管理主体之一,既是政府管理职能的延伸,又是整个行业利益的代表。它实质是介于政府和企业之间的市场中介性组织,其主要的任务也是管市场,以此形成行业的自律性机制。在我国旅游行业组织取得了很大的发展,相对于政府部门的行业管理来讲,我国的旅游行业协会的管理是后来引入的。协会的引入有助于监督政府与旅游企业,为旅游企业争取公平的行业发展环境,并协调旅游行业与其他行业之间的关系。随着旅游业的发展,旅游行业协会组织在旅游行业管理中的作用会越来越重要。

(三)旅游行业管理组织的类型

旅游业自身的综合性特点,要求有各种各样的行业管理组织对其进行管理。根据不同的视角,现有的旅游行业管理组织分为以下几类:①从地理区位来看,分为国际的、区域间的、一个州或省的、当地的组织;②从所有权来看,分为政府间的、半官方的、非政府的;③从功能和从事活动的类型来看,分为供应方面的、营销方面的、开发方面的、研究方面的、顾问咨询方面的、教育方面的等;④从行业来看,分为有关交通的、有关旅行社的、有关住宿等方面的;⑤从动机来看,分为营利的和非营利的。下面简要列举一些旅游行业管理组织。

1. 世界旅游组织。世界旅游组织(World Tourism Organization,UNWTO)是全球唯一的政府间国际旅游组织,其宗旨是促进和发展旅游事业,使之有利于经济发展、和平与繁荣。该组织主要负责收集和分析旅游数据,定期向成员国提供统计资料和研究报告,制定国际性旅游公约、宣言、规则、范本,研究全球旅游政策。

UNWTO 最早由 1925 年在荷兰海牙成立的国际官方旅游宣传组织联盟发展而来,后重组为政府间组织,并应西班牙政府邀请将总部设在马德里。

2. 世界旅游及旅行理事会(World Travel and Tourism Council,WTTC)。世界旅游及旅行理事会是全球商业的领袖论坛,包含世界上近 100 个最著名旅游相关企业的总裁、董事长和首席执行官。作为非政府非营利性机构,它是全球范围内代表世界旅游和旅行业各类企业的唯一载体,拥有对旅游及旅行业的宏观视野。

WTTC 代表的是所有旅游及旅行相关者的利益,突破了传统意义中的旅游业本身,拓宽了旅行业范围。目前 WTTC 会员已经涵盖旅游及旅行业的整条产业链,从航空业到旅行社、从网上销售到游轮业、从投资公司到酒店、银行、运输业和博彩业，等等。如今的世界旅游及旅行理事会，从建立到2007年已经在其一贯的核心价值和目标的指引下取得了巨大的发展，在新型旅游业蓝图的框架中所确立的三个主要目标与20世纪90年代末最初建立理事会时CEO们的初衷仍然保持着一致：以旅游业的政府公关为首要议题；商业利益要与人文和环境取得平衡；共同追求长期的繁荣与发展。

3. 世界旅行社协会（World Association of Travel Agencies，WATA）。世界旅行社协会是一个国际性的旅游组织，创建于1949年。该协会由237家旅行社组成，其中半数以上为私营企业，分布在86个国家的208个城市中。

世界旅行社协会设有一个执行委员会，有9名委员。总部在瑞士的日内瓦，并设常务秘书处，管理协会的行政事务。协会每两年举行一次大会。协会把世界分成15个区，各区每年举行一次会员社会议，研究本区旅游业务中的问题。

世界旅行社协会旨在推动旅游业的发展，收集和传播信息，参与有关发展旅游业的商业和财务工作。

4. 国际旅游联盟。国际旅游联盟是一个旅游协会的联合组织，于1898年在瑞士日内瓦成立，参加该联盟的成员有140个协会，总人数达5 000万人，会员遍及85个国家和地区。

该联盟的宗旨是：研究国际旅游中出现的一切问题，提出建设性的改革意见，扶持旅游业的发展，保护旅游业的利益。

5. 太平洋亚洲旅行协会（Pacific Asia Travel Association，PATA）。该协会原名太平洋地区旅行协会，1952年1月成立于夏威夷檀香山，协会总部设在美国旧金山。现任主席（秘书长）为拉特纳帕拉先生（Mr Ratnapala）。

太平洋亚洲旅行协会是个具有广泛代表性和影响力的民间国际旅游组织，在整个亚太地区乃至世界的旅游开发、宣传、培训与合作等多方面发挥着重要作用。协会的宗旨是促进进入亚太地区及亚太地区内部旅游和旅游业的发展，因此受到亚太地区各国旅游业界的普遍重视。

6. 中国旅游协会。中国旅游协会是由中国旅游行业的有关社团组织和企事业单位在平等自愿基础上组成的全国综合性旅游行业协会，具有独立的社团法人资格。它是1986年1月30日经国务院批准正式宣布成立的第一个旅游全行业组织，1999年3月24日经民政部核准重新登记。协会接受国家旅游局的领导、民政部的业务指导和监督管理，其英文名称为China Tourism Association（CTA）。

中国旅游协会遵照国家的宪法、法律、法规和有关政策，代表和维护全行业的共同利益和会员的合法权益，开展活动，为会员服务，为行业服务，为政府服务，在政府和会员之间发挥桥梁纽带作用，促进我国旅游业的持续、快速、健康发展。其主要任务是：

（1）对旅游发展战略、旅游管理体制、国内外旅游市场的发展态势等进行调研，向国家旅游行政主管部门提出意见和建议。

(2)向业务主管部门反映会员的愿望和要求,向会员宣传政府的有关政策、法律、法规并协助政府贯彻执行。

(3)组织会员订立行规、行约并监督遵守,维护旅游市场秩序。

(4)协助业务主管部门建立旅游信息网络,搞好质量管理工作,并接受委托,开展规划咨询、职工培训,组织技术交流,举办展览、抽样调查、安全检查,以及对旅游专业协会进行业务指导。

(5)开展对外交流与合作。

(6)编辑出版有关资料、刊物,传播旅游信息和研究成果。

(7)承办业务主管部门委托的其他工作。

二、旅游行业管理的手段

旅游行业管理的手段主要取决于管理主体和管理的内容。如上所述,管理主体包括政府管理部门以及旅游行业组织。旅游行业管理的内容比较广泛,包括:针对整个旅游行业进行市场引导规范,服务旅游企业,协调旅游行业与其他行业关系,等等。因此,旅游行业管理的手段也具有多样化与综合性的特点,整体上来说包括行政、法律、经济以及信息手段,其中经济手段又包括财政税收、金融等。

行政手段对于旅游行业管理来说非常重要,特别是对于政府管理部门来说,行政手段是其管理的核心手段。由于旅游经济自身的一些特点,单靠市场调节无法解决资源配置过程中的一些问题,特别是旅游市场的发展还不完善,因此,必须依靠政府的行政力量对旅游业的发展进行规范,为旅游行业营造一个良好的发展环境,促进旅游业的正常运行。

法律手段主要是通过旅游法律法规的建设得以运用的。旅游相关法律的建设在我国还比较滞后,旅游业的发展缺乏相关法律的制约,但是旅游经济的法制化是未来发展的趋势,法律手段的强制性与强约束性是行业管理的有效手段。

经济手段在旅游行业管理中也十分重要,而且越来越受到行业管理组织的重视。政府转变管理职能,对旅游业的干预主要是间接的,通过管市场、引导企业来进行管理。因此,政府应深刻把握经济发展规律与旅游行业的特点,采取经济手段对旅游行业进行管理。

另外,当前,信息是经济发展的重要资源。由于旅游行业的特点,经济发展中的信息不对称现象比较严重,旅游行业管理过程中就有必要采取信息手段来对旅游业进行管理,避免由信息不对称带来的市场失灵。通过对市场信息的捕捉,引导旅游行业的发展,避免旅游企业的盲目生产,减少社会资源的浪费。

结合旅游行业管理的实际来看,旅游行业管理的手段包括以下几个方面。

(一)规划手段

随着旅游业的不断发展,旅游行业在国民经济发展中的地位越来越重要,因此,从国家到地方,各级旅游主管部门均把旅游业列入国民经济和社会发展计划,从资金划拨、经济政策上给予支持，并综合协调与旅游相关的其他部门实施发展旅游业的重大规划。通过旅游发展规划，明确旅游发展的目标与重点发展项目，引导旅游业的发展。这一切使得规划成为旅游行业管理的一个重要手段，通过规划来引导旅游行业的投资和发展方向，实现旅游业的可持续发展。

（二）法规手段

法规手段是旅游行业管理的重要手段。健全市场机制、规范市场行为等都需要通过相关的法律与法规来进行，这是法制化的要求，也源于法规手段的强制性与有效性。由于现实条件的限制，目前我国尚未形成专门的《旅游法》，旅游行业的法规主要为一些行业性的法规与管理条例，如《旅行社管理条例》、各地制定的导游人员行为规范等，因此法规手段仍需要进一步的加强。

（三）审查手段

审查手段包括行业的审批与检查，比如旅游业中的行业准入制度、旅行社许可证、导游从业资格证、旅游饭店星级标准等。通过制定一系列的行业审批制度和进入条件，对旅游企业的进入退出进行规范，以达到调节旅游市场结构与市场行为的目的。另外，还通过检查手段，比如对旅游饭店进行定期的检查，来对旅游企业进行监督，维持旅游市场的秩序。

（四）监督手段

监督手段分为宏观性的监督手段与微观性的监督手段。在宏观方面，如市场调查、信息统计等，通过对这些信息的监督，关注旅游业的整体发展态势，以指导旅游企业的经营和行业的整体发展；在微观方面主要是针对旅游企业进行的，通过相关的考核标准与要求，监督旅游企业的经营行为，起到监督旅游业发展的目的。

（五）保护手段

旅游行业管理手段当中还存在着保护手段。对旅游的行业保护和行业扶持，是促进旅游业发展的重要手段。如在推进我国饭店集团化的过程中，我国政府早在 1988 年就制定了建立饭店管理公司的有关政策，严格控制外国饭店管理集团的进入，在当时的情况下，对保护我国旅游饭店业的发展起到了一定作用。同时，通过保护手段还可以协调旅游行业与相关行业的关系，如 1993 年颁布了《饭店管理公司管理暂行办法》，通过协调各部门在银行贷款、税收减免、进口商品用汇上给予饭店业优惠，促进了国内组建饭店管理公司。因此，保护手段对旅游行业的发展来讲也是不容忽视的。

三、旅游行业管理的职能

旅游行业管理主要是引导和维持市场秩序，进行行业服务和行业协调。其中，引导市场和维持市场秩序是基础性、主体性的，行业服务是外延性的，行业协调是主导性、发展性的（张辉、厉新建）。根据旅游行业管理的目的和内容，不同的行业管理手段是为了实现旅游行业管理的不同职能。旅游行业管理主要是为了引导市场、规范市场、服务于旅游企业并协调旅游行业与其他相关行业的关系，因此，旅游行业管理的职能主要体现在以下几个方面。

（一）管理职能

管理职能是旅游行业管理职能的首要方面。管理职能体现在很多方面，其主要目的是规范市场秩序，健全旅游市场机制。

首先，在旅游规划的制定上就体现了旅游行业管理中的宏观管理职能，通过长期规划与短期计划的制定，明确指出旅游业的发展目标和战略步骤。

其次，通过各种法规和标准的制定，对旅游行业的市场结构和市场行为进行规范管理，通过这些管理措施的实施起到对旅游企业的管理作用，进一步影响旅游市场秩序和旅游市场体系的建设，促进整个旅游行业的发展。

（二）监督职能

监督职能是旅游行业管理的重要内容。我国旅游发展过程中还存在许多不完善的地方，甚至存在着不合法的事情，如旅游市场行为中的恶性竞争、盲目竞争现象就影响到旅游业的健康发展，因此需要通过行业管理的监督检查，来确保旅游经营者守法经营，不断提高经营水平，改善服务质量，增强整个旅游行业的竞争力。监督职能是为了更好地执行所建立的政策与旅游行业规则。这里的监督职能包括政府的监督和行业的监督，尤其是行业的监督，要逐渐强化旅游行业自律的功能，通过行业协会的监督促进旅游业的不断发展。

（三）服务职能

由于旅游业发展所面临的环境具有复杂性与多样性，旅游行业管理的服务职能就构成了旅游行业管理的重要方面。服务主要体现在为行业发展提供服务性的管理措施上。比如，通过市场调查和各种信息统计，为旅游企业提供相关信息，可以使旅游企业在发展过程中准确把握市场变化，在竞争中赢得优势。另外，要不断加大旅游基础设施建设等具有导向性的资金项目的投入，促进旅游行业的整体发展。而且，在营销活动方面，旅游行业管理主体中的政府和行业协会都要利用自身的优势为旅游目的地的营销提供支持，统一打造目的地的旅游形象。这些都是旅游行业管理中服务职能的体现。

（四）协调职能

协调职能体现在两个方面：一个是协调旅游行业内部的关系，一个是协调旅游行业与其他行业之间的关系。对旅游行业内部关系的协调，一方面体现在对入境、国内以及出境旅游的协调上，另一方面体现在对旅游行业内部各个环节的投入产出关系的调节上，以此来保证旅游业自身的协调发展。

对旅游业与其他行业的协调是旅游行业组织自我保护职能的一个方面，充分体现了旅游行业组织对旅游行业发展的保护与支持，是争取旅游行业公平发展环境的重要功能。比如,为旅游业的发展争取相应的优惠政策,并运用行政、税收、法律等手段有效把握平衡,适度抑制过快行业,扶持发展滞后行业,确保资源合理配置,有效整合,协调发展,整体推进。另外,协调旅游行业与相关行业在资源配置、合作经营方面的关系,协调整个地区经济的发展,也能切实保护旅游行业的自身利益。

案例分析

重庆市"黄金周"的旅游供求矛盾

重庆市是我国重点旅游城市之一,"黄金周"期间的旅游也出现了热闹的景象,产生了可观的效益,其发展对于重庆市实现在"十五"期末把旅游业培育成该市支柱产业之一的目标将起到不可替代的作用。经过几次长假的"演练",消费者、旅游企业、政府管理部门已积累了一些经验,但这并不意味着重庆市国内旅游业已经成熟,特别是"黄金周"旅游市场的供求双方仍存在复杂的矛盾。

重庆市"黄金周"旅游主要供求矛盾体现在如下四个方面:

数量方面:供求数量的矛盾主要表现为旅游者人次与旅游接待能力之间的矛盾。每逢"黄金周"旅游潮,游客的出游热情高涨,而在重庆市旅游市场上,由于设施的相对不足,导致旅游市场的有效供应不足。在重庆市,旅游旺季"买票难"、"乘车(船)难"的问题一直未得到彻底解决,特别是春节"黄金周"与"春运"、学校"寒假"重叠,客运量激增,供不应求尤为明显。在旅游住宿方面,重庆市现有的旅游住宿设施基本能满足旅游旺季的住宿需求,但部分热点景区(点)在旅游高峰期仍存在住宿难问题,这又反映了旅游供求关系在空间上的不平衡。

空间方面:从2000年"十一"开始,在重庆市"黄金周"旅游接待中,"中长线温而不火,主城区都市游和周边游异常火爆"的形势越来越趋于稳定,这是旅游者消费理性化、旅游经济活动越来越符合旅游经济规律的表现。

结构方面:旅游供求结构方面的矛盾是指在同一时间、同一旅游目的地的旅游产品的供求之间在结构上的不适应性,主要表现为旅游设施和服务等旅游产品高、中、低档次的比例失调。

从恩格尔系数看,重庆市居民收入在全国居第23位,在西部排在新疆、陕西、宁夏、云南之后,说明重庆的富裕程度不仅在全国靠后,在西部也只能算中等,下岗职工不断增多,城市已开始出现贫困现象。根据重庆市旅游局调查资料显示,中等收入者是来渝游客的主体,来渝的旅游者在重庆每天的人均消费水平较低,仅为340.616元。由此看出,重庆市国内旅游在近中期仍将以中低档消费水平为主。

质量方面:供求质量方面的矛盾指供给在旅游设施(硬件)和旅游服务(软件)方面不能适应需求。在旅游设施方面,交通问题表现得最突出。重庆市的航空和铁路交通不畅；长江沿岸码头差、乱、脏，长江三峡水运航速较慢，缺乏旅游专用游轮；部分景区可进入性差，进出景区的公路等级有待提高；市区车速较慢，路况欠佳；出租车档次较低，缺乏豪华观光车和特色观光车等。在旅游服务方面，重庆市旅游服务水平、旅游从业人员的素质在全国重点旅游城市中相对较低，如重庆市旅行社行业普遍存在着规模小、组织结构松散、实力弱、开发市场的能力差等问题。另据初步估计，重庆市旅游从业人员中大专及以上文化程度的人员比重不足10%，有职称的人员占总数的比重不足5%。

资料来源：韩百娟．重庆市“黄金周”旅游的供求矛盾分析及相关对策[J]．资源开发与市场，2002(4)．

案例思考题：

结合案例谈谈你对重庆市“黄金周”期间旅游供求矛盾的看法，并提出相应的解决措施。

思考与练习题

1. 什么是旅游供求矛盾？旅游供求矛盾的具体表现形式有哪些？
2. 简要分析政府干预的原因与方式。
3. 简述旅游规制的原则。
4. 简述我国旅游产业政策的内容。
5. 简述旅游行业管理的职能。
6. 结合你对本章的理解，简单列举旅游行业管理中的服务性和协调性内容。

第六章 旅游消费决策与消费效用最大化

Tourism Consumer Decision-Making and Maximization of Consumer Utility

学习要点：

- 旅游消费的内涵及其作用，旅游消费的类型及其特点
- 旅游消费决策行为规律
- 旅游消费方式的内容、影响因素及其消费方式合理化
- 旅游消费结构的概念、分类及其合理化
- 旅游消费效果的含义及其评价

Learning Points:

- the connotation and function of tourism consumption, the types and characters of tourism consumption
- the rules of tourists' decision-making behavior
- the content, influencing factors and rationalization of tourism consumption manners
- the definition, classification and rationalization of the tourism consumption structure
- the meaning and evaluation of tourism consumption effect

第一节　旅游消费的基本含义

旅游消费是社会再生产循环中的重要环节，它与对一般产品的消费行为不同，有其自身的特性，深入理解旅游消费及其特点，对全面认识旅游消费中的问题具有重要意义。

一、旅游消费的内涵和特点

（一）旅游消费的内涵

消费是指人们在生产和生活的过程中消耗物质资料和享受服务的一种经济行为，它是社会再生产过程中的一个重要环节。由于旅游业与旅游产品的特殊性，旅游消费也具有自身的特点。

对于旅游消费的含义人们存在不同的认识。林南枝、陶汉军（2000）指出，旅游消费是"人们在旅行游览过程中，通过购买旅游产品来满足个人发展和享受需要的行为和活动"。罗明义（1998）指出，旅游消费是人们在旅行游览过程中，为了满足自身发展和享受需要而进行的各种物质资料和精神资料的消费的总和。有一些学者认为，旅游消费只是涵盖更广的旅游者消费的一部分（谷明，2000），旅游消费实际等价于旅游者对核心旅游产品的消费（谢彦君，1999）。还有一些学者认为，旅游消费与旅游者消费应该是一个包含与被包含的关系，旅游消费除了包括旅游者消费的内容外，还包括旅游行为发生以前和以后因为旅游活动而发生的消费（厉新建、张辉，2002）。旅游消费是根据一个国家（地区）的国民核算账户体系而建立的（王大悟、魏小安，1998）。世界旅游组织的定义为：旅游消费是指由旅游单位使用或为他们而生产的商品和服务的价值。尽管人们在具体的定义表述上存在上述分歧，但从中我们可以看到，旅游消费是因旅游活动而带来的消费，发生在旅游活动开展前、中、后的整个过程，是人们为了满足自身发展和享受的需要而进行的消费，它包括对物质资料和精神资料的消费。

在客源地与目的地之间，旅游消费连接着旅游供给和旅游需求两个方面。通过目的地旅游供给信息的传递，旅游者作出旅游消费决策。旅游者通过空间的转移，离开惯常环境，获得消费目的地提供的旅游供给，最后再通过旅游消费效果对旅游消费进行评价。在这个过程中，旅游消费的作用十分关键。旅游消费是对旅游需求的满足，是对旅游供给的检验。也正是通过旅游消费，旅游产品的价值才得以实现。

（二）旅游消费的特点

从旅游消费的内涵以及消费的对象与内容来看，旅游消费具有一些明显的特点。

1. 旅游消费的综合性。旅游消费的综合性特点是由许多因素决定的。

首先,旅游消费的内容具有综合性的特征。旅游业是一个综合性产业,旅游产品的供给由各个部门共同提供。在旅游者的旅游活动中涉及食、住、行、游、购、娱等各个方面的内容,这也是保证旅游者旅游活动的顺利开展所必需的。

其次,旅游消费的对象也具有综合性的特征。旅游消费的对象包括对物质产品的消费以及对旅游服务的消费,这里面既有旅游资源,也有旅游设施和旅游服务。比如,在饭店消费,旅游者在享用饭店提供的饭菜、客房里面的设施等物质方面的产品的同时,更为重要的是要享受以这些物质产品为依托的旅游服务。因此,旅游消费的对象就涉及物质和精神两个方面,这些都体现了旅游消费的综合性特点。

2. 旅游消费以劳务为主。旅游消费的综合性表明,旅游消费既包括对物质产品的消费,也包含对旅游服务的消费。但在旅游消费中,对服务性产品的消费占主要部分。旅游企业主要是借助于物质产品向旅游者提供服务,旅游消费的过程涉及的物质形态产品主要是企业提供服务的需要,而不是旅游者消费的目的,旅游者出游的主要目的不是为了去乘火车或者去住酒店,而是为了实现自己的旅游需要,获得一次完整的体验和精神方面的享受,当然,旅游购物除外。因此,旅游消费是以劳务为主的。

3. 旅游消费与生产的同一性。旅游消费以劳务为主的特点决定了旅游消费与生产的同一性,另外,旅游消费的其他特点也决定了其生产与消费的同一性。

首先,旅游消费的异地性决定了生产与消费的同一性。旅游消费和一般的消费不同,旅游者必须实现空间上的移动,离开自己的惯常环境,由客源地到目的地转移,才能进行旅游产品的消费。这是由旅游业及旅游产品的特点所决定的。例如,旅游业中的各种旅游资源与设施本身是无法移动的,旅游者必须亲自光临这些资源与设施,才能使用它们。也就是说,只有旅游者光临旅游目的地时才会进行旅游产品的生产,因此生产与消费具有同一性。

其次,是因为旅游消费中所有权的不可转移性。旅游消费和其他产品的消费不同,一般不发生旅游产品所有权的转移。在旅游的过程中,旅游者不像购买其他物质产品那样购买之后就拥有了该产品的使用和处置权。旅游产品是一种劳务服务,很多时候具有公共物品的性质,因此,旅游者购买旅游产品只是得到暂时的产品使用权,而不是产品的所有权。生产过程与消费过程是同一过程的两个方面,旅游活动结束时,生产和消费也相应结束。

4. 旅游消费的不可重复性。既然旅游消费过程中不发生所有权的转移,旅游者获得的只是暂时的使用权,因此,在特定的时期内旅游消费不能重复进行。比如,旅游者游览景区,门票核检之后不能重复使用,游览活动一旦结束,对景区的旅游消费也就结束了。

另外,由于旅游消费获取的是一种经历与体验,而旅游者各不相同,对旅游产品的主观感受有较大差异,因此从这个意义上讲,相对于一般产品消费而言,旅游消费也是不能重复的。

5. 旅游消费是一种变动性较强的消费。旅游消费的变动性表现在以下方面：

首先，旅游消费作为一种较高层次的消费，具有弹性较大的特点，特别是其中的非基本旅游消费弹性很大，旅游产品价格的微小变化都会导致旅游消费很大的变动。因此，这是旅游企业经营过程中要密切关注的一个部分。

其次，由于旅游产品的综合性，旅游产品各组成部分之间、旅游产品与其他产品之间还存在着互补与替代性。这些产品之间的相互作用都会对旅游消费产生影响，使旅游消费处于不断变化之中。

另外，由于旅游需求具有季节性的特点，旅游消费也具有很强的季节性特征，因此，旅游消费会出现淡旺季的变化。旅游消费的变动性要求旅游从业者必须准确把握旅游需求特征，以便更好地为消费者服务。

二、旅游消费的基本作用

旅游消费是一种重要的消费形式，因此，它也是社会再生产过程中的一个重要环节。无论是对于社会还是个人来说，旅游消费都具有非常重要的意义。

（一）旅游消费有利于促进社会经济的发展

由于旅游业的综合性，旅游经济的发展对国民经济起着重要的关联带动作用，旅游经济的乘数效应也会对国民经济的发展产生很大的影响。不论是一个国家还是地区，旅游消费带来的资金注入都会通过旅游收入分配与再分配的过程，不断地在当地社会经济中循环，促进当地旅游经济以及整个社会经济的发展。另外，旅游消费还有利于提高当地居民的收入，尤其是对于贫困地区的居民来说，旅游业的发展可以改善当地的发展环境，增加就业机会，优化产业结构，促进当地社会经济的不断发展。

（二）旅游消费是满足旅游需求的途径

旅游者旅游需求的实现要通过旅游消费来进行，只用通过旅游消费，才能把旅游供给和旅游需求连接起来。旅游消费决策的制定、旅游消费的方式和旅游消费的结构都影响着旅游者旅游需求的实现，因此，旅游消费对于旅游者来说非常重要。在旅游消费的过程中，一方面，旅游供给应根据市场的需求提供旅游者需要的产品，另一方面，旅游者要不断优化旅游消费结构，选择合适的旅游消费方式进行消费，只有这样才能保证旅游需求的顺利实现。

（三）旅游消费是实现旅游产品价值的手段

产品价值的实现需要通过市场交换。对于旅游产品来说，生产与消费是同时进行的，只有旅游者进行旅游消费，才能实现旅游产品的价值。旅游消费是旅游产品价值和使用价值得以实现的最后条件。如果没有旅游消费，旅游产品就卖不出去，旅游产品的价值和使用价值就不能实现，旅游经济活动也就难以顺利进行。[①]

---

① 罗明义．旅游经济学原理[M]．上海：复旦大学出版社，2004.

比如说，一家饭店的客房产品，在没有旅游者入住的情况下，该客房的价值是无法实现的。只有通过旅游消费这个环节，旅游者的需求才能得以满足，对于饭店来说，旅游产品也在消费中实现了产品的价值。因此，如前所述，旅游供给和旅游需求通过旅游消费连接了起来。

（四）旅游消费可以促进旅游者的全面发展

在进行旅游消费时，旅游者离开惯常环境，在旅游活动中可以接触到各种各样的新鲜事物和不同类型的人。这个过程对旅游者来说是一次增长见识、开阔眼界的机会，可以丰富自己的阅历，陶冶情操，促进自身素质的全面提高。另外，在旅游的过程中，旅游者离开了日常熟悉的环境，在陌生的环境里，旅游者要学会适应，学会照顾自己，对于他们来说这也是一个成长的机会。因此，旅游消费是高质量劳动力再生产的有效途径，有助于促进劳动者的全面发展。

三、旅游消费的类型

旅游消费具有综合性的特点，根据不同的分类标准可以分为不同的类型。旅游消费具体可作如下三种分类。

（一）根据旅游消费的产品形态不同分类

根据旅游产品的类型，旅游消费和一般产品的消费一样可以分为有形的旅游消费和无形的劳务消费。

在旅游消费过程中，以无形的服务为主，但是旅游消费也离不开有形的产品形态。比如，旅游者在旅游活动过程中，为满足自身的基本需要而购买的各类食品、客房中消费的各种低值易耗品、旅游中的一些特色旅游产品等，都属于有形的旅游消费。这些消费是旅游活动开展所必需的，是开展无形服务的依托。

另外，旅游消费的主体部分是劳务型的旅游产品，这包括在旅游景区（点）、旅游服务设施中所接受的服务，这些构成了旅游者旅游经历中最核心的部分，决定了旅游者的体验质量。

（二）根据旅游消费的层次不同分类

根据旅游消费的层次，旅游消费也可分为生存消费、享受消费和发展消费三个层次。

生存消费，显然主要是为了满足旅游者在旅游活动中的基本生理需求，根据马斯洛的需求层次论，这是为了生存的需要。为了维持旅游者在旅游活动中基本的生活需要，是实现旅游者的旅游目的所必不可少的消费。

享受消费是指为了满足旅游者在旅游活动中对旅行游览以及娱乐等精神享受的消费，是由于旅游者的主要出游动机而产生的消费。享受消费既是旅游活动的主要内容，也是旅游消费的主体部分。①

---

① 罗明义．现代旅游经济学[M]．昆明：云南大学出版社，2001.

发展消费，是为了发展需要而进行的消费，是为了满足旅游者在旅游活动中对参观、求学、考察等有关增长知识和智力发展的消费，属于旅游活动中较高层次的消费。

旅游消费以精神消费为主，是一种较高层次的消费，但旅游消费过程又包含着其他层次的内容，离开它们，旅游活动也无法顺利开展。

（三）根据旅游消费的内容不同分类

根据旅游消费的内容划分，旅游消费可以分为食、住、行、游、购、娱等类型。旅游活动的综合性决定了旅游消费的综合性，在整个过程中会涉及不同内容的旅游消费，其中包括餐饮、住宿、交通、游览、购物以及娱乐等各个方面。这些方面构成了旅游者的整个活动，也构成了完整的旅游消费过程。其中每一种类型的消费都会影响到旅游消费的效果和质量，构成旅游者完整的消费体验的一部分，因此，其中的每一个环节都不能忽视。

四、影响旅游消费的因素

影响旅游消费的因素有很多种，既有宏观方面的因素，也有微观方面的因素；既有旅游供给方面的因素，也有旅游者自身的因素。具体来讲，影响旅游消费的因素主要有以下三个方面。

（一）社会经济发展水平

社会经济发展水平对旅游消费有很大的影响。社会经济发展水平的高低会影响到旅游者的收入、旅游者的闲暇时间、旅游设施的建设与完备程度等。这些因素又进一步影响到旅游者的旅游消费水平。在社会经济发展较好的地区，旅游者的收入较高，拥有的带薪假期也较多，因此旅游者拥有较多的资金和时间出游。而且，在社会经济发展水平较高的情况下，旅游目的地的可进入性较强，旅游者的旅游活动比较便利，这些都为旅游消费提供了有利的条件，有助于促进旅游消费的增长。

（二）与旅游者相关的影响因素

1. 旅游者的人口统计因素。人口统计因素包括旅游者的年龄、性别、受教育水平、兴趣爱好、职业等，这些因素对旅游消费也会产生很大的影响。如旅游者的职业会影响到旅游者的收入水平、闲暇时间等，而收入水平和闲暇时间则会进一步影响旅游者的旅游消费水平；另外，由于旅游者兴趣爱好的不同、受教育水平的差异，旅游者在选择旅游消费目的地类型时也会不同；同时，旅游者的年龄、性别等因素还会影响到旅游消费方式的选择。

2. 旅游者的收入水平。旅游者的收入水平对旅游消费的影响最为直接。可支配收入与闲暇时间是旅游者出游的必备条件，旅游者的收入水平不仅决定了旅游者是否选择旅游消费，而且决定了旅游消费的水平和模式。旅游者的收入预算决定了旅游者是否进行旅游消费以及如何进行旅游消费，只有具备足够的可支配收入，旅游者才能具有旅游消费的能力。对于收入较高的旅游者，他们可能会选择较远的旅游目的地，选择较为昂贵但便捷、舒适的旅游交通、住宿设施；对于收入较低的旅游者来说，他们在食宿、交通上花费比较少，但在时间上的支出则较多。

3. 旅游者的心理因素。旅游者的心理特征不同，对旅游目的地类型的选择也不相同。例如，多中心型的旅游者就比较喜欢冒险、新奇的旅游目的地；而自我中心型的旅游者，则喜欢较为传统的旅游方式，在进行旅游决策时会选择较为成熟的旅游目的地，而且他们的决策很容易受到群体的影响。

（三）与旅游供给相关的影响因素

1. 旅游供给的数量与结构。旅游供给的数量和结构对旅游消费有着很大的影响。其中，旅游供给的数量决定了旅游消费是否能够实现。在旅游供给丰富的地区，旅游者可以根据自身的旅游需求进行消费，满足需求的程度较高；如果旅游供给比较匮乏，即使存在旅游需求，也无法得到满足。旅游供给的结构影响着旅游消费的结构。市场上旅游产品的供给类型和构成决定了旅游消费者对旅游产品的选择，旅游供给的层次和水平也决定了旅游消费过程中旅游者的选择和消费水平。

2. 旅游供给的价格。旅游供给的价格直接决定着旅游消费。消费者在进行旅游决策时，旅游产品的价格和旅游者的收入共同决定了旅游者的收入预算。当旅游供给的价格过高时，消费者在作出比较之后，可能会选择相关的替代产品或其他的非旅游产品。总之，消费者会选择在其预算之内的、旅游消费效用最高的旅游产品进行消费。同时，由于单项旅游产品价格的变化，旅游消费的结构也会受到影响。

3. 旅游供给的质量。旅游供给的质量也影响着旅游者的消费决策。旅游供给的质量主要是旅游服务质量。由于旅游产品的特殊性，旅游服务质量受到的干扰性因素很多。旅游服务人员，包括旅游者本身的参与都会影响到旅游消费的感受质量，进而影响旅游者的旅游消费效果。旅游者追求的是一次完整的旅游经历，因此，旅游产品中的每一个单项产品的质量，都会对旅游消费产生影响。面对不同质量的旅游产品，旅游者会选择质量较高的产品，因此质量的差异就会影响旅游消费的结构、数量和消费效果。

第二节　旅游购买决策过程

旅游者进行购买决策是个复杂的过程，受众多因素的影响和制约。认识旅游者的购买决策过程，有助于理解旅游消费行为及其变化，从而为有针对性地开发适销对路的旅游产品、提高旅游消费者的满意度奠定基础。

一、旅游动机

（一）旅游动机的概念

动机是指激起或维持个体活动，并导向某一目标的内在推动力。动机是人行动的原因与理由，它与行为是直接联系在一起的，是行为的本质。动机的引起必有内在条件和外在条件。内在条件就是需要，动机在需要的基础上产生，没有需要的动机是不存在的。但只有需要转化出行为的动力才有动机，否则，需要只是潜在需要而不是现实需要。引起动机还要有外在条件即诱因，它是驱使有机体产生一定行为的外部因素。诱因有正诱因和负诱因，凡是个体趋向诱因而得到满足，这种诱因称为正诱因，凡是个体因逃离或躲避诱因而得到满足，这种诱因就称为负诱因。动机产生的过程与作用如图 6－1 所示。

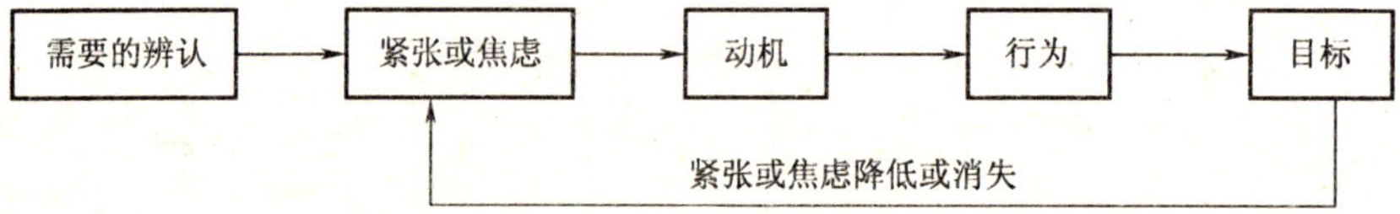

图 6－1　动机形成的过程

资料来源：邱扶东．旅游心理学[M]．上海：立信会计出版社，2003.

结合对动机的分析可知，旅游动机是指人们旅游的原因与理由，是激起或维持一个人的旅游活动、以满足某种旅游需要的内在推动力。

（二）旅游动机的类型

由于旅游活动与旅游产品的综合性，旅游需求也是复杂多样的，因此人们的旅游动机存在不同的类型。在对旅游动机的分类上，国内外学者进行了大量的研究，至今为止，在此问题的认识上还存在一定的分歧。关于旅游动机的分类，我们可以概括如下。

1. 国外学者对旅游动机的分类。1950 年日本学者田中喜一在格里克斯曼对旅游动机分类的基础上，在《旅游事业论》一书中，对心理动机、精神动机、身体动机、经济动机进行了细分分析。这种分类方法的优点在于每种动机的内容都比较具体明确，但是将心理动机与精神动机等混为一谈也成了他研究成果的重大缺陷。

1964 年 8 月，美国学者约翰·托马斯在《是什么促使人们旅游》一文中，将人们的旅游动机划分为四大类，即文化教育动机、休息和娱乐动机、种族传统动机、其他动机。约翰·托马斯的研究为我们提供了重要的思路，但对这些动机的解释却存在着各种各样的怀疑。

1977 年，美国学者罗伯特·W. 麦金托什在他与格普特合著的《旅游的原理、实践与哲学》一书中，把人们的旅游动机划分为四种基本类型，即健康动机、交际动机、文化动机、地位和声望动机。这种分类方法把文化动机专门作为一类划分出来，反映了现代旅游发展趋势的特点。

美国学者奥德曼把旅游动机划分为八种类型，即健康动机、好奇动机、体育动机、寻找乐趣的动机、精神寄托和宗教信仰动机、专业或商业动机、探亲访友动机、自我尊重动机。这种分类方法的各类特点较明显，但其中的部分内容却较难划分与归类。

2. 国内学者对旅游动机的分类。国内一些学者倾向于多源性动机的观点，如刘纯先生认为旅游行为来源于以下动机：社交的、尊重的和自我完善的动机，基本智力的动机，探索的动机，冒险的动机，一致性的动机，复杂性动机。此种分类方法侧重理论假设的分析，而缺乏实证分析和实际应用价值。邱扶东等人的旅游动机分类则将旅游动机分为：身心健康动机，怀旧动机，文化动机，交际动机，审美动机，从众动机等。①

旅游本身是一种习得的行为，②我们必须通过激发旅游者的动机，来引导旅游者的行为，使他们在获得旅游经历的过程中体验到旅游的感受，通过这种方式来强化他们的行为。因此，我们必须清晰地了解旅游者的需要，在此基础上对旅游动机进行分类。从马斯洛的需求层次论来看，人们的需求是由低到高有层次的，只有满足了较低层次的需求，才能存在较高层次的需要，当然，各种层次的需求是并存的，这同样反映在旅游者的旅游需求中。因此，旅游者的旅游动机往往不止一种，结合旅游需求来看，最根本的旅游动机包括：生理动机，比如出于健康疗养的目的、放松身心的目的等；交往的动机，比如探亲访友的需要；发展的动机，比如参观、学习、了解不同文化等目的；自我实现的动机，比如参加会议等各种商务旅游。另外，结合旅游目的地的吸引物的特点，旅游动机又可以进一步细化，比如度假、观光、宗教朝圣等方面的动机。因此，我们在对旅游动机分类时应了解其本质，这样才能更好地激发旅游者的动机，推动旅游者出游。

二、影响旅游消费决策的决定因素

旅游决策是指个人根据自己的旅游目的，收集和加工有关的旅游信息，提出并选择旅游方案或旅游计划，并最终把选定的旅游方案或旅游计划付诸实施的过程。③ 对于旅游决策的影响因素，不同的学者有不同的看法。其中，邱扶东（2004）对其作了较为系统地分析，认为旅游决策的影响因素可以分成六个类别，即旅游服务因素、社会支持因素、群体支持因素、个人心理因素、个人社会经济因素以及其他因素，如目的地的广告等，另外，旅游决策不仅受旅游服务等六个因素的影响，还受决策者的性别、年龄、文化水平、职业、家庭人均月收入、年平均出游次数等人口统计学特征的制约。结合上述分析，影响旅游消费决策的因素总的来说可分为主观因素与客观因素。具体来讲，旅游消费决策的决定因素有如下六种。

---

① 邱扶东．旅游心理学[M]．上海：立信会计出版社．2003．

② McIntosh R W, Goeldner C R. Tourism: principles, practices and philosophies. New York: Wiley, 1972．

③ 邱扶东，吴明证．旅游决策影响因素研究[J]．心理科学，2004(27)．

（一）旅游动机

旅游动机属于主观因素，由上述内容可知，旅游动机是旅游者出游的内在推动力。当旅游者产生旅游需求时，就会产生一种心理紧张感，当出现可以满足需求的目标和途径时，这种需求就会转化成动机，引导旅游者的行为。旅游者准备出游之前要作出选择，此时就涉及旅游消费决策。可见，旅游动机对旅游消费决策有着很大的影响。旅游者的动机不同，旅游消费的选择也不同，也就是旅游者在进行决策时所选择的目的地、旅游消费方式均存在差异。因此，旅游动机在很大程度上影响旅游消费决策。

（二）旅游者的心理特征

旅游者的心理特征是影响旅游消费决策的另外一个主观因素。旅游者的心理类型和心理特征会影响旅游者的消费决策。这首先表现在旅游目的地的选择上。比如喜欢冒险的旅游者在作决策时有可能选择新开发的旅游目的地，而比较保守的旅游者则会选择成熟的旅游目的地。其次，这种影响还表现在对出游方式的选择上，心理特征不同，对出游方式就会有不同的偏好，如自我中心型的旅游者比较偏好安全舒适的出游方式。

（三）旅游者的收入

旅游者的收入属于客观因素，它取决于社会经济发展水平以及旅游者的职业等因素。旅游者的收入尤其是可自由支配收入决定了旅游者的消费能力，决定了旅游者是否能够出游以及所选择的出游目的地和出游方式的档次。收入较高的旅游者在进行旅游决策时较少考虑资金的花费，他们看中的是舒适和便捷，对他们来说，时间的机会成本更高。这些都会影响旅游者的开支预算线，进一步影响旅游者的消费决策。

（四）旅游者的闲暇时间

闲暇时间的长短在一定程度上决定了旅游者的消费决策。旅游需要花费一定的时间，闲暇时间的长短决定了旅游者在目的地逗留的时间。因此，在进行决策时旅游者要根据自身的闲暇时间和旅游目的地的远近进行选择。另外，旅游者还会根据自己闲暇时间的长短，在花费时间和金钱之间进行选择，这些就进一步决定了旅游者在交通、住宿等方面的选择。

（五）旅游者的健康状况与家庭阶段

旅游者的健康状况，或者是身体方面的限制影响着旅游者的出游决策，尤其是对目的地以及相关的出游方式的选择。另外，旅游者的家庭阶段，如旅游者是否要照顾幼小的孩子而没有时间出游，或者由于孩子的伴随如何选择旅游目的地，都会对旅游者的消费决策产生决定性的影响。

（六）旅游者旅游信息搜集的完备程度

旅游者出行前对旅游目的地的信息了解程度也在很大程度上影响旅游者

的消费决策。首先，通过对目的地形象的了解，旅游者可以方便地对其进行比较，选择自己喜欢的旅游目的地。另外，通过对目的地各项服务价格的了解，旅游者可以选择自己的交通和食宿方式。同时，对目的地信息搜集的完备程度还影响旅游者出游的方式（如散客自助或是团队出游等），也关系到旅游信息是否对称，对于一个旅游者来讲，还会影响到旅游者的安全感，从而影响其是否出游的决策。

三、旅游者消费决策过程与决策模型

（一）旅游者消费决策过程

旅游者消费的决策过程是由旅游形成需要、动机到付诸行动的过程，其中包含多个决策阶段。国内外学者对旅游决策过程进行了大量的研究。其中，陈水源（1987）提出，游憩活动的决策过程包括七个阶段，即产生动机、知晓机会、评估各种活动的价值、评估游憩活动是否可以达成最大满意、评估游憩活动是否能够令人舒适、评估参与某项游憩活动是否能够满足全部游憩需要、参与游憩活动。古戴尔（B. Goodall，1991）在旅游度假决策研究中提出，个人的旅游度假决策过程由五个基本环节构成，即旅游动机、信息收集、旅游度假方案评价、购买决定和旅游体验。甘朝有等人（1995）提出，旅游决策过程包含五个心理步骤：识别问题或需要、寻找情报、最后决定、消费旅游产品和服务、购买后的感觉。安东尼（R. F. Antoni，2000）认为，旅游决策过程可以分成五个阶段：第一阶段是在个体价值观基础上形成有关旅游目的地的价值尺度；第二阶段是确认旅游目的地的目标效用；第三阶段是在个体价值观和目标效用约束下加工信息，形成决策环境；第四阶段是最终决策；第五阶段是反馈修正目标效用。邱扶东（2005）认为个人的旅游决策过程可以划分为产生旅游的需要或动机、收集有关旅游的信息、确定旅游目的地或旅游线路、进行旅游预算、确定出游方式、决定是否外出旅游、外出旅游等七个阶段。

根据对以往研究的总结，我们可以通过旅游者消费决策过程的流程图对其进行进一步的说明（如图6－2所示）。

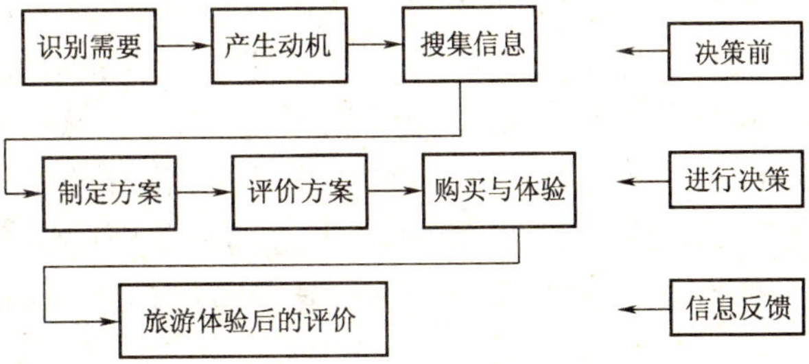

图6－2　旅游消费决策过程图

1. 决策前的阶段。在进行旅游决策之前，旅游者首先要识别自己的旅游需要。需要产生之后，如果消费者发现能够满足自身需要的目标和实现目标的途径，此时的旅游动机就产生了。比如，旅游者有度假的需要，发现有一些旅游度假地可以满足自己的需要，并且自己具备时间和可自由支配的收入以供出游时，旅游者就会产生旅游动机。此后，旅游者就会通过各种渠道搜集相关的旅游信息，以便进行旅游决策。

2. 进行决策的阶段。在这个阶段，旅游者根据之前搜集到的信息进行决策。

首先，根据获取的信息制定各种出游方案，这些方案中包括目的地的选择、出游方式的选择、旅游的内容等各个方面。

制定出各种方案之后，再对各个方案进行评价，这里的评价包括结合自身的情况，在时间与所花费的收入之间进行权衡，以实现最大效用。

作出评价之后，旅游者就可以作出选择了。旅游者接下来就是开展旅游活动，在旅游过程中获得完整的旅游体验。

3. 信息反馈阶段。旅游活动结束之后，旅游者会把自身的旅游体验和出游前的期望进行比较。旅游者通过各种媒介获得的旅游目的地的信息在旅游者的心目中已经树立一种形象，如果实际的旅游体验符合旅游者先前对目的地的认知形象，就会进一步加深旅游者对目的地的满意程度，旅游者也会因此成为旅游目的地良好形象的传播者；如果旅游体验不符合之前的期望，或者是旅游经历过程中的某个环节给旅游者留下了不好的印象，都会破坏旅游者整体的体验质量，使旅游者心目中的旅游目的地的形象大打折扣，此时旅游者就会成为负面效应的传播者。因此，信息反馈阶段，不仅决定了旅游者以后是否还会参加类似的旅游，更重要的是旅游者的口碑效应会给旅游目的地带来很大的影响。

（二）旅游消费者决策模型

1. Um 和 Crompton 的旅游目的地选择模型①。Um 和 Crompton（1990）对如何选择具体的旅游目的地进行了分析，构建了一个目的地选择的框架，认为态度在决定候选目的地能否进入激活集合（Evoked Set）并被选为最终的目的地中起了重要作用（如图 6－3 所示）。

2. Mathieson 和 Wall 的旅游决策模型②。Mathieson 和 Wall（1982）提出的模型，如图 6－4 所示。该模型包括了旅游需要/欲望的感知、信息的收集和评估、旅游决策、旅游准备和旅游经历、旅游满意度评价等阶段。模型中的旅游者特征包括旅游者的年龄、受教育水平、收入、态度、以往经历、动机等。潜在的旅游者可能被激发而参加旅游，但是必须以获得有关可能的旅游机会的信息为前提，所以旅游者的关于目的地的形象非常重要。Gilbert（1991）批评该模型忽略了一些传统模型包含的

① 厉新建，张辉．旅游经济学：理论与发展［M］．大连：东北财经大学出版社．2002.

② 厉新建，张辉．旅游经济学：理论与发展［M］．大连：东北财经大学出版社．2002.

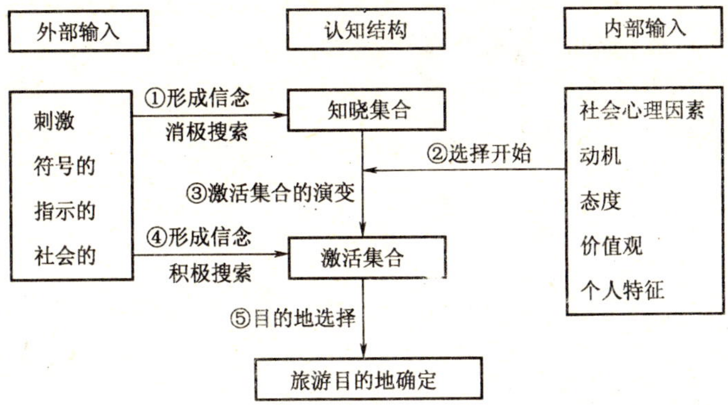

图 6－3　Um 和 Crompton 的旅游目的地选择模型图

资料来源：厉新建，张辉．旅游经济学：理论与发展[M]．大连：东北财经大学出版社，2002.

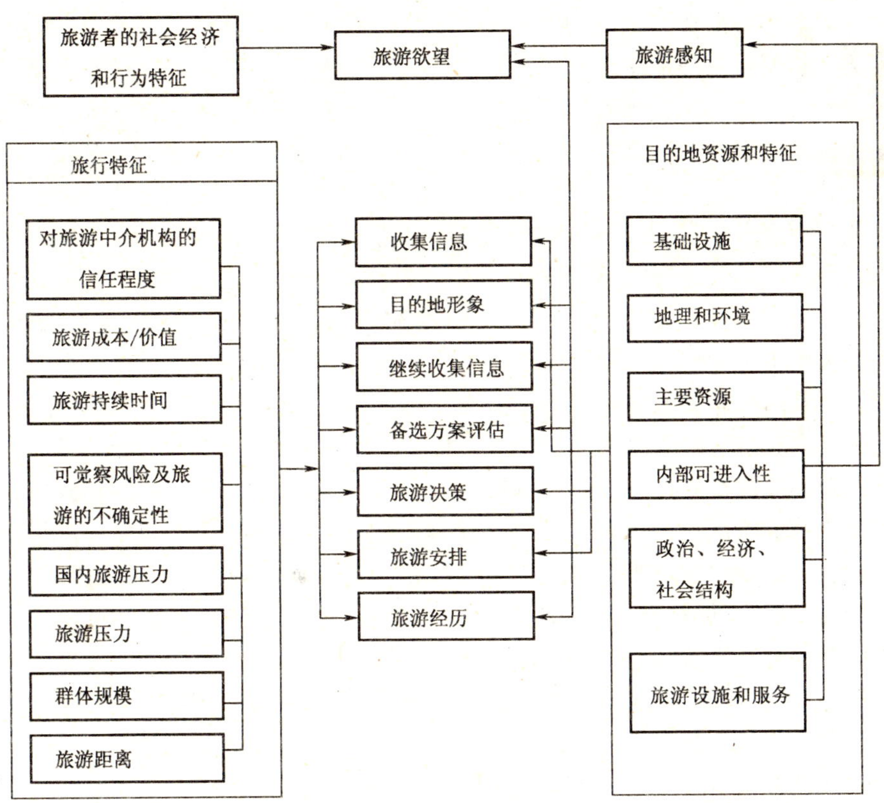

图 6－4　Mathieson 和 Wall 的旅游决策模型图

资料来源：厉新建，张辉．旅游经济学：理论与发展[M]．大连：东北财经大学出版社，2002.

诸如感知、记忆、个性、信息处理过程等重要因素，并认为该模型与其他模型一样，在“旅行特征”中都忽略了“度假类型”因素。他同时指出，随着特殊兴趣及行为方面度假的增多，若对模型作进一步修正，则应该考虑到旅游者可得的目的地选择“解”过多的情形。

第三节　旅游消费方式

旅游消费方式受多种因素影响，其合理化程度如何不仅影响到旅游者消费的满意程度，更会影响到旅游目的地综合效益的高低，进而影响到旅游经济的良性循环，因此必须予以高度重视。

一、旅游消费方式及其影响因素

（一）旅游者消费方式的内涵

在了解旅游消费方式的内涵之前，我们先来看一下一般的消费方式的定义。消费方式指的是在一定社会经济条件下，消费者同消费资料相结合的方式，包括消费者以什么身份、采用什么形式、运用什么方法来消费消费资料，以满足自身需要。消费方式是生活方式的重要内容，消费方式是由生产方式决定的，同时又反作用于生产方式。

旅游消费方式，是人们在旅游活动中消耗物质资料、精神产品和服务的基本行为方式和具体方法与形式，是随着社会生产力发展、人们生活水平不断提高而产生的一种高层次消费方式，主要说明在一定的旅游环境条件下，旅游者为什么消费、有何能力消费、以什么形式消费、用什么方法消费旅游产品，以满足自己的旅游需求。因此其内容体系既包括人们的旅游消费意识、消费习惯等主观心理和行为，又包括人们的旅游消费能力、消费水平、消费结构等经济条件和客观因素。①

结合一般消费方式的定义，旅游消费方式首先包括旅游者对旅游消费的认识以及旅游消费的目的，其中涉及旅游需求的类型、消费者的旅游动机等。动机影响行为，因此，旅游动机是影响旅游消费方式的一个内在的重要因素。结合定义来看，旅游者以什么身份来进行旅游消费，正是基于旅游动机和需求类型的不同而选择不同的旅游目的地，从而形成不同类型的旅游者。

另外，旅游者采用什么形式和方法进行旅游消费涉及旅游者的消费结构、消费水平和消费能力。例如，对于商务型旅游者来讲，在交通工具的选择上更注重时间，对价格的关注较少；对于自费出游的旅游者来讲，在选择住宿、交通、饮食、购物等方面的消费时，就会结合自身的消费水平和闲暇时间进行选择。这些选择过程都会受旅游者的消费能力和水平的影响，从而形成自身的旅游消费结构。这些旅

① 罗明义．旅游经济学原理[M]．上海：复旦大学出版社，2004.

游行为方式和具体方法就构成了旅游者的消费方式。

（二）旅游消费方式的影响因素

如前文所述，旅游消费的影响因素分为宏观和微观两个方面，同样的，旅游消费方式的影响因素也可以分为宏观和微观两方面的影响因素。

宏观方面的影响因素主要是目的地和客源地的社会经济环境，其中主要指当地的社会经济发展水平。社会的整体发展状况会影响旅游者的消费能力和消费水平，从而直接影响到旅游者的消费方式。

微观方面的原因，具体可以从供给方和需求方两个方面来看：从供给方面的影响因素来看，主要包括旅游产品的价格、旅游产品的质量、旅游产品的供给结构；从需求方面的影响因素来看，主要包括旅游者的收入水平以及闲暇时间、旅游者的人口统计因素等。

二、旅游消费方式的合理化

（一）消费方式合理化的标准

消费方式合理化，指的是人们进行消费的最优途径与最佳消费之间的关系。消费方式合理化的标准是消费资料的充分利用，能够最大限度地满足人们的消费需要。由旅游消费的含义可知，旅游消费方式是人们在旅游活动中消耗物质资料、精神产品和服务的基本行为方式和具体方法与形式。旅游消费方式的合理化，也就是说人们在旅游活动中消耗旅游产品的行为和方法的合理化。旅游消费方式合理化的目的是指建立文明的、健康的、科学的消费方式。在此过程中，必须要注意一些基本问题：首先要克服传统的消费观念，建立与社会主义市场经济相适应的新观念；其次，在消费的过程中应普及科学文化知识，提高全民族的科学文化水平。结合健康文明的消费方式的原则，旅游消费的合理化应符合以下标准：

1. 适度原则。所谓适度，就是要与收入相适应，既不吝啬，又不奢侈。对于个人旅游消费而言，应鼓励和家庭、个人收入相适应的旅游消费。旅游活动的开展有助于改善人民群众的生活质量，还有助于提高旅游者的综合素质，但同时还要提倡适度节约的原则，反对铺张浪费，避免一些不必要的、炫耀式的消费行为。古人云："静以修身，俭以养德。"又云："历览前贤国与家，成由勤俭败由奢。"目前我国出境旅游者在旅游的过程中往往铺张浪费，不但导致大量外汇的流失，还在国际上造成了不好的影响，有损国家的形象。对于国家来讲，也要坚持适度消费的原则，倡导节约型社会和可持续发展的观念。

2. 正当原则。所谓正当，是指不得从事法律和社会公德所禁止或谴责的消费活动，如赌博、嫖娼、吸毒、修建陵墓、搞封建迷信等足以导致道德堕落和精神颓废的消费活动，而应将财富用于法律和社会公德所允许、推崇的范围。在旅游活动过程中会经常出现一些不文明的旅游行为，这些不文明行为会给当地社区带来极坏的影响，使目的地的社会文化、社会风气等受到破坏。

3. 协调原则。所谓协调，指的是物质消费和精神消费要同步提高。在旅游过程中，协调的原则体现在各个方面，虽然旅游者是为了追求精神上的经历与体验而开展旅游活动，但在旅游过程中也应不断完善配套的物质产品，以协调旅游者的消费活动，否则，基本的需求无法满足必定会影响旅游者的整体消费质量。另外，在旅游消费过程中还应注意食、住、行、游、购、娱等各个环节的协调，这会影响旅游消费的结构，任何一个环节出现问题都会影响整体消费活动的顺利开展。

4. 科学原则。所谓科学，就是提倡科学的消费方式，反对落后的消费习惯。这里主要是针对旅游消费方式中的消费习惯。为适应现代文明的发展，必须彻底改变愚昧、无知、不文明、不卫生的消费习惯，建立健康、文明的生活方式。消费习惯还和一个民族、国家、地区的传统习惯有关，这是一个长期的问题，需要逐步施加影响，引导旅游者建立科学的消费方式。

（二）旅游消费方式的变化趋势

1. 科学发展观与旅游消费方式的转变。"十一五"期间是我国全面建设小康社会的关键时期。"十一五"规划明确指出：全面贯彻落实科学发展观，转变发展观念、创新发展模式，把经济社会发展切实转入全面协调可持续发展的轨道。消费模式的转变是发展模式的主要内容之一，没有科学消费观的支持，科学的发展观也不可能彻底和牢固树立起来。因此，要实现科学发展模式，必须进行相应的消费方式变革。在旅游业的发展过程中也应体现科学发展观的思想。

（1）树立适度消费的理念。适度消费是指在满足生活需要的范围之内，不过度地欲求。现代经济学把物质消费分为满足需要的消费和满足欲求的消费。"需要"是人们为了生活必须消费的东西，而"欲求"则是在需要之外，由追求心理上的各种满足（如追求地位上的优越感、满足感、嫉妒、攀比和炫耀等）而形成的一种需求。炫耀性的心理是人们出游动机的一种，但在旅游消费的过程中应把握好度。过度追求不必要的欲求满足，势必造成巨大的浪费。

（2）培养"文化人"，用先进文化引导消费。科学技术是第一生产力，文化教育是第一消费力。要充分发挥第一生产力和第一消费力的作用，提高全民的思想素质和科学文化素质，从根本上体现以人为本的精神。文化是发展的摇篮，用先进文化来引导消费活动，丰富消费生活的文化内涵，使人们的物质需要不断得到满足，精神文化生活更加充实，从而使人的本质力量不断发展和提升，使人成为具有丰富文化内涵的"文化人"。在旅游产品开发的过程中要注重文化内涵的挖掘，在旅游消费的过程中应引导游客对精神文化的消费，通过旅游活动的开展，促进人的身心健康和全面发展，促进物质文化、精神文化、生态文化的发展，促进人与自然之间、人与人之间的和谐协调。

另外，还应倡导资源节约型消费，坚持可持续旅游消费的观念。这种转变体现在旅游消费过程中，主要是对旅游者进行教育和引导，使他们在消费的过程中注重对旅游资源的保护。

2. 社会消费观念和消费方式的变化趋势与旅游消费方式的变化。社会的消费观念和消费方式无疑将影响旅游消费方式，这可概括为如下变化：

（1）消费者越来越倾向于发展型需求和享受型需求。这一趋势对旅游消费方式的变化影响极大。由于人们越来越追求发展型与享受型的消费，人们在选择旅游消费时必定会选择与以往不同的消费方式。目前，美国消费者的偏好开始从耐用品消费转到服务消费。据调查：只有 12% ~13% 的美国个人消费支出是用于购买耐用品的，主要是汽车、汽车零件、家具和家用设备，而大约 85% 的美国个人消费都用于购买服务，比如住宅、公共设施、交通、保健、娱乐、旅游、个人护理、教育以及金融等服务。随着社会经济的快速发展和人民生活水平的不断提高，旅游产品的设计与开发要符合健康化、简便化、多样化、外显化（满足客户个性化需求的商品、服务在市场竞争中优势明显）、知识化等发展型、享受型的消费趋势的特征，引导人们的旅游消费趋向合理化。

（2）消费者越来越关注消费过程中的体验性。体验经济的到来带来了新的消费理念与消费方式，特别是使旅游消费需求的结构、内容、形式均发生了显著变化。随着大规模顾客定制化的出现，消费者越来越重视服务的个人体验与感受，这就产生了不同于以往旅游消费的内容。在体验经济时代，消费者的消费行为趋势主要表现在以下五个方面。

一是情感化。人们的旅游活动主要是为了满足一种情感上的渴求，或是追求某种特定产品和服务与理想的自我概念的吻合，偏好那些能与自我心理需求产生共鸣的感性商品和服务。因此，人们选择旅游、选择特定的旅游目的地都与人们的情感化需求分不开。

二是主动化。一直以来，人们的旅游活动仅限于“看”，随着社会的发展，人们已经不再满足于被动地接受旅游企业的诱导和操纵，而开始主动地参与旅游产品的设计与制造。在旅游消费过程中，旅游者越来越希望参与其中，而不只是走马观花。

三是感受化。旅游活动本身追求的就是一个完整的体验和感受。特别是对于饭店产品来讲，旅游消费者更多地注重接受产品时的感受，人们更加关注消费的环境。比如人们宁愿花费更多的钱去享受在星级饭店里高雅、尊贵的感觉，而不愿意在家或者一般的小餐馆里简简单单地吃上一顿实惠的晚餐。因此，在提供旅游产品时要注意营造一种消费的氛围，使旅游者产生完美的感受。

四是情趣化。现代人讲究生活质量，如情趣享受，在节假日，像鲜花、蛋糕、神秘礼物等，能给顾客、亲朋带来意外的喜悦。人们的旅游活动往往是为了逃避枯燥的现实生活，追求身心的放松，因此，情趣化在旅游影响过程中十分重要，要突出旅游目的地的吸引力。是否有兴趣往往会成为旅游者选择的一个重要因素。

五是休闲化。现代社会的压力使人们希望旅游活动更加休闲化。据美国《时代》杂志报道，目前美国人有 1/3 的时间、2/3 的收入用于休闲娱乐，而美国有 1/3 的土地面积用于休闲娱乐。

3. 旅游消费方式的变化趋势。旅游消费方式的内容包含了消费意识、消费习惯、消费能力、消费结构和消费水平等方面。旅游消费方式的变化发展除了要符合上述的合理化标准以及国外旅游消费方式的趋势外，还必须与旅游业和其他同旅游消费有关的经济部门的发展水平相适应。随着现代科学技术的进步、社会经济的发展和旅游业的快速发展，旅游消费方式呈现出以下三方面的发展趋势和特点。

(1)旅游消费意识的转变与消费能力的提高。随着社会经济的发展，人们的旅游消费意识也在不断发生转变。建国初期，人们把旅游看成一种奢侈浪费的行为，旅游业的地位没有受到足够的重视，因此旅游业的发展得不到支持，这在很大程度上抑制了旅游业的发展。随着社会的进步，人们的消费意识与消费理念已经发生了很大的变化，旅游成为人们的消费时尚，构成人们需求的必要部分，这体现了旅游消费方式转变的一个重要趋势。同时，随着人们收入水平的不断提高，旅游者的可自由支配收入提高了，其出游能力也就相应得到了提高。

(2)旅游消费水平不断上升。旅游消费主要是精神层面上的消费，因此，属于较高层次的消费。随着旅游业的不断发展、旅游产品开发的逐步创新，人们的旅游消费水平得到了不断提升。现在的旅游消费活动已经越来越注重其能否使旅游者在整个旅游活动过程中产生轻松、新奇、舒适等的体验与感受，能否激发人们热爱生活、追求理想、奋发向上、努力学习的情感和动机，能否通过旅游活动增长见识，不断提高旅游者的素质与修养。随着人们生活水平的提高以及人们消费质量的提升，旅游消费逐渐成为人们必要消费的一部分，同时，旅游业的发展也使旅游消费的水平相应不断提高。这些都是旅游消费方式发展的特点和必然趋势。

(3)旅游消费结构不断优化。旅游消费结构优化涉及旅游消费的内容、方法和形式，要在多样化的基础上实现结构的优化，即通过旅游消费内容、方法与形式的创新，不断优化旅游者的消费结构。首先，要不断创新旅游产品，丰富旅游消费的内容，使旅游活动选择性强、丰富多彩；其次，旅游活动方式的安排要合理，这样既有利于旅游者放松身心，又有利于旅游者在消费的过程中开阔眼界、增长知识。由于旅游消费结构反映的是旅游者在旅游过程中消费的各种消费资料(物质产品、精神产品、服务产品)的比例关系，因此，旅游消费结构的优化还应注意各方面的协调发展，保障旅游活动的顺利进行。

总之，随着社会经济的不断进步，以及人们消费观念的转变，在科学的消费方式的指导下，旅游消费方式的变化趋势也逐渐趋于合理。在不断完善的市场环境下，旅游者的消费方式的各个方面也会得到提升与优化。这是旅游发展的表现，也是旅游业可持续性发展的要求。

第四节　旅游消费结构

旅游消费结构是旅游消费研究中的重要问题，它关系到国民经济的产业协调、旅游目的地的供给均衡以及旅游者需求的满足程度。分析我国旅游消费结构存在的问题,有助于改进我国旅游产品的供给状况,提高供给水平。

一、旅游消费结构的概念及分类

消费结构指的是在一定的社会消费过程中受一定社会生产制约的、由需求和供给的矛盾运动所规定的消费对象的种类和比例关系,它指人们满足物质文化生活需要所消费的各种消费资料的比例和结构。

旅游消费结构是指旅游者在旅游活动过程中,所消费的各种消费资料的比例与结构关系。根据不同的分类标准,旅游消费结构的分类主要有以下四种。

(一)实物形态的旅游消费与劳务形态的旅游消费

根据旅游消费形态的不同,它可划分为实物形态的旅游消费和劳务形态的旅游消费。由于旅游活动的综合性特点,旅游产品的供给是借助一定形态的物质资料为旅游者提供服务的,因此,在旅游消费的过程中,既包含物质形态的旅游消费,又包含劳务形态的旅游消费,而且以劳务形态的旅游消费为主。旅游消费结构的其中一种形式,就是旅游消费中实物形态和劳务形态的旅游消费之间的数量比例与结构关系。

(二)基本旅游消费和非基本旅游消费

根据旅游消费的内容不同,它可划分为基本旅游消费和非基本旅游消费。在旅游消费的过程中,有些旅游消费是基本的旅游消费,如食宿、交通、游览方面的消费。食宿和交通是旅游者出游所必需的条件,游览则是旅游者出游的主要目的,所有这些构成了基本的旅游消费。而另外一些消费内容,如购物、娱乐等,如果这些不是旅游者的主要出游目的,旅游者可以根据自身的时间与收入条件进行选择的话,那么,它们就属于非基本的旅游消费。

(三)生存消费、享受消费和发展消费

根据旅游消费的层次不同,它可划分为生存消费、享受消费与发展消费。在旅游者的旅游活动过程中,旅游者所消费的旅游消费资料按层次不同可以分为不同的类型,比如说基本的食宿与交通是旅游者顺利开展旅游活动所必需的,是满足其生存需要的消费。其他因出游目的与动机而产生的消费,则主要是享受与发展型的消费,如获得身心的放松、增长知识、开阔眼界等,这些既有享受的需要,也有发展的需要。

(四)食、住、行、游、购、娱六大消费

根据旅游消费内容的具体形式不同,它可划分为食、住、行、游、购、娱等。一般来讲,旅游消费的总体包括以上六个方面,它们包含在整个旅游活动的过程中,而且由旅游者个人因素以及当时的供给状况所决定。如消费者的年龄结构不同、性别不同,则在此六个方面的消费结构与数量比例也不相同。

二、影响旅游消费结构的因素

旅游消费结构受旅游消费的影响，进而也就受旅游需求与供给的影响。由于供给与需求的影响因素较多，因此影响旅游消费结构的因素也比较多，特别是旅游消费中的非基本消费，这部分旅游消费的弹性较大，价格的变化会对旅游消费产生很大的影响，从而使旅游消费结构也随之发生变化。从不同的角度来看，旅游消费结构的影响因素主要有以下几个方面。

（一）从旅游者的角度来看

从旅游者来分析，影响其消费结构的因素包括：

1. 旅游者的收入水平。旅游者的收入水平决定着消费水平，因此，收入成为旅游消费结构的重要影响因素。人们的可自由支配收入决定了旅游者的出游能力以及旅游消费的内容与档次。收入水平较高的旅游者在选择交通、食宿时受价格的限制较少，另外，这类旅游者在购物、娱乐等非基本旅游消费方面的花费也会较高。所以收入水平不同，旅游者的消费结构也会不同。

2. 旅游者的构成。旅游者的年龄、性别、教育背景、职业不同，旅游者的消费习惯、兴趣爱好也不相同，这些因素都会进一步影响旅游者的消费结构。年龄、性别、身体状况、受教育程度、职业等因素，会通过旅游者自身的知识水平、对安全的需要、旅游者的兴趣爱好等方面影响旅游者的旅游决策与旅游消费，因此，旅游者的构成会对旅游消费结构产生极大的影响。

3. 旅游者的心理因素。旅游者的心理类型也会对旅游者的消费结构产生影响。比如，根据帕洛格的心理类型研究，自我中心型的旅游者与多中心型的旅游者在对旅游目的地的选择以及交通方式等方面的选择上几乎是相反的。

（二）从旅游供给的角度来看

从旅游供给的角度分析，影响旅游消费结构的因素有：

1. 旅游产品的结构。由于生产水平决定消费水平，因此，市场上旅游产品的供给结构直接影响和制约着旅游消费结构。一方面，旅游供给的六个方面要相互协调，这样才能满足旅游者的需求，如果比例不协调，其中的任何一个环节都会成为影响旅游者消费结构的重要因素；另一方面，旅游产品的类型要紧跟市场的变化，不断适应旅游者的需求变化。

2. 旅游产品的质量。随着旅游消费的发展，旅游产品质量也成为影响旅游消费结构的重要因素。旅游者在选择旅游产品时会选择质量较高的产品，因此，旅游供给中，不同的质量水平会影响旅游者的选择，也就会进一步影响旅游消费结构。

3. 旅游产品的价格。旅游产品是一种需求弹性相对较高的产品。由于旅游产品的需求弹性大，当旅游产品的价格上涨而其他条件不变时，人们就会把旅游产品的消费转向其他替代品的消费，使旅游消费数量减少；当旅游产品内部某一部分的价格上涨时，游客会抑制或减少对这部分产品及与其成互补关系的产品的支出，甚或改变支出投向，从而改变其旅游消费结构。[①]

（三）从客源地和目的地的宏观环境来看

从旅游客源地和目的地的宏观环境来分析，影响旅游消费结构的因素包括：

1. 旅游客源地的社会经济发展水平。客源地的经济发展水平会影响旅游者的收入水平和闲暇时间，还会影响旅游者的受教育水平等，这些则会进一步影响旅游者的旅游消费能力和消费水平，因此也会影响旅游者的消费结构。比如，在经济发展水平较高的国家，居民的出游消费能力较强，因此其旅游者的消费过程中，各层次旅游消费的结构关系和经济发展水平较低的国家相比会有很大的不同。

2. 旅游目的地的社会经济发展水平。旅游目的地的社会经济发展水平对旅游消费结构的影响也非常明显。目的地的社会经济发展水平决定了目的地的供给能力，其中包括旅游相关设施、配套产品和服务的供给数量与供给质量，这在一定程度上影响到旅游者在旅游过程中的选择，进而影响其消费结构。比如一个经济较为发达的旅游目的地，各项旅游设施齐全、旅游产品丰富，因此，旅游者的具体消费资料的内容与结构也就不同于经济水平较低的旅游目的地。

三、我国旅游消费结构存在的问题

（一）非弹性消费比重过大

非弹性旅游消费主要是指食、住、行等旅游消费项目，它的一个最大特点就是，人们在这些方面的花费相对较稳定，不会随着旅游消费总额的变化而发生很大的变化。弹性旅游消费则主要是指游、购、娱等旅游消费项目，它的特点与非弹性旅游消费刚好相反，人们在这些方面的花费伸缩性很大，可以很高也可以很低，甚至可以不消费。非弹性旅游消费在人们的旅游消费结构中占的比重越高，说明旅游消费结构的层次越低，而我国目前的旅游消费结构就存在着非弹性消费比重过大的问题[②]。

（二）基本旅游消费所占比例过大

在入境旅游中，国家旅游局对入境旅游者的消费结构的分析包括：长途交通费、游览费、住宿费、餐饮费、市内交通费、商品销售、娱乐费用、邮电通信费、其他费用。根据基本旅游费用和非基本旅游费用的含义，长途交通费、游览费、住宿费、餐饮费、市内交通费为基本旅游费用，商品销售、娱乐费、邮电通信费、其他费用为非基本旅游消费[③]。基本旅游消费和非基本旅游消费的比例是反映一个国家入境旅

① 林南枝，陶汉军．旅游经济学（修订版）[M]．天津：南开大学出版社，2000.

② 席建超．旅游者旅游消费结构及潜力分析——以入境旅游者旅游消费为例[J]．桂林旅游高等专科学校学报，2003(2).

③ 郭巍．中国旅游消费结构存在的问题与优化对策[J]．甘肃农业，2007(3).

游者质量的重要标准，在旅游业发达的国家，非基本旅游消费的比重可以达到60%以上。除2004年非基本旅游消费比例出现小幅度的上升外，我国的基本旅游消费和非基本旅游消费的比例变化不大。目前我国非基本旅游消费为40%左右，虽然比国际规定的非基本旅游消费的警戒线30%高，但与旅游发达国家的差距还比较大。

（三）旅游产品供需不对称

旅游产品供需不对称是旅游消费结构不合理的一个重要原因。这种供求之间的不对称，一方面体现在供求数量上的不对称，这在一定程度上与旅游的季节性有关，另一方面则更多地体现在供求结构上的不对称。由于旅游供给不能针对市场需要提供满足市场需求的旅游产品，旅游者的需求在旅游市场中得不到满足，因此，体现在旅游消费结构中，各种旅游消费资料的构成比例就存在一定的问题，尤其是当前市场上旅游产品结构之间的比例关系很不合理，缺乏旅游产品的创新，因此不能很好地满足旅游者的需要。

四、旅游消费结构合理化

旅游消费结构合理化，是指旅游消费结构从不合理到合理逐渐变化的过程，因此旅游消费结构的合理化是一个动态变化的过程。旅游消费结构的合理化，主要体现在以下四个方面。

（一）要在旅游消费多样化的基础上实现结构的优化

首先，旅游消费的多样化体现在旅游消费的内容必须丰富多彩，方式要多种多样，切忌我们常说的那种“白天看大庙，晚上睡大觉”的旅游消费方式。随着人们对参与性、体验性与个性化的要求越来越高，这种单调的传统旅游方式已经不能满足人们的旅游需求，因此，应根据市场需求的变化，不断丰富旅游产品的类型。另外，要对旅游产品以及旅游供给的方式进行创新，丰富旅游者多样化的选择，这是旅游消费结构优化的前提。

其次，在多样化的基础上还要实现结构的优化，即食、住、行、游、购、娱之间及其各自内部的支出比例要恰当，要体现出旅游消费的经济性、文化性、精神享受性等特点，以最大限度地提高旅游消费的经济社会效益，促进消费者的身心健康和全面发展。

旅游消费结构的优化首先必须实现旅游消费的多样化。旅游消费多样化是旅游消费合理化的基本要求，只有选择多样化，才能满足人们需求多样化的需要，才能使供给结构合理化。同时，旅游活动各部分比例关系的协调也非常重要，既要满足人们的基本旅游需求，也要给人们提供发展性与享受性旅游消费选择的机会。

（二）要有利于实现旅游消费市场供需的平衡

旅游供求平衡问题是旅游业发展过程中的重要问题，它是旅游经济研究的核心。整体上的旅游市场供需平衡要求旅游消费的发展速度要适度，要与旅游业和其他同旅游消费有关的经济部门的发展水平相适应。旅游供求矛盾的协调有一定的难度,这与旅游业以及旅游消费与供给的特点是分不开的。旅游需求受目的地与客源地因素的影响,弹性总体较大,而旅游供给则具有一定的刚性,在一定时间内很难迅速作出调整,因此,旅游供求矛盾较难协调,特别是旅游供求的季节性矛盾。因此,旅游消费结构的合理化要充分考虑旅游供求平衡的因素,要有助于协调旅游供求的季节性矛盾,尽可能通过旅游消费结构的调整,更好地满足旺季时的旅游需求,减少淡季时的资源浪费。

(三)要有利于旅游环境的保护

从宏观角度来讲,为了旅游业的可持续发展,必须坚持环境保护的原则。良好的旅游环境是高品位旅游资源和旅游产品的重要组成部分,是旅游消费得以顺利高效进行的必备条件。人们出门旅游的主要动机之一便是追求一个清新、舒适、宁静、安全的自然环境和社会环境,因此,合理的旅游消费首先必须有利于环境的保护和生态平衡的维持,特别是在一些特殊的生态条件下,要更加注意对旅游资源的保护,对游客的旅游活动进行引导,避免造成环境破坏。在旅游消费结构合理化的过程中要注意培养人们保护环境的意识,通过旅游活动的开展,不断改善目的地的社会与自然环境,促进旅游业的可持续发展。

(四)要有利于促进旅游者素质的全面提高以及社会文明的进步

科学发展观与文明的消费方式,反映在旅游消费过程中,就是要通过旅游消费观念的改变与旅游消费内容的丰富来全面提高旅游者的素质。在旅游消费过程中要提倡文明的消费方式、健康的消费习惯与消费内容,要使旅游者通过旅游消费开阔眼界、学习文化知识、了解社会文明等,使旅游者开阔心胸、提高修养,通过旅游者素质的提升,不断促进整个社会的文明与进步。

第五节　旅游消费效果

旅游消费方式的转变及其旅游消费结构的优化等都是为了实现旅游者个人、旅游企业和整个社会的和谐有序发展的目标。是否达到了预定的目标,要通过对旅游消费效果的评价来判断。

一、旅游消费效果的含义

(一)旅游消费效果的概念

在了解旅游消费效果的概念之前,有必要先熟悉一下消费效果的定义。消费效果,通常是指消费者通过消费某种产品而满足需求的程度。从狭义角度看,消费效果是一种心理现象,即消费者对消费某种产品的主观评价及心理感受。从广义的角度来看,还包括生产者的生产性消费。生产者在生产时消耗一定的生产性资料,并通过销售产品获得收益。根据消费效果的定义,我们可以看到,旅游消费效果的概念也应包括两个方面，即从旅游者的角度以及旅游产品经营者的角度进行分析。

1. 狭义的概念界定。在旅游消费中要消耗一定量的消费资料与劳务，即旅游消费的“投入”；通过旅游消费，人们的体力和智力得到恢复和发展，精神得到满足，即旅游消费的“产出”。在游客的消费过程中投入与产出、消耗与成果、消费支出与达到消费目的的效果之间的对比关系，就是旅游消费效果。旅游消费效果是指旅游者在旅游消费过程中消费支出与达到的消费目的之间的对比关系。①

2. 广义的概念界定。旅游消费效果，是指在旅游活动过程中，旅游者消费旅游产品或旅游经营者消费生产资料而满足需求的程度和水平。因此，对旅游消费效果的概念必须从旅游需求和旅游供给两方面进行分析。从旅游需求方面看，旅游消费效果是一种心理现象，是旅游者在旅游活动过程中，通过消耗一定的时间、金钱和体力等所得到的旅游愉悦、心理感受和主观评价，即旅游者的投入与产出的关系。从旅游供给方面看，旅游消费效果是通过向旅游者提供旅游产品，消耗一定的物质产品和劳动力而获得相应的旅游收入、旅游声誉及影响力等，即旅游经营者的投入与产出的关系。② 从广义消费的角度看，旅游经营者对旅游产品的生产及供给也是一种消费，即生产性消费。所谓生产性消费，是指旅游经营者为了向旅游者提供旅游产品，必然要消耗一定的物质产品和劳动力，花费一定的资金，其构成旅游生产性消费的“投入”；而旅游经营者通过销售旅游产品而获得相应的收益，包括旅游收入、旅游产品的声誉及影响力等，就构成了旅游生产性消费的“产出”。因此，从旅游经营者的角度看，旅游消费效果就是旅游经营者“投入”与“产出”的比例关系。③

（二）旅游消费效果的类型

1. 宏观消费效果和微观消费效果。根据研究的范围不同，旅游消费效果可划分为宏观旅游消费效果与微观旅游消费效果。

宏观旅游消费效果，是从整个社会的角度考察问题，把所有旅游消费作为一个整体，从社会角度研究旅游消费资料的价值和使用价值，分析旅游消费资料的利用情况，游客对它的满足程度，旅游消费对社会生产及再生产的积极影响，以及对社会经济发展所起的促进作用。

微观旅游消费效果，是从个人的角度来考察，是指游客通过旅游消费，在物质上和精神上得到的反映，如旅游消费能否达到游客的预期效果、游客能否获得最大满足。

2. 直接消费效果和间接消费效果。根据旅游投入与产出的关系不同，旅游消费效果可划分为直接消费效果和间接消费效果。

直接旅游消费效果，是指一定的旅游消费“投入”直接取得的旅游消费“产出”的效果，如旅游者花钱乘车实现了空间的移动，花费一定的时间和金钱而获得观光

---

① 周振东．旅游经济学[M]．大连：东北财经大学出版社，2002.

② 罗明义．旅游经济学原理[M]．上海：复旦大学出版社，2004.

③ 罗明义．现代旅游经济学（修订版）[M]．昆明：云南大学出版社，2001.

游览的满足，旅游经营者通过提供住宿、餐饮等服务而获得相应的经济收入等。

间接旅游消费效果，则是指不能直接反映旅游消费的投入产出关系，如旅游消费增进人们的知识、陶冶人们的情操、提高人们的素质，以及带动和促进旅游目的地国家或地区的经济发展、社会进步及对外开放等。

3. 当前消费效果和长远消费效果。根据消费效应产生的时间不同，旅游消费效果可划分为当前消费效果与长远消费效果。

当前旅游消费效果，是指随着旅游活动的进行和旅游消费的实现，给旅游者生理、心理和精神上所带来的现实满足，以及给旅游经营者和旅游目的地国家或地区所带来的现实经济利益等。

长远旅游消费效果，是指旅游消费的产出是一种长期的潜在效果，如通过旅游活动而提高人们的素质，提高旅游目的地的吸引力和声誉等。这通常并不会马上反映出来，只有在以后较长一段时间内才能体现出来。

二、旅游消费效果的评价原则

（一）宏观消费效果与微观消费效果相结合

宏观消费效果的评价是从社会的角度进行的，是把旅游消费活动作为一个整体，评价旅游活动对整个社会带来的影响。微观旅游消费效果则是从个体的角度作出的评价。微观消费效果与宏观消费效果之间是相互联系的，微观是宏观的基础，宏观是微观的依据与整体环境。所以，对旅游消费效果进行评价时要结合微观与宏观进行整体的评价。对微观旅游消费效果进行评价是必要的，它考察了旅游者是否通过消费获得了最大满足，还考察了旅游供给企业在满足旅游消费需求的过程中是否实现了企业资源的最佳配置并取得了良好的经济效益。相比之下，对宏观旅游消费效果的评价更加重要，它是把所有的消费者作为一个整体，从社会角度研究旅游消费对资源的配置状况、环境状况以及社会文化方面的影响。只有从整体上把握问题，才能更加全面地看待问题。之所以要把微观消费效果与宏观消费效果结合起来，还有一个重要的原因是微观与宏观消费效果之间还存在着利益不一致的地方。微观考虑个人利益，宏观考虑整个社会的利益，只有个人利益服从整个社会的利益，才能更好地促进整个社会的发展。

（二）旅游产品价值和使用价值相统一

旅游产品（物质产品和劳务）作为一种商品，必须具备商品的属性，即在使用价值上必须使游客能够得到物质的与精神的享受，在价值量上要以社会必要劳动时间来衡量，同时在市场上流通时还应遵循价值规律的作用。对国际游客来说，旅游商品的价值则要以国际社会必要劳动时间来衡量。也就是说，旅游商品的数量与质量不仅应等同于国际上同等价格的旅游商品，而且要使游客得到与其支付的货币相适应的物质产品与精神产品，只有这样，才能使旅游消费效果最大化。所以，在评价旅游消费效果时要注意其价值与使用价值的统一。

（三）旅游消费效果与经济效益、社会效益相结合

旅游者消费旅游产品会产生旅游消费效果，旅游产品的生产本身还涉及旅游的经济效益和社会效益。

首先，经济效益对旅游消费效果会产生很大的影响，考察消费效果也要兼顾旅游产品生产的经济效益。例如，有些新开发的旅游产品，其消费效果可能是很好的，很受旅游者的欢迎，但对于旅游经营者来讲，由于成本及开发的技术可行性等其他方面的问题，旅游产品的经济效益却很差。因此，片面强调消费效果是不合理的。

另外，在评价旅游消费效果时还应综合考虑社会效益，考虑旅游产品的社会总成本，只有这样的评价才是全面而合理的。

（四）当前旅游消费效果与长远旅游消费效果相统一

如前所述，旅游消费效果包括当前消费效果和长远消费效果。在评价旅游消费效果时，必须坚持当前与长远旅游消费效果的一致性，不能只顾眼前消费效果，这种做法是目光短浅的一种表现，不利于旅游业的长远发展。同时，也不能不顾当前消费效果，当前的消费效果不能实现也就谈不上长远的消费效果。

案例分析

我国的入境旅游消费结构

我国入境旅游已经发展了20多年，入境旅游消费已经成了我国新的经济增长点。来华的入境旅游者从1978年的180.82万人次增加到2005年的12 029.23万人次；旅游外汇收入也从1978年的2.63亿美元增加到2005年的292.96亿美元，旅游外汇收入世界排名第6位。虽然近几年来我国旅游外汇收入增加幅度比较大，但旅游消费结构并没有明显调整。表6－1列出了2000～2005年中国入境旅游中各种消费的比例关系。

表6－1　2000～2005年中国入境旅游中各种消费比例　（单位：%）

年份	交通	游览	住宿	餐饮	商品	娱乐	邮电	市内交通	其他
2000	31	2	15	8.9	17	9	3.2	2.6	9.4
2001	28	4.5	13	8.6	21	7.7	3.8	3.4	10
2002	26	7	13	8.1	21	7.5	3.5	4.3	11
2003	26	7	12	8.2	21	7.5	3.5	4.5	11
2004	26	5.1	12	7.5	23	7.1	3.4	4.2	12
2005	28	4.2	13	9.4	22	5.8	2.9	3.5	11

表6－1反映了我国2000～2005年入境旅游者旅游过程中各项消费比例的变化情况，其中作为构成基本旅游消费的交通费（包括长途交通费和市内交通费）、游览费、住宿费、餐饮费平均分别占入境旅游者总消费的30.86%，4.96%，12.93%，8.45%，也就是说，在入境旅游者的消费构成中基本旅游消费占了约57.20%；同时，入境旅游者用于非基本旅游消费方面，如购买旅游商品和娱乐消费方面的费用相对比较少，并且呈现出下降的趋势，分别维持在20.7%和7.43%的水平。

世界旅游组织预计，到2020年中国将成为世界上最大的旅游接待国。目前我国入境旅游者数量急剧增加，我国入境过夜旅游者人数居全球第4位。但从入境旅游者的游览费用支出方面看，2000～2005年入境旅游者用于游览消费的比例分别为2%，4.5%，7%，7%，5.1%，4.2%，2004年和2005年入境旅游者用于观光游览费用的比例还有一定程度的下降。同时，多年以来观光旅游产品在我国入境旅游市场保持了44%左右的市场份额，成为我国入境旅游市场的主导产品，这说明我国观光类型的旅游产品层次低、质量不高、不能吸引急剧增加的入境旅游者。另一方面，观光型旅游产品的人均支出比其他类型的旅游产品的人均消费低，如果长期无法改变以观光旅游产品为主导的旅游产品结构，我国的入境旅游消费结构的调整就会受到制约。

在旅游业发达的国家，旅游商品的收入已经占旅游总收入的40%～60%，而我国2000～2005年旅游商品花费所占的比重平均保持在20.7%，甚至低于20世纪80年代末90年代初的28%，与30%左右的世界平均购物水平相比有较大的差距，这表明我国旅游购物还有相当大的发展空间。另外，旅游者用于“娱”的消费也非常少，仅在7%左右徘徊，这表明我国的娱乐条件远远不能满足入境旅游者的需要。

资料来源：郭巍．中国旅游消费结构存在的问题与优化对策[J]．甘肃农业，2007(3)．

案例思考题：

1. 案例中反映了我国入境旅游消费结构中存在的哪些问题？
2. 针对所出现的问题，我们应该采取哪些对策？

思考与练习题

1. 什么是旅游消费？它的特点是什么？
2. 简述旅游消费的过程。
3. 列举一个旅游消费决策模型，并谈谈你的理解。
4. 简要分析影响旅游消费方式的因素。
5. 结合我国旅游业的发展，谈谈旅游消费结构中存在的问题及其解决的思路。
6. 简述旅游消费效果的评价原则。

第七章 旅游收入分配与旅游经济影响

The Distribution of Tourism Income and Tourism Economic Impacts

学习要点：

➢ 旅游收入概念及分类，旅游收入初次分配和再分配过程

➢ 旅游乘数效应及其发挥作用的机理

➢ 旅游经济影响评价原则、方法及旅游卫星账户

Learning Points:

➢ the definition of tourism income, the process of the first and second distribution of tourism income

➢ the multiplier effect and the mechanism of its function

➢ the principles and methods of the tourism economic effects evaluation, and the Tourism Satellite Account (TSA)

第一节 旅游收入的概念及其分配

伴随着国内旅游和国际旅游的不断发展，旅游收入也在不断增长。处理好旅游收入的分配问题，不仅关系旅游活动中各方利益的协调，而且对旅游活动的健康持续发展具有重要意义。

一、旅游收入的概念及类型

旅游收入是旅游经济中的一个重要概念，它被用来衡量一国旅游经济的发展水平和旅游企业的经营效果。从国家旅游局获悉，2006 年全年入境旅游人数为 12 494.21万人次，实现国际旅游外汇收入 339.49 亿美元，分别比上年增长 3.9% 和 15.9%；国内旅游人数 13.94 亿人次，收入6 230亿元人民币，分别比上年增长 15.0% 和 17.9%；2006 年，我国旅游业总收入则达到了8 935亿元人民币，比上年增长 16.3%，相当于国内生产总值比重的 4.27%。另外，2007 年 1 ~ 11 月份中国入境旅游人数已达12 035.11万人次，同比增长 5.56%，实现外汇收入 347.48 亿美元，同比增长 11.6%。这些数字涉及我国近两年旅游业发展过程中的部分旅游人次与旅游收入状况，那么，旅游收入具体指什么？又可分为哪些类型呢？本节正是围绕这些问题进行阐述的。

（一）旅游收入的概念

旅游收入是指旅游者在旅游活动过程中所发生的一切旅游消费支出，即旅游目的地国家或地区在一定时期内（如年、季、月），通过向旅游者销售全部旅游产品及相关商品和服务的价值的货币表现形式（罗明义，2004）。旅游收入是旅游目的地国家或地区，在一定时期内通过销售旅游产品和服务而获得的货币收入的总和。

理解旅游收入的概念需要注意以下几点：首先，旅游收入是一个时间性的概念，通常以年、季、月为单位；其次，旅游收入是一个价值概念，是以货币表现的旅游产品及相关商品和服务的价值；最后，旅游收入是个多类型的概念，因研究目的不同，旅游收入的划分具有多种类型。

旅游收入之所以重要，是因为它反映了旅游经济活动运行的成果。旅游收入直接反映了某一旅游目的地国家或地区旅游经济的运行状况，是评价旅游经济活动效果的综合性指标，也是衡量某一目的地国家或地区旅游业发达与否的重要标志。[①] 旅游收入可以衡量一国或地区旅游经济的发展水平，旅游收入越高，说明来访旅游者在该地的旅游消费越多。这一方面可能是因为来访旅游者的数量较多，另一方面，可能是因为旅游者停留的时间较长、旅游消费水平较高等。无论如何，

① 罗明义．现代旅游经济学[M]．昆明：云南大学出版社，2001.

从总体上看，收入越高，该旅游目的地的旅游经济发展水平也就越高。

对于旅游企业来说，旅游收入是衡量旅游企业经营效果的重要指标，旅游收入是旅游企业经营过程中销售旅游产品而实现的产品价值。旅游收入反映了旅游产品价值的实现程度，而且旅游收入水平还会影响旅游企业的进一步发展。因此，旅游收入水平越高，旅游企业的经营效果也就越高，它反映了旅游企业在接待旅游者的过程中旅游产品及旅游服务的质量以及旅游企业的经营管理状况。另外，它也反映了旅游业对国民经济贡献的大小。旅游收入越高，旅游业所创造的税收也就越高。这些收入进一步注入国民经济的分配与流通过程中，将不断推动国民经济的发展。特别是入境旅游的发展，还有助于赚取外汇，这有利于增强国家的国际竞争力。

（二）旅游收入的类型

如上所述，旅游收入指的是销售全部旅游产品及相关商品和服务价值的货币表现形式。因此，根据不同的划分方法，旅游收入所包含的收入形式与类型也是不同的，具体划分有如下几种：

1. 据旅游收入的来源不同分类。根据旅游收入的来源不同，其可分为国际旅游收入和国内旅游收入。一国的旅游业包括入境旅游、国内旅游和出境旅游三大部分，因此对于目的地国家或地区来说，通过吸引旅游者、销售旅游产品所获得的旅游收入，根据市场来源的不同可分为国际旅游收入和国内旅游收入。国际旅游收入，是指旅游目的地国家或地区通过经营国际旅游业务，向国际旅游者提供旅游产品所取得的外国货币收入，通常被称为旅游外汇收入。国内旅游收入，是指旅游目的地国家或地区通过开展国内旅游业务，向国内旅游者提供旅游产品而取得的本国货币收入。国际旅游外汇收入是国外资金的注入，而国内旅游收入则是资金在国内不同地区的转移。

近年来，随着旅游业的不断发展，我国旅游经济的发展水平不断提高，我国的旅游收入逐渐提高，其中，国际旅游收入也有了很大的增长，如表 7－1 所示。

表 7－1　2005～2006 年我国部分城市国际旅游收入

城市	2006 年		2005 年	
	收入（万美元）	增长率	收入（万美元）	增长率
北京	402 639	11.26%	361 891	14.04%
天津	62 590	22.96%	50 901	23.39%
大连	46 500	16.25%	40 000	14.29%
上海	390 399	9.79%	355 588	16.92%
南京	67 711	17.64%	57 557	13.36%

资料来源：根据《中国旅游统计年鉴》相关资料整理。

2. 据旅游需求的弹性大小分类。根据旅游需求的弹性大小不同，其可分为基本旅游收入和非基本旅游收入。旅游者的消费包括基本旅游消费和非基本旅游消费,基本旅游消费是旅游者出游过程中最为基本的消费,一般弹性较小,比如食宿、交通和景区点的游览费用,这些构成了旅游者的基本旅游消费支出,因此也是基本旅游收入的来源。但是购物等非基本旅游消费开支形成的旅游收入则弹性较大,旅游企业应关注这部分旅游产品的开发与创新,通过这部分旅游产品的经营提高旅游收入水平。因此,一个国家或地区非基本旅游收入的比重就成为衡量当地旅游业发展的一个重要指标。非基本旅游收入比重越大,旅游收入的潜力就越大,旅游收入增长的空间也就越大。

3. 据旅游产品的形态不同分类。根据旅游产品的形态不同,其可分为商品性旅游收入和劳务性旅游收入。旅游产品是包含食、住、行、游、购、娱等多种要素组合的综合性产品,因此旅游收入必然包含了旅游者对各种要素的消费支出。按照旅游消费内容的构成不同,可将旅游收入划分为商品性旅游收入和劳务性旅游收入。

商品性旅游收入是指为旅游者提供物质形态的旅游产品而得到的收入。旅游产品是一种特殊的综合性产品,其构成中包括有形的商品,这部分商品可以通过一般的商品交换过程进行交易,在交易的过程中实现产品的价值和使用价值的转移。比如,销售各种旅游用品、纪念商品以及提供餐饮等所获得的收入。在旅游收入的构成中,旅游购物有时会占据很大的比例,特别是其中的旅游纪念品、各种工艺品和土特产品。另外,旅游过程中的餐饮消费作为消费者基本需求的一部分,也构成了商品旅游收入的重要来源,这里主要指旅游者消费各种食品、饮料以及地方小吃等而为当地带来的旅游收入。

劳务性旅游收入,是指为旅游者提供各种劳务性旅游服务而获得的收入。旅游产品是一种无形产品,是服务性的产品,因此服务性的消费构成旅游消费的主体,旅游收入中的劳务性收入贯穿旅游活动的始终,包括交通、住宿、游览、娱乐、购物及其他各种服务性收入。虽然为旅游者提供旅游产品时要以物质形态的旅游产品为依据,但从整体上来讲,旅游产品是服务性的产品,旅游者得到的是一种体验与难忘的经历,因此,劳务性的旅游产品的提供十分重要,它也是旅游收入的重要组成部分。

二、旅游收入分配

旅游收入分配对旅游经济的发展有着重要的影响。作为国民收入的一个组成部分,旅游收入分配也分为初次分配和再分配两个过程。在了解旅游收入的分配与再分配过程之前,首先要了解一下国民收入的分配过程。

(一)国民收入的分配过程

收入分配是经济运行中的一个重要环节,国民收入的初次分配是在创造它的物质生产领域进行的分配。经过这次分配得到的收入,也称原始收入。初次分配主要由市场机制形成，政府通过税收杠杆和法律法规进行调节和规范，一般不直接干预初次分配。

国民收入的二次分配，是指国民收入在初次分配的基础上，各收入主体之间通过各种渠道实现现金或实物转移的一种收入再分配过程。通过国民收入的再分配，不直接参与物质生产的社会成员或集团，从参与初次分配的社会成员或集团那里获得收入。再分配主要由政府调控机制起作用，政府进行必要的宏观管理和收入调节，是保持社会稳定、维护社会公正的基本机制。

另外，除了初次分配和二次分配之外，慈善公益事业较为发达的国家，通过多种途径和多种方式的捐助活动，将一些人的财产直接或间接地转移到了另一些人手中，客观上起到了国民收入再分配的作用，因而，被称为第三次分配。[①] 第三次分配是人们自觉自愿的一种捐赠，它带来的影响不仅是经济的，还有社会与政治的，因而发挥了市场调节和政府调节无法替代的作用。在现实生活中，国民收入是在企业、居民、政府、外国四个部门以及产品、要素和金融三个市场之间进行循环和分配的，国民收入的流量循环过程如图 7－1 所示。

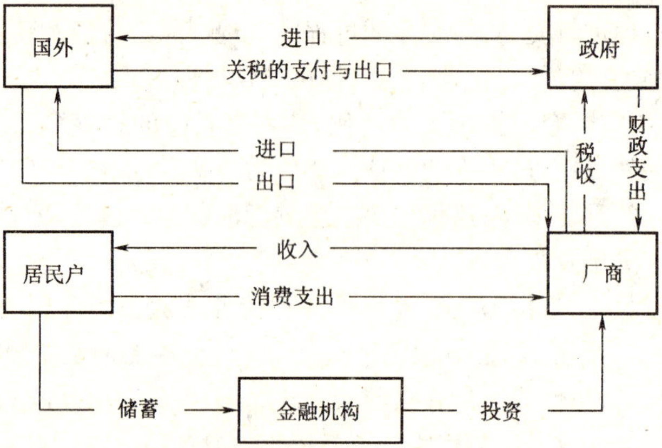

图 7－1　国民收入流量循环图

资料来源：梁小民．高级宏观经济学[M]．北京：北京大学出版社，2000.

上述的流量循环图，一方面反映了国民经济活动总量的衡量，另一方面也体现了国民收入的分配与再分配过程。

（二）旅游收入的初次分配

旅游收入的初次分配和国民收入的初次分配一样，首先是在直接创造它的生产领域进行的，即在直接经营旅游业务的旅游企业之间和旅游企业内部进行。根据旅游企业的性质，按照所有制的不同，旅游收入的初次分配存在一定的差别，但

① http://edu. sina. com. cn/exam/2006－11－30/204563030. html.

总的来讲旅游收入初次分配的内容主要包括员工的工资、企业的利润以及税金。由于旅游企业的综合性特点以及旅游经济运行过程中的特殊性,旅游收入的初次分配有一些比较特殊的地方,其中比较突出的是旅行社在旅游收入初次分配中的作用。

旅游业是一个综合性的产业,在旅游经济活动的运行过程中,旅游者的消费活动涉及各个旅游企业,如旅行社、饭店、景区、交通运输业等,其中旅行社业起到了十分特殊的作用,这种作用在包价旅游中体现得尤为明显。在包价旅游产品的生产销售过程中,旅行社作为旅游业的"龙头"部门,根据旅游市场的需求组织包价旅游产品,再以整体价格出售给旅游者,获取旅游收入。在这个过程中,旅行社首先需要向提供旅游服务的其他相关旅游企业采购、预订单项旅游产品,然后再组合成综合性的旅游产品。这种包价旅游收入首先表现为组团旅行社的营业总收入,在扣除了旅行社的经营费用和应得利润后,旅行社根据其他各旅游企业提供产品和服务的数量和质量,按照预定的收费标准、所签订的经济合同中列定的支付时间、支付方式和其他有关规定,将旅游收入分配给有关的旅游企业。[①] 这体现了旅行社在包价旅游中的特殊作用,体现了旅行社与其他相关旅游企业之间的关系。由于旅行社起到了对包价旅游供给的组织作用,因此,旅游收入的初次分配比较特殊。

在包价旅游产品经营过程中,旅游收入通过旅行社在旅游企业之间进行分配,然后旅游收入的初次分配再按照国民收入初次分配的过程与原则在旅游企业内部进行分配。旅游企业为旅游者提供旅游产品与服务所获得的旅游收入并不全部参与初次分配,而应从中扣除当期为提供旅游产品而消耗的原材料的支出、设施设备的折旧、低值易耗品的补偿等,得到的旅游收入净值在旅游企业内进行分配。这些收入在初次分配的过程中被具体分为员工工资、政府税收及企业利润。

1. 员工工资。旅游企业的员工在旅游经济中投入的是自身的劳动力,因此,在旅游收入的初次分配过程中,旅游企业应根据按劳分配的原则向旅游从业人员支付报酬,以满足职工劳动力恢复和家庭正常生活的需要,以及实现人力资源再生产的需要。

2. 政府税收。除了员工工资以外,在初次分配的过程中还应缴纳各种税收,旅游企业必须按照国家税收政策的规定向政府缴纳的各种税收,包括营业税、增值税、所得税及其他税收等。税收政策的变化会影响到旅游收入的初次分配,这是国家通过宏观调控政策对国民收入分配的调节。

3. 企业利润。旅游收入的初次分配中,旅游企业将支付了员工工资、上缴税收及支付各种利息、租金等费用之后的余额作为企业利润。

(三)旅游收入的再分配

如上所述,国民收入的再分配,是在初次分配形成了国家、企业、生产劳动者的

① 罗明义. 旅游经济学原理[M]. 上海:复旦大学出版社,2004.

原始收入的基础上,在全社会范围内进一步进行分配的过程。通过国民收入的再分配,不直接参与物质生产的社会成员或集团从参与初次分配的社会成员或集团那里获得收入,这种收入又称派生收入。再分配过程是为了维持和发展非物质生产部门的需要,协调经济的发展,建立社会保障基金和后备基金,因此,再分配的意义非常重大。国民收入的再分配主要通过国家财政预算、银行信贷、价格和劳务费来实现。

作为国民收入的一部分,旅游收入的再分配过程与国民收入的再分配一样,是在旅游收入初次分配形成的原始收入的基础上,国家、旅游企业以及旅游企业员工的收入在全社会范围内再次分配的过程。旅游收入的再分配也是通过政府预算、银行信贷以及价格和劳务费来实现的。

1. 旅游企业员工工资收入的再分配。员工工资收入的再分配主要是通过价格和劳务费以及银行信贷的方式进行的。首先,为了满足员工自身与家庭的物质文化生活需求,员工会把工资收入的一部分用于购买他们所需要的基本生活资料与发展所需资料,这部分收入通过价格、劳务费的形式在全社会进行再分配,从而使相关部门和企业获得了收入。其次,个人与家庭消费之后所剩下的部分,员工出于安全等其他需要,会用于购买保险或存入银行来进行投资或储蓄,这一部分收入通过银行信贷的方式进行再次分配。因此旅游企业员工的工资收入通过价格、劳务费以及银行信贷等方式,在再分配的过程中流向不同部门和企业,进入国民经济收入的流量循环中。

2. 政府税收收入的再分配。政府税收收入的再分配过程主要是通过财政预算、政府购买、银行信贷的方式实现的。政府的税金收入作为财政收入的重要部分,通过政府的各种财政支出方式来实现旅游收入的再分配。例如,政府通过财政预算或者政府购买的方式,用于发展国民经济和社会公共福利事业,以及各项基础设施等;通过财政拨款,支付国家机关、文教卫生等事业单位的经费和工作人员工资,推动社会经济的繁荣和发展;通过银行信贷的方式,支持国家重点项目的建设等。政府旅游收入的再分配过程,是政府宏观调控的重要方式,通过宏观调控,改善国民经济的运行环境,以期更好地促进国民经济以及旅游经济的发展。

3. 旅游企业收入的再分配。旅游企业的收入再分配主要是通过价格和劳务费的形式来实现的。旅游企业的收入主要用于为了企业扩大再生产而进行的各种投资。旅游企业为了企业的发展向其他相关企业购买各种物质生产资料和服务,比如设施设备的更新、企业的扩大建设等,这样,旅游企业的收入就通过价格和劳务费的形式转化为相关企业的收入。另外,旅游企业收入中的公益金则主要用于旅游企业的福利建设,是用来满足旅游企业员工各项需求的。所以,旅游企业收入通过价格与劳务费的方式,在再分配的过程中流向直接或间接为旅游企业提供产品与服务的相关部门或企业。

三、旅游收入分配的作用

（一）旅游收入分配对旅游业的促进作用

旅游收入分配的首要作用就是对旅游业的促进作用。旅游收入反映了旅游业的经营效果，旅游收入分配作为旅游经济运行中的一个重要环节，对旅游经济的发展有着重要的促进作用。经过初次分配，旅游收入在国家、旅游企业和旅游企业员工之间分配而形成原始收入。这些原始收入又通过再分配在全社会进行分配，这是旅游企业的扩大再生产以及旅游企业员工自身发展的必要条件。因此，旅游收入经过初次分配与再分配后形成积累基金和消费基金，有利于为扩大再生产以及扩大劳动就业、提高劳动者的素质提供良好的条件。所以，旅游收入分配对旅游业的发展起着很大的促进作用。

（二）旅游收入分配对社会经济发展的带动作用

经过旅游收入的初次分配与再分配过程，旅游收入注入国民经济的各个部门中。这部分收入必将会带动国民经济的进一步发展。首先，旅游收入分配对社会经济的发展起到了很好的协调作用，旅游业是服务性产业，旅游企业收入的再分配过程能够协调在经济、文化、自然条件等方面发展不平衡地区的经济结构，尤其是对贫困地区以及边远地区的社会经济发挥促进作用，因此，旅游收入分配对整个社会经济的发展能起到良好的协调作用。其次，旅游收入分配的作用突出表现在它对其他行业的带动作用上。旅游业的综合性与关联性使得旅游收入的乘数效应非常明显。通过旅游收入的初次分配与再分配过程，旅游收入不断注入国民经济的循环中。通过旅游乘数作用的发挥，旅游收入直接与间接的作用将会带动国民经济的不断发展。

（三）旅游收入分配对产业结构合理化的促进作用

由于旅游业的综合带动性以及较强的产业关联度，旅游收入分配对产业结构合理化也会起到一定的促进作用，其作用的发挥主要是通过影响投资结构与产业结构来实现的。旅游收入的增加以及分配过程，使旅游收入不断注入国民经济中，大量资金的注入必定会带来更多的旅游需求与旅游供给。在市场经济条件下，需求影响供给，影响旅游经营者的投资结构与投资方向，投资结构的变化又会进一步引起产业结构的变化。因此，在这一过程中，旅游收入分配不仅使旅游业的整体规模扩大了，而且在旅游收入分配的过程中，通过市场的调节，它还会使产业结构随着需求的变化趋势而不断趋向合理化。因此，旅游收入分配有助于产业结构的合理化。

第二节　旅游乘数效应

旅游乘数效应是旅游经济学研究中的重要理论之一。旅游经济活动的综合性和强关联性，使得旅游经济的乘数效应相对较为突出，这是众多国家重视发展旅游业的重要原因之一，尤其在发展中国家中，旅游乘数效应更是受到了高度重视。

一、旅游经济的乘数效应

（一）旅游经济乘数效应的概念

作为宏观经济学的一个重要概念，乘数效应（Multiplier Effect）即支出或收入乘数效应，是指支出的变化导致经济总需求的变化，或者是自发总需求的变化所引起的国民收入的变化。乘数概念起源于19世纪后半叶，在经济学家巴奇霍特分析了紧缩产业对经济中其他产业所引起的负面影响之后，不少经济学家对乘数理论展开了长期的研究。英国经济学家卡恩在《国内投资与失业的关系》中提出了就业乘数，其后，凯恩斯等经济学家进一步完善了这一理论，用以说明某行业的一笔投资或收入不仅能增加本部门的收入，而且会在整个国民经济中引起连锁反应，最终会带来数倍于这笔投资款的国民收入的增加量，这就是乘数效应。但是其他一些经济学学派低估或否认这一效应对于宏观经济的重要性。乘数是现代经济学中用于分析经济活动中某一变量的增减所引起的经济总量变化的连锁反应程度，这种变化不是一次发生，而是一次又一次地连续发生并发展。例如，一笔原始花费进入某一经济领域系统后，会经过流通的多次循环，使原来那笔货币基数发挥若干倍的作用。这种多次变化所产生的最终总效应，就称为乘数效应。

经济活动中之所以会产生乘数效应，是因为各个经济部门在经济活动中是互相关联的。某一经济部门的一笔投资不仅会增加本部门的收入，而且会在国民经济的各个部门中引起连锁反应，从而增加其他部门的收入，最终使国民收入总量成倍地增加。由此可见，某一行业的发展必然会促进一系列同该行业相关的间接部门的发展，从而带动整个国民经济的协调发展。

从上述分析中可以看到，旅游乘数效应是指旅游支出的变化导致的经济总需求的变化，表示旅游经济活动的变化引起的经济总量变化的连锁反应程度。结合旅游业自身的特点来看，旅游经济具有很强的综合性和关联带动作用，因此。旅游经济的乘数效应是非常明显的。旅游收入乘数表明旅游目的地对旅游行业的投入所导致的本地区综合经济效益最终量的增加，是用来衡量旅游收入在国民经济领域内通过初次分配和再分配的循环，给该国或地区的社会经济发展带来的增值效应和连带促进作用的程度。[①] 通过旅游乘数的直接与间接作用的发挥，旅游收入不断对该目的地产生影响，直至因漏损的存在而流出该区域。比如说，一位滑雪旅游者购买了一张15美元的门票，当地的旅游者把这15美元作为员工工资的一部分发给员工，该员工又用这些钱购买日用品，日用品商店用这些钱付房租，房东用这些钱干洗衣服，洗衣店老板用这些钱去餐馆吃饭，餐馆老板又用这些钱购买从别

① 周振东．旅游经济学[M]．大连：东北财经大学出版社，2002．

的城市运来的牛排。到这一时刻为止，这些收入从该区域流出了，因此，它不再对当地的经济产生影响，此时就产生了旅游漏损。旅游漏损包括两种情况，一种是作为储蓄，另外一种就是我们刚才所说的因为购买外地的或者是进口产品而流出该区域。

（二）旅游乘数效应的影响因素

旅游经济的综合性与关联带动性很强，旅游经济活动的变化必然会引起相关行业以及整个社会经济的变化，这是旅游乘数发挥作用的原因。也正是基于这一原因，旅游乘数效应的发挥受到多种因素的影响。

1. 市场因素的影响。乘数效应的发挥要求经济是高度市场化的，自发性需求的变动能迅速通过这样的市场传递和扩散，从而产生乘数效应。但是，我国的市场化改革到目前为止也只有20多年的时间，市场的发育不健全、不充分，市场体系与市场机制都不完善，这就使得旅游乘数扩张过程不顺畅甚至有所扭曲，从而扩张的倍数也大打折扣，乘数效应因此也会受到影响。

2. 资源因素的影响。乘数效应的发挥要求资源数量和结构上的支持，即旅游供给不仅能在总量上满足需求，也能在结构上满足需求。虽然我国旅游业取得了很大的发展，但旅游业的供给和需求是不平衡的，尤其是旅游供求结构上的不平衡。乘数效应的最终形成不是一蹴而就的，而需要一定的作用时间。比如在旅游经济运行中，很有可能旅游乘数作用机制因为受到供给约束而导致再生产循环的中断，这样实际上自发性需求变动所产生的乘数效应就可能没有乘数公式计算的那么大。

3. 边际消费倾向的大小。边际消费倾向的大小也会影响旅游乘数效应的发挥。凯恩斯在卡恩《国内投资与失业关系》中提出的乘数概论的基础上，利用边际消费倾向概念建立了投资乘数理论。该乘数表示投资增量与收入之间的比例关系，即边际消费倾向越大，收入中用于投资的比例就越大。因此，在边际消费倾向较大的情况下，旅游收入对国民经济的带动作用更大。可见，旅游乘数效应与边际消费倾向是成正比例关系的，边际消费倾向对旅游乘数效应也有很大的影响。

4. 国民经济中产业结构的协调与完备程度。旅游经济乘数效应的发挥源于旅游行业与相关行业的关联程度，联系越紧密则旅游经济乘数效应越大。只有国民经济中各产业之间有着协调的关系，此时旅游经济活动的发展才会更好地带动相关行业的发展。其次，产业结构的完备程度也会对旅游经济乘数效应的发挥产生很大的影响。产业的完备程度是为了满足旅游经济运行过程中旅游业对相关生产资料的需求，完备性程度越高则旅游漏损越低，乘数效应就越大。也就是说，如果接待国的经济实力很强，技术先进，并且生产门类齐全，经济上自给的程度很高，无论是在数量上还是在质量上都能够满足国内旅游企业、居民及外来旅游者对各种物质商品和服务的需要，那么便有可能使游客的旅游消费所带来的收入更多地留在目的地经济系统内，减少对进口商品和服务的购买。自给的程度越高，旅游乘数的值就越大。

二、旅游乘数效应的类型及计算

根据凯恩斯的乘数原理，乘数等于收入的增加量除以投资的增加量，其中的收入增加量又由消费的增加量和储蓄的增加量（$\Delta Y = \Delta C + \Delta S$）或者消费增加量与投资增加量（$\Delta Y = \Delta C + \Delta I$）共同构成，所以，用公式表示：

$$
\begin{aligned}
K &= \frac{\Delta Y}{\Delta I} \\
&= \frac{\Delta Y}{\Delta Y - \Delta C} \\
&= \frac{1}{1 - MPC} \\
&= \frac{1}{MPS}
\end{aligned}
$$

式中：K 为乘数；MPC（Marginal Propensity Consume）为边际消费倾向；MPS（Marginal Propensity Savings）为边际储蓄倾向。

乘数效应的大小与边际消费倾向有着密切的关系，边际消费倾向越大，则增加的国民收入中用于消费支出的部分就越大，引起的下一轮总需求增加也就越多。

旅游业的综合性与关联带动性较强，旅游收入的乘数效应体现在多个方面，因此，旅游乘数效应也有多种类型。

（一）旅游的收入乘数效应

旅游乘数效应首先表现在旅游的收入乘数效应上，即旅游企业的收入增加与其引起的国民经济中其他行业经济总量的增加之间的比率关系，它反映了旅游业对国民经济的关联带动作用。根据世界旅游及旅行理事会（WTTC）的统计数据，全球平均旅游乘数是2.5，即旅游者每支出100万元，国民收入将增加250万元。因此，旅游的收入乘数效应反映了一个地区旅游业的发展对国民经济的影响。表7－2列出了一些著名旅游目的地的旅游收入乘数效应。

表7－2　一些著名旅游目的地的旅游收入乘数估计

目的地	乘数
百慕大（Bermuda）	1.09
埃及（Egypt）	1.23
斐济（Fiji）	0.72
中国香港（Hong Kong）	1.02
中国澳门（Macau）	1.17
英国（United Kingdom）	1.73
土耳其（Turkey）	1.96
冰岛（Iceland）	0.64
塞浦路斯（Cyprus）	1.14
美国密苏里州（Missouri State，USA）	0.88

资料来源：谭佩琴．澳门旅游收入乘数研究[J]．华侨大学学报（哲学社会科学版），2006(1)（作者整理）．

我们可以通过一个简单的例子来说明旅游收入乘数效应的计算。假设总的旅游收入为10 000美元，而根据相关统计数据的计算，当地的边际消费倾向 *MPC* 为0.5，此时的旅游乘数效应为：结合乘数效应的公式 $K=1/(1-0.5)=2$，所带来的乘数效应就应该是 $2\times10\ 000=20\ 000$（美元）。可见，旅游收入的增加，通过乘数效应的发挥可以带来当地经济总收入成倍的增加。我们还可以通过另一种方式作一下具体的解释，由于边际消费倾向是指收入中用于消费的数量，那么在第一次循环过程中进入消费领域的旅游收入是 $10\ 000\times0.5=5\ 000$（美元），以下以此类推，分别是 $5\ 000\times0.5=2\ 500$（美元），$2\ 500\times0.5=1\ 250$（美元），$1\ 250\times0.5=625$（美元）……这是一个等比数列，通过等比数列的求和公式可得乘数效应为：

$$10\ 000\times\frac{1-0.5^n}{1-0.5}=20\ 000\text{（美元）}$$

在第一轮循环中，旅游收入的增加引起自发总需求量的增加，由于边际消费倾向的存在，自发需求总量的增加又进一步影响国民收入的增加，这样一直循环下去。

旅游收入的乘数效应是分三个阶段进行的。

第一阶段，直接影响阶段。这一阶段主要是通过旅游收入的初次分配进行的，旅游者的消费支出，亦即旅游收入首先注入各主要的旅游企业和部门，如旅行社、饭店、交通运输部门等，这些企业和部门首先受益。

第二阶段，间接影响阶段，即直接受益的旅游企业和部门，在扩大再生产的过程中要向有关部门和企业购进原材料。各级政府从旅游收入中得到的税金收入，再投资于其他企事业、福利事业的建设等，使这些部门在不断地经济运转中获益，即间接地从旅游收入中获益，即为间接影响阶段。

第三阶段，诱导影响阶段，即无论是直接或是间接为旅游提供服务的旅游部门或其他企事业单位的职工，把获得的工资、奖金用于购置生活消费品或用于服务性消费的支出，从而促进了相关部门和企事业的发展。另外，那些从旅游收入的分配与再分配运转中受到间接影响的部门和企事业，在再生产过程中不断购置生产资料，从而又推动了其他相关部门生产的发展。

旅游收入就是通过多次的分配与再分配，对国民经济各部门产生着连锁的经济作用。

（二）旅游的就业乘数效应

就业乘数（Employment Multiplier）有两种表示方法，一是指某一特定数量的旅游消费所带来的就业人数的增加，另外，还可以表示由某一特定数量的旅游消费所带来的直接就业人数与继发就业人数之和同直接就业人数之比。旅游业是劳动密集型行业，能吸收各个层次的较多的劳动力就业。世界旅游组织认为，旅游业每增加一个直接就业人员，能为社会创造5个以上的就业机会，产生极大的就业乘数效应。另外，世界旅游与观光理事会的资料分析表明：旅游业是世界上最大的就业部门，远远超过制造业和其他行业。2004年,世界上平均每13份工作中就有1份是旅游业创造的,旅游及旅行行业将占全球就业总量的2.7%。到2005年,全世界旅游及旅行行业将创造6 970万份工作,旅游及旅行经济将创造2.01亿份工作。2004年,中国旅游及旅行经济将直接或间接创造5 410万份工作,占总就业量的7.4%。①

综上所述,旅游就业乘数的衡量有两种方法:其一,单位旅游消费所带来的就业人数;其二,由单位旅游消费所带来的直接就业人数与继发就业人数之和同直接就业人数相比而得到的数值。这两类方法都可用来分析旅游业的经济影响。

(三)旅游的政府收入乘数效应

政府收入乘数,即旅游收入增加量与当地政府收入净增量之间的比例关系。政府收入的净增量是指政府从旅游业获得的税收及各项收益减去政府向旅游业投资后的余额。地方政府将旅游业上缴的税金用于其他企事业单位的投资,用于政府部门的行政经费和支付政府工作人员工资等。这些资金再进一步通过分配和再分配过程,不断地扩大政府收入。该乘数用来测定旅游经济活动给国家和地区政府带来的宏观效益。

当然,旅游经济乘数效应还有其他类型,比如企业营业收入乘数、居民收入乘数、进口额乘数等。所有这些都是由旅游消费与旅游收入通过国民收入的分配与再分配过程,注入国民经济中,通过直接、间接与诱导等阶段的作用带来的增值。

三、旅游乘数效应的意义及局限性

(一)旅游乘数效应的意义

由上述定义可知,旅游乘数是旅游支出的变化导致的经济总需求的变化。乘数效应的影响是广泛而且深远的,随着经济活动的运行,旅游收入的增加将对国民经济产生一系列的影响,结合旅游乘数效应的类型来看,旅游乘数效应的意义主要体现在以下几个方面:

1. 旅游乘数效应的发挥会促进社会经济的发展。这是旅游乘数效应最直接的意义,即旅游收入的增加通过乘数效应的发挥带来了国民收入的增加。通过初次分配与再分配的过程,旅游收入进入该地区的经济运行过程中,由于投资量的增加,必定为当地经济的发展注入大量的资金。由此,当地的经济总体投资规模增加了,其总收入必定会增加。

2. 旅游乘数效应的发挥会带来大量的就业机会。首先,由于旅游业的特点,旅游业本身就可以吸引各个层次的大量的就业人员。同时,鉴于旅游业的发展对其他行业的依赖,旅游支出必定会产生对相关行业的需求,相关行业的发展则会产生大量的就业机会。特别是对一些资源丰富的发展中国家来讲,旅游乘数效应的发挥有利于改善当地居民的就业状况。因此,旅游乘数效应对促进地区的发展尤

① WTTC.旅游及旅行业对就业和国民经济的影响·中国暨香港特别行政区.2003.

其是增加就业意义重大。

3. 旅游乘数效应的发挥对于增加政府与个人收入来讲具有重要作用。旅游业及其乘数效应带来的相关行业的发展，必定会为政府增加税收收入，另外，经济的发展会使目的地居民也从中受益，有助于提高当地居民的收入水平与生活质量。

乘数效应是一把双刃剑，它对经济的发展起到一种倍增的作用，当总需求增加时，通过这种连锁反应，国民收入会成倍的增加。同样，在总需求减少的情况下，国民收入也会因为乘数效应的存在而成倍的减少。因此，我们应充分关注旅游乘数效应的意义，发挥其积极作用，以促进旅游经济以及国民经济的发展。

（二）旅游乘数效应的局限性

乘数效应的发挥需要一定的条件，即乘数效应理论存在一定的局限性。对于旅游乘数效应来讲也是如此，其局限性主要体现在以下几个方面：

1. 旅游乘数效应的发挥需要有剩余的生产能力，即要能够满足新增的对投资品和消费品的需要。因为，只有总投资量的增加才会发挥乘数效应，投资方向的变化不一定会产生乘数效应。例如，在旅游饭店方面的收入通过乘数效应使总收入增加，但在旅游交通方面收入的减少，又因为乘数效应而使总收入减少，最终，总收入不一定会增加。又如，由于国内旅游市场、国际旅游市场日趋成熟和规模化，旅游消费受到刺激，从而给其他关联部门造成很大的压力，如果不进行新的投资，只是在相关的替代性企业间进行协调，则乘数效应的大小无法确定。如果当地没有足够的剩余生产能力，需要从其他地区进口的话，此时则会产生漏损。由此可见，如果经济中不存在闲置资源和存货，或“瓶颈”制约比较严重，旅游乘数理论失去这一前提条件后就可能会“失灵”而变得毫无价值。① 因此，剩余生产能力对一个地区旅游乘数效应的发挥具有很大的限制作用。

2. 乘数效应受产业结构的协调与完备程度的制约。在旅游经济发展过程中，各个环节都可能会产生旅游收入的漏出现象，从而影响旅游乘数效应的发挥，因此，旅游目的地国家或地区要拥有较为完备的社会经济结构。不同的经济背景会产生不同性质和不同量值的乘数。如果接待国经济实力很强，技术先进，并且生产门类齐全，经济上自给的程度很高，无论是从数量上还是质量上都能满足国内企业、居民及外来旅游者对各种物质商品和服务的需要，那么便有可能使旅游消费所带来的收入尽可能多地留在国内，减少对进口商品和服务的购买。自给的程度越高，旅游乘数数值就越大，乘数效应就越强。反之，如果接待国或地区经济落后，生产门类不全甚至单一化，不能满足人们对有关商品和服务的需要，那么，该国或地区势必会在相应的经济领域过度依赖进口，乘数效应就必然很微弱。而且，经济规模越小、产业关联越弱，边际进口倾向就越高，乘数效应也就越不显著。

3. 旅游经济中交易费用的存在也会影响旅游乘数效应。旅游经济运行中可

① 匡林．关于旅游乘数理论的几个问题[J]．华侨大学学报，1996(3)．

能会因为信息不对称而存在一些交易费用,如果有需求却不知道如何获取该需求,或者是交易费用太大而无法获取该需求,旅游乘数效应的发挥都会受到影响。我们知道,旅游业是综合性较强的行业,旅游经济过程中涉及多次旅游交易的过程,所以,旅游乘数效应的发挥也具有一定的局限性。

4. 乘数效应是适用于短期的,旅游乘数效应也存在这种局限性。乘数效应属于需求决定论,从长远来看还应考虑供给能力。哈耶克认为短期的消费会抑制长期的投资,因此会影响长期的经济增长潜力。

第三节　旅游经济影响的评价

虽然旅游经济影响是巨大的,但是由于旅游经济的综合性和复杂性,要对旅游经济影响进行准确衡量还存在一定的困难。本节主要就现有的旅游经济影响评价方法作一简单介绍。

一、旅游经济影响的评价原则

旅游经济的发展对社会、经济、文化各个方面都会产生很大的影响,因此,对旅游经济影响的评价尤为重要。对旅游经济影响的评价可以使我们及时了解旅游业的发展状况,把握旅游业发展的方向和步伐。另外,对旅游经济影响的评价可以使我们及时了解旅游业对社会经济各方面的影响程度,尤其是对旅游经济影响的性质作出判断,对旅游经济的积极影响和消极影响进行区分,由此可以趋利避害,充分发挥旅游经济的积极影响,带动社会经济的不断发展。所以,对旅游经济影响进行评价十分重要,在评价的过程中我们必须坚持一些评价的基本原则,确保对旅游经济影响的评价准确而合理。其中,具体的评价原则包括以下四个方面。

(一)目的地和客源地相结合的原则

在对旅游经济的影响进行评价时,人们更多地关注旅游目的地,这是因为游客离开自己的惯常环境开展旅游活动,大部分时间是在旅游目的地开展活动的。因此,讲到旅游经济的影响多是对目的地带来的影响。旅游经济对目的地的影响是非常直接和深远的,分别体现在经济、政治、文化等方面,尤其是在经济方面,旅游活动的开展带来大量资金的注入,这些资金在目的地经济中不断的循环流动,将会促进目的地经济的不断发展。但是,为了全面评价旅游经济的影响,必须要结合客源地一起进行。旅游活动的开展对客源地也会带来影响,对于客源地来讲,游客的出游活动会导致资金流出该地,产生一定的漏损,因此,会对客源地经济的发展产生一定的影响。另外,为了方便游客出游活动的开展,客源地需要有一些旅游服务企业为游客开展信息咨询等服务,因此,客源地也需要建立大批的旅行社等旅游企业,这在一定程度上为客源地提供了大量的就业机会,促进了客源地的发展。除此之外,客源地居民的旅游活动有利于提高居民的素质、增长见识、开阔眼界,这对改善客源地的社会文化环境也会起到很大的作用。

（二）宏观方面和微观方面相结合的原则

旅游经济既有宏观方面的影响，也有微观方面的影响。

宏观方面的影响主要是对作为目的地和客源地的整体影响，如对整个社会经济、文化、环境等的影响。旅游经济的宏观影响有可能带来社会整体效益，也可能因为旅游经济的发展而带来一定的社会成本。

从旅游企业的角度来分析旅游经济的影响则是微观方面的。旅游经济对旅游企业的影响是直接的，旅游经济的发展会因为旅游业的综合性与联动性带动相关行业中企业的发展。因此，旅游经济会对旅游企业的经营、管理等各个方面产生一系列的影响，这是旅游经济的微观影响。

（三）定性与定量相结合的原则

定性评价是为了把握旅游经济影响的性质，从旅游经济影响的“质”的方面进行评价。定性评价可以使我们认识旅游经济影响是积极的还是消极的，从根本上认识旅游经济的影响，是我们引导、利用旅游经济的前提与关键。定量评价是旅游经济影响“量”的方面，这是为了把握旅游经济影响的程度，使我们清晰地了解旅游经济对社会各个方面的影响，我们应该如何分配各个方面的精力与资源以更好地发挥旅游经济的作用。

（四）综合全面的原则

对旅游经济影响的评价要坚持全面的原则。首先既要看到旅游经济影响积极的一面，还要认识到旅游经济影响的消极方面。旅游经济既可以带动整个经济的发展，也会影响目的地的经济结构，给经济的发展带来影响。旅游经济既能够促进目的地与客源地的友好交往，也会在开展旅游活动的过程中对目的地的文化、环境等产生破坏。另外，评价的全面性还要求评价时坚持经济效益、社会效益以及环境效益相结合的原则，从经济、社会、环境等方面综合评价旅游经济的影响，只有这样才能客观评价旅游经济的影响。

二、旅游经济影响的评价方法

旅游经济影响的评价方法，总体来讲可分为定性的评价方法和定量的评价方法。

（一）定性评价方法

定性分析主要是凭分析者的直觉、经验，凭分析对象过去和现在的延续状况及最新的信息资料，对分析对象的性质、特点、发展变化的规律作出判断的一种方法。定性分析主要是通过文字语言分析旅游经济影响的性质，即所产生的影响是积极的还是消极的，以及这些影响的特点与发展变化的规律等。定性分析的具体方法是通过归纳与演绎、分析与综合、抽象与概括等基本的分析方法进行的。比如，通过对旅游经济对目的地各种影响的归纳，总结出旅游经济对目的地影响的特点与性质；通过旅游经济发展变化的规律预测旅游业的发展趋势；通过对旅游经济的内在规律性对某个具体地区旅游经济的影响进行演绎分析，提出一些处理的具体措施等。在这些过程中运用分析与综合、概括与抽象的分析方法进行综合评价，有利于全面认识旅游经济的影响。

（二）定量评价方法

定量分析是依据统计数据建立数学模型，并用数学模型计算出分析对象各项指标及数值的一种方法。许多学者对定量的评价方法进行了有益的探索，比如对旅游乘数与旅游卫星账户评价法的研究，华南师范大学的李江帆等人提出的旅游增加值剥离测算法，以及云南大学的罗明义对旅游税收的分类测算法、旅游投资贡献—效率分析法、旅游业地区影响力模型以及可计算一般均衡（CGE）模型分析法等。由于在本章第二节和本节内容中专门对旅游乘数以及旅游卫星账户进行说明，所以此处主要介绍其中的三种定量分析方法。

1. 增加值剥离测算法①。华南师范大学的李江帆等提出了旅游增加值剥离测算方法。根据李江帆等人的研究，在旅游增加值剥离测算模型中的旅游增加值，应该是为旅游者所提供的全部服务和物质产品而实现的增加值，包括交通、住宿、餐饮、游览、娱乐、商业及通信等行业。这是对旅游增加值首先进行的界定，这一步是十分关键的，只有界定清晰，才能避免在计算增加值时多算或者漏算旅游业的增加值。旅游增加值剥离测算法的具体步骤如下：

（1）计算旅游业内部相关各行业的增加值率。旅游业内部相关各行业增加值率的公式为：

$$r_{GDP_i}=\frac{GDP_i}{TP_i}$$

式中：r_{GDP_i}是旅游业内 i 行业增加值率；GDP_i 是旅游业内 i 行业的增加值；TP_i 是旅游业内 i 行业的总产值。

比如，根据该方法测算得广东省交通运输业的增加值率为 45.65%，邮电通信业的增加值率为 52.45%，社会服务业的增加值率为 45.04%，商业增加值率为 8.46%（李江帆等在计算时考虑到游客光顾的商品销售利润率较高，故将数据提高到 10%）。增加值率的计算是建立在大量的统计数据基础之上的。

（2）计算旅游业内部各行业的旅游收入。旅游业内部各行业的旅游收入的公式为：

$$T_i=T\times R_i$$

式中：T_i 是旅游业内 i 行业的旅游收入；T 是旅游总收入；R_i 是旅游者对 i 行业旅游消费所占的比重。

---

① 罗明义．旅游经济学：分析方法·案例［M］．天津：南开大学出版社，2005．

比如，某年广东旅游总收入812亿元，旅游者在广东旅游花费中用于旅游购物开支的比重为17.97%，则利用该公式可计算获得商业中来自旅游的收入为145.93亿元。同理，在数据允许的情况下可以计算得：交通运输198.22亿元，邮电通信18.19亿元，社会服务319.49亿元。

(3)计算旅游业内部各行业的旅游增加值。旅游业内部各行业的旅游增加值公式为：

$$TG_i = r_{GDP_i} \times T_i$$

式中：TG_i为各行业的旅游增加值。

因此，根据第1步和第2步的计算结果，可以分别得到各个行业的旅游增加值：交通运输90.49亿元，邮电通信9.54亿元，社会服务业143.90亿元。

(4)计算旅游增加值剥离系数。旅游增加值剥离系数的公式为：

$$I = \frac{TG_i}{GDP_i}$$

进一步，可以由各行业的旅游增加值除以该行业总增加值获得旅游增加值剥离系数：交通运输24.8%，邮电通信业7.2%，社会服务业54.1%。李江帆、李美云还将该剥离系数推广到其他19个省市，以计算各省市的旅游增加值，该值和GDP相比就得出旅游业对国民经济的贡献。这种方法需要严格的条件，对数据具有很高的要求，因此，此方法的使用有一定的局限性。

2. 旅游税收分类测算法①。税收是衡量旅游经济对国民经济影响的一个重要指标，因此，通过对旅游税收的分析，能十分清晰地说明旅游经济的影响。罗明义提出的旅游税收分类测算法，是一种较为客观的分析旅游业对税收和财政收入贡献的重要方法。税收分类测算法，主要是以旅游业总收入和旅游者消费抽样调查为依据，按照旅游者的消费及相关行业的税率，计算各行业的旅游收入和税收，汇总后得到旅游业的总税收，用于和相应的国家或地区的总税收和财政收入进行比较，便能分析和评价旅游业对税收和财政的贡献和影响力。

旅游税收分类测算法的步骤首先就是对旅游收入进行分类，然后再根据不同收入的税率以及不同的税种计算各项旅游收入的税收，最后计算出旅游收入的总税收，从中分析旅游业对税收的贡献。这种方法的步骤看似简单，但由于旅游业的综合性，旅游收入的种类较多，相关的税率也有不同，所以，旅游税收分类测算方法也是一种较为复杂的定量评价方法。

3. 旅游业地区影响力模型评价法②。旅游业地区影响力模型是一种综合的定量分析方法，旅游业除了对一个国家或地区的经济增长、财政收入作出贡献外，同时还拉动了对相关产品和服务的消费，创造了更多的就业机会，促进了个人收入的增加。因此，旅游业地区影响力模型评价法主要是通过对旅游者和旅游经营者的

① 罗明义．旅游业税收贡献的分类测算方法[J]．旅游学刊，2001(2)．

② 罗明义．旅游经济学：分析方法·案例[M]．天津：南开大学出版社，2005．

调查来评估一个地区内的旅游消费状况，以及由此而创造的就业机会。1981 年美国学者华森纳为了进一步分析旅游业对地区经济社会发展的影响力，改进了费雷特林的研究方法，提出了旅游业地区影响力分析模型，并且对北美地区影响力进行了实证分析。在分析过程中，华森纳认为，由于交通花费一般比住宿费低，旅游者用于住宿的消费在旅游消费中所占的比重较大，因此该模型以计算和分析旅游者的住宿类型和花费情况为重点，并将其作为旅游地区影响力的分析基础。在使用该模型时还应该明确以下几点要求。

(1)正确界定所研究区域的地理范围。通常是以旅游目的地的行政区划或人口聚集区为单位，将该区域内的宾馆酒店、汽车旅馆、客栈、旅游中心和别墅等都纳入研究范围，同时以旅游目的地周围 100～150 公里以内的当地居民的人口普查资料为基础，调查该范围内居民的旅行和消费模式，以便掌握一日游游客的消费情况。

(2)正确估计和测算因探亲访友而留宿私人家中游客的数量。尽管这些留宿私人家中游客的消费水平一船都低于入住商业性住宿设施的游客的消费水平，但也应该将其纳入调查和分析，以正确客观地反映旅游影响力。

(3)正确把握该模型的使用范围和要求。旅游业地区影响力模型的构建，明确界定了旅游者花费必须是在旅游目的地区域内，因此该模型只适用于对旅游目的地区域内的旅游者花费情况的估计和测算，而不能运用于航空、陆路等长途交通费用的估计。

地区旅游业影响力模型评价方法的步骤一般包括以下几个方面：对旅游住宿设施进行调查；计算入住商业性住宿设施的旅游者人数；计算所有住宿设施的旅游者入住总人数；计算年住宿总收入；旅游者消费构成调查；计算旅游业的工资支出及就业岗位。

三、旅游卫星账户

2005 年 10 月，世界旅游组织(Word Tourism Organization)在阿根廷 Iguazu 召开了名为“旅游卫星账户：理解旅游与策略设计”的国际会议，并宣布：“旅游卫星账户在全世界的发展成果显著，至 2005 年底已经有了大约 60 个国家建立或者正在建立旅游卫星账户系统。”旅游卫星账户在约 60 个国家的实践不仅仅证明了旅游卫星账户统计方法和研究方法的成功，而且使旅游卫星统计方法和研究方法不断进步。旅游卫星账户已经被普遍接受为现阶段世界上最准确、最可信的旅游产业评估方法。

(一)旅游卫星账户的发展过程

旅游卫星账户源于全球普遍适用的统计制度，1993 年版国民账户体系(1993 System of National Account，SNA93)是从生产的角度来定义各生产部门的。例如，工业企业提供的都是工业产品，凡是提供工业产品的企业都应该属于工业生产部门，农业企业都生产农产品，那么凡是生产农产品的企业都属于农业生产部门。但旅游业却具有自身的独特之处,旅游产业是从需求的角度来定义的。SNA93 考虑到了旅游业的特殊情况,建议了两种方法来测试旅游业:一种方法是修改国民账户体系,在每个与旅游相关的产业和产品下都分出旅游子目录,然后分别作相应的评估。例如,在航空业、交通业等行业下划分出旅游子目录,分别统计后进行累加。这种方法的好处是将旅游列入了国民账户体系。然而,这种方法破坏了国民账户系统的完整性,改变了国民账户的基本结构。另一种方法是在国民账户的基础上建立一个半独立的结构体系,专门评估旅游业规模。后一种方法被普遍认为是唯一切实可行的办法,因为它对整个国民经济核算体系不作任何修改,同时运用其中的相关数据,实现对旅游规模的评估。使用后一种方法形成的建立在国民账户上的独立体系,就称为卫星账户。

旅游卫星账户的发展经历了一个过程。1938 年,世界旅游组织在国民账户建立之前提出其工作目标是"将旅游作为一个重要的经济活动纳入国民账户体系",并于 1991 年在加拿大首都渥太华召开了一个名为"旅游与旅游统计"的国际会议,第一次在国际范围内谋求旅游统计问题上的共识。在 20 世纪 70 年代中期,法国提出了以需求和预测为重点的旅游卫星账户的概念,并于 1980 年首次发布了初步统计结果。为了能够尽可能准确地衡量旅游业的地位,经合组织(OECD)于 80 年代初开始寻求相应的统计工具,并提出旅游经济账户的概念。1992 年,OECD 开始研究与开发其旅游经济账户(Tourism Economic Accounts)。加拿大国家旅游数据项目组于 1984 年提出对"卫星账户"概念的认识,并于 1989 年拟写报告建议。1993 年,联合国颁布了前面提到的 SNA93,同年,世界旅游组织开始在国民账户体系(SNA93)的框架下研究建立旅游卫星账户。1994 年,联合国和世界旅游组织共同发布了《旅游统计建议稿》(WTO/UN, Recommendations on Tourism Statistics),系统定义了旅游、旅游者等旅游统计中的基本概念,同年为准确测度加拿大旅游业的规模和影响,加拿大统计局开发出相应的旅游卫星账户,并与加拿大旅游委员会于 1994 年联合对外发布所开发的世界上第一个旅游卫星账户体系。1995 年,OECD 发布旅游卫星账户手册,指导其成员国建立旅游卫星账户,同时,欧共体欧统处(Eurostat)也发布了一个法定框架来描述旅游的需求与供给。1999 年世界旅游组织在法国尼斯召开了名为"测度旅游经济影响"的国际会议,会上,经合组织和欧共体欧统处共同建立了工作组,研究开发了一个世界通用的旅游卫星账户系统。2000 年,联合国认可了旅游卫星账户的统计方法。同年,经合组织出版了《在经合组织成员国测度旅游地位:经合组织旅游卫星账户与就业手册》,该手册总结了经合组织国家建立旅游卫星账户的经验,提出了一整套的旅游卫星账户的统计方法,并且向世界介绍了经合组织 16 个成员国在旅游卫星账户上的实践。2001 年,世界旅游组织和加拿大旅游委员会(Canadian Tourism Commission, CTC)在温哥华召开了旅游卫星账户的国际会议,会上,经合组织、世界旅游组织和联合国共同出版了《旅游卫星账户:推荐方法框架》(Tourism Satellite Account: Recommended methodological framework)。这一框架是在 2000 年经合组织发布的框架的基础上,将旅游分为入境旅游、出境旅游和国内旅游三部分进行统计和累加。最近一次旅游卫星账户的国际会议是2005年在阿根廷Iguazu召开的题为“旅游账户：理解旅游与策略设计”的国际会议，会上发布了各国对旅游卫星账户研究的新成果，包括区域旅游卫星账户的新研究与实践等。

（二）旅游账户的概念与建立

旅游卫星账户是指在国民账户之外设立一个虚拟账户，将所有涉及旅游的部门中由于旅游而引致的产出部分分离出来单列入这一虚拟账户。这样便可以准确地测度旅游业对GDP的贡献率，并且使旅游业可以和国民账户中的其他经济部门进行比较。① 另外，厉新建、张辉指出：旅游卫星账户是指按照国际统一国民账户的概念和分类要求，将因旅游消费而引致的产出部分从各个旅游消费相关部门中分离出来，在国民账户之外单独设立一个虚拟账户，以准确测度旅游的经济影响。可见，旅游卫星账户是指设立在国民账户之外的、虚拟的账户，通过旅游卫星账户可以准确地衡量旅游业对国民经济的影响，并确定旅游业在国民经济中的地位。

由于旅游卫星账户细节上的差异，各种组织所建立的旅游卫星账户并不完全相同。在这里引用WTTC的旅游卫星账户的建立方法，基本上可以分成四个步骤。

第一步，引入虚拟的旅游卫星账户。

第二步，建立国民TSA。具体工作包括：拟建立账户的发展计划、资金和人员、数据收集来源、如何管理等。在这一步需要确定目前已有什么数据及将来需要增加哪些数据。

第三步，建立动态旅游预测模型。将TSA作为动态商业工具对旅游发展作出详细、及时的预测。

第四步，建立可将宏观经济指标与旅游增长相联系的WTTC/WEFA旅游经济发展模型。这套模型能够预测政治事件和税收、贸易自由化、取消航空管制、基础设施建设等经济政策变化给旅游业带来的影响。

在建立旅游卫星账户的过程中有三个核心指标需要加以区分②。

1. 旅游产业增加值（VATI）。旅游产业增加值指将所有旅游特征产品生产者创造的增加值进行累加，不论这些产品是提供给旅游者还是非旅游者。这个增加值等于旅游产业的总产出减去中间投入，即为生产而购买原材料、人力的花费。

2. 旅游增加值（TVA）。旅游增加值指由于旅游花费而形成的由旅游产业和非旅游产业共同创造的增加值。这里考察因域内旅游花费（Internal Tourism）而引发的增加值，而不论这个增加值是产生于旅游特征产业还是其他产业。要确定哪些增加值与旅游花费有关，需要有个转化，因而引入了一个重要的概念，即旅游比例（Tourism Ratio）。旅游比例是指某个行业的旅游花费在这个行业总供给中的比

---

① 任佳燕，刘赵平．用旅游卫星账户测度旅游业对经济的影响[J]．中国统计，1999(10)．

② 葛宇菁．旅游卫星账户的概念、结构与方法[J]．旅游调研，2006(5)．

重。再将这个比例转化成增加值比例，即以这个行业的总增加值乘以旅游比例，就得到这个行业中因旅游花费而引起的增加值。将各行业因旅游花费引起的增加值进行累加，就得到了旅游增加值。

3. 旅游 GDP。旅游 GDP（TGDP）是按照 SNA93 中 GDP 的概念创造出来的。有两种计算 TGDP 的方法：一个是旅游增加值加上税收，减去补贴；另一个方法是产品和服务的最终消费价值减去进口的产品和服务的价值。世界旅游组织认为旅游 GDP 等于旅游增加值加上因旅游消费而产生的税收。

表 7－3 列出了这三个指标的差异与关联。

表 7－3　VATI，TVA，TGDP 三指标之间的联系

	VATI	TVA	TGDP
旅游产业旅游消费产生的增加值	Yes	Yes	Yes
旅游产业非旅游消费产生的增加值	Yes	No	No
非旅游产业旅游消费产生的增加值	No	Yes	Yes
非旅游产业非旅游消费产生的增加值	No	No	No
旅游消费引起的税收	No	No	Yes

资料来源：Commission of European Communities Eurostat，Organization for Economic Co-operation and Development，World Tourism Organization and United Nations Statistics Division（2001）. Tourism Satellite Account：Recommended methodological framework.（转引自：葛宇菁．旅游卫星账户的概念、结构与方法. 旅游调研．2006（5）.）

（三）旅游卫星账户的内容与作用

1. 旅游卫星账户的内容。加拿大旅游经济分析与统计专家 Stephen Smith（1997）描述说："旅游卫星账户是一系列在投入产出模型框架下展开的列表。"旅游卫星账户一般能够反映如下内容：①旅游业对 GDP 的贡献率；②与其他行业（如农业、信息业等）相比，旅游业的总体规模；③旅游活动带来的就业数量；④与旅游业相关的公共及私人投资额；⑤国际旅游收入对本国平衡国防收支的贡献；⑥旅游业所带来的财政税收。

可见，其内容全面反映了旅游业的投资经营状况以及旅游业对社会经济的贡献。通过旅游卫星账户的建立，已经进行成功实践的国家可以对本国的旅游业进行更为精确的评价。比如，第一个建立旅游卫星账户的加拿大，对其旅游业作出了如表 7－4 所示的统计分析。

表 7－4　加拿大旅游业基本情况

项目	数额
旅游业 GDP（直接）	192 亿加元
占总 GDP 比例	2.5%
旅游业 GDP（直接与间接总和）	312 亿加元

续表

项目	数额
占总GDP比例	4.1%
旅游业在经济部门中排序	第12位
直接吸纳就业	51.8万人
旅游业税收	141亿加元
旅游花费	470亿加元

资料来源:任佳燕,刘赵平.用旅游卫星账户测度旅游业对经济的影响。

2. 旅游卫星账户的作用。旅游卫星账户的作用可概括如下:

(1)旅游卫星账户能够全面、准确地反映有关旅游业的内容与数据,比如旅游业的整体规模、旅游业对GDP的贡献、旅游业对就业的贡献等。旅游卫星账户作为国民经济核算的工具,可以提供国民经济核算中有关旅游业的完整数据,这对评价与分析旅游业的发展状况以及确定旅游业在国民经济中的地位来说十分重要。因此旅游卫星账户既是一种统计制度,也是一种分析工具。

(2)旅游卫星账户作为一个有效的统计工具,可以帮助我们认识旅游业的真实规模,作为与其他行业比较的依据。它可以比较全面地反映旅游活动的供需情况以及供求之间的关系,从而了解旅游需求和产业的市场总体均衡状况,核算旅游业的产业规模,从而全面分析旅游业在国民经济中的产业地位。通过测算,旅游卫星账户可以通过提供国家间可比的、与其他经济部门同样具有说服力的确切事实与数据,以此提高人们对旅游业的重视程度。因此,通过旅游卫星账户可以更好地比较旅游业与其他行业的发展状况,反映旅游业与相关行业的联系。

(3)旅游卫星账户可以为政府部门的决策者提供决策参考。首先,通过精确的数据统计可以准确地反映旅游业的发展状况,为决策部门的决策提供参考依据;其次,由于对旅游业真实规模的了解,它能够提高旅游业的产业形象,可以把旅游业的影响从一般旅游官员和私营部门扩展到政府最高决策部门的政策制定者。通过旅游卫星账户可以使政策制定者深入了解旅游业的规模与影响力,提升旅游业在国民经济中的地位,在政策制定的过程中更加关注旅游产业的发展。

案例分析

澳门的旅游收入乘数

中国澳门地区是著名的旅游胜地,澳门回归祖国以后,旅游业保持着良好的发展势头。相关统计数据显示,1987年澳门的入境旅客突破了500万人次,2001年超出10 000万人次,2004年全年入境旅客更达10 667万人次,屡创历史新高。随着入境旅客人数的增加。旅游业占 GDP 的比重亦不断上升，从过去的第二、三位跃居至现在的首位。

由于旅游经济的关联、带动作用，在旅游业发展的背景下，旅游经济不断促进澳门整个社会经济的发展，特别是其中的外汇、就业机会、税收收入、居民收入等方面。这些带动作用源于旅游收入乘数效应的发挥。

澳门旅游业具有非常强大的经济推动力，旅游业能使澳门的就业机会、外汇、居民收入及税收等得以提高。这个巨大的推动力就来自访澳的旅客——他们的消费及其旅游收入乘数(Tourism Income Multiplier, TIM)。旅游收入进入一个旅游经济个体/企业，包括酒店业、饮食业、手工业、珠宝金饰业、古玩业、旅运业、娱乐业、商业服务业等，然后再连锁性地流入其他一个又一个相关及辅助的企业，继而推动了区内的基础设施和市政建设，促进了交通运输业的发展，并进一步加强了各行各业乃至整个澳门社会的经济发展。所以特区政府早已确立旅游博彩业为龙头产业，借此带动整个地区的社会经济。

旅游经济的发展中会存在漏损，在国际旅游中，流失通常在初次分配中是最高的，而在往后再分配过程中其流失率则不断减少，所以应采用不同程度的流失率来估算 TIM。一个正统的特定凯恩斯乘数模型可表达为：

$$TIM = \frac{1 - MPMt}{leakages}$$

式中：$MPMt$ 为在旅客消费初次分配中所含的进口比例或旅客的边际进口倾向；$leakages$ 为整个社会经济领域内的流失率。

与一般的西方发达国家不同，个人所得税并不是澳门特区政府的主要财政来源，且仅占政府的经常及资本收入约 3%，因此 MPS 可简化为$(1 - MPC)$。所以流失可简单表达成：

$$leakages = MPS + MPM$$

$1/leakages$ 则为澳门经济体系的基本乘数。

根据澳门《2004 年本地生产总值》的 1982 ~ 2004 年的年度数据，以数量经济学的时间序列方法进行分析，所采用的区内生产总值、私人消费(C)及进口(M)等数值均先用平减物价指数(GDP deflator)作调整，并以 2002 年不变价格来表示实质数值(real value)，然后再分别求出 MPS 及 MPM 的估计统计值。估计得出 $MPS = 0.4$，$MPM = 0.43$，所以：

$$\begin{aligned} 1/leakages &= 1/(MPS + MPM) \\ &= 1/(0.4 + 0.43) \\ &= 1.20 \end{aligned}$$

根据澳门统计暨普查局的《2003 年酒店业调查》以及《2003 年饮食业调查》，2003 年酒店业的总收益为 105 500 916 万元，饮食业为 108 350 108 万元，合共 303 860 024 万元；两行业直接支付给外地的费用，金额分别为 200 360 万元及 610 330 万元，合共 810 690 万元。由此可计算出进口与收益的比例为 2.41%。这说明了旅客在本地每消费1元,便有0.975 9元留在澳门,仅有0.024 1元以直接进口形式流失了,即估计 *MPMt* 为2.41%。代入上式可得澳门的旅游收入乘数为1.17。

在澳门特区,旅游业在本地区经济中扮演着一个尤为重要的角色,其发展与博彩业息息相关。作为特区政府的主要税收来源,旅游博彩业已展现出良好的发展前景。在过去10年里,旅客收益的平均升幅是澳门本地生产总值增长率的两倍多,而龙头产业的兴衰会通过乘数效应的发挥带动相关行业的发展,因此,更值得我们去作深入探讨。

资料来源:谭佩琴. 澳门旅游收入乘数研究[J]. 华侨大学学报(哲学社会科学版),2006(1).

案例思考题:

掌握旅游收入乘数的计算方法,并结合案例谈谈旅游乘数对澳门经济的影响。

思考与练习题

1. 简要分析旅游收入初次分配的过程。
2. 简述旅游收入分配的作用。
3. 试选择某个地区,根据相关统计数据计算旅游收入乘数。
4. 简述旅游经济影响的评价原则。
5. 简述旅游卫星账户的作用。

第八章 国际旅游贸易发展与旅游外汇收支平衡

Development of the International Tourism Trade and Balance of Tourism Exchange

学习要点：

➢ 世界贸易组织基本架构、服务贸易总协定的基本内容、世贸组织成员的旅游贸易义务和权利

➢ 国际旅游贸易中收支平衡表的内容、相互关系及国际旅游贸易发展趋势

➢ 旅游企业跨国经营的必要性与可行性、跨国经营条件及影响因素，以及旅游企业跨国经营收益问题

➢ 汇率及汇率制度的基本内容、汇率变动影响因素及旅游外汇收支平衡问题

Learning Points:

➢ the structure of the World Trade Organization (WTO), the basic contents of the General Agreement on Trade in Service (GATS), the obligations and rights of the WTO members in tourism trades

➢ the content and correlation of balance of payments in international tourism trade; the development tendency of international tourism trade

➢ the necessity and feasibility of tourism enterprise's multinational operation, the multinational operation conditions, the factors that affect the multinational operation and the revenue of the multinational operation

➢ the basic contents of the exchange rate and the exchange rate system, factors that affect the fluctuation of exchange rate, balance of the tourism exchange

第一节　世界贸易组织与服务贸易总协定

无论是国际入境旅游还是国际出境旅游，都属于国际服务贸易的范畴。随着经济全球化进程的加快，服务贸易总协定的签订对国际服务贸易尤其是国际旅游贸易的发展实践产生了很大的影响，因此，有必要了解有关服务贸易方面的有关组织及其协定内容。

一、世界贸易组织的基本架构和运行职能

（一）世界贸易组织的基本架构

世界贸易组织（World Trade Organization，WTO）是多边贸易体系的法律基础和组织基础。它规定了主要的协定义务，以决定各缔约方政府如何制定和执行国内法律制度和规章。同时，它还是各国通过集体辩论、谈判来发展其贸易关系的场所。世界贸易组织的机构共分为四个层次（如图 8－1 所示）。①

1. 部长会议。部长会议是世贸组织的最高权力机构，由所有成员方的代表组成，至少每两年召开一次会议。

2. 总理事会。总理事会是世贸组织的常设机构，由所有成员方的代表组成，总理事会在部长会议休会期间代表部长会议处理日常事务。此外，总理事会还以两种特别的形式开会，即作为争端解决机构监督争端解决程序和作为贸易政策评审机构对世贸组织各成员的贸易政策进行定期评审。

3. 理事会和委员会。WTO 设三个理事会和四个委员会，均由各成员方的代表组成。三个理事会接受总理事会的授权，在总理事会的指导下，分别负责监督各自有关方面协议的实施和运作情况。这三个理事会是：货物贸易理事会、服务贸易理事会和与贸易有关的知识产权理事会。四个委员会分别是：贸易与环境委员会、贸易与发展委员会、国际收支限制委员会、预算财务与行政委员会。这些委员会要向总理事会报告工作。此外，世贸组织的四个诸边贸易协议都设立了自己的管理机构，即民用航空器委员会、政府采购委员会、国际奶制品理事会、国际牛肉理事会。

4. 其他委员会、工作组、监督机构等。三个理事会之下还设立了委员会、工作组、监督机构等。

（二）世界贸易组织的职能

根据世贸组织协定的规定，成立世界贸易组织的目的是为了处理世贸组织成员之间的贸易关系。其职能是：组织实施多边贸易协议和诸边贸易协议；提供多边贸易谈判的场所；管理综合性争端解决机制和贸易政策审议机制；与国际货币基金组织和世界银行进行合作，共同协调国际经济政策。

---

① 周宝廉，徐虹．国际贸易概论［M］．天津：南开大学出版社，1998.

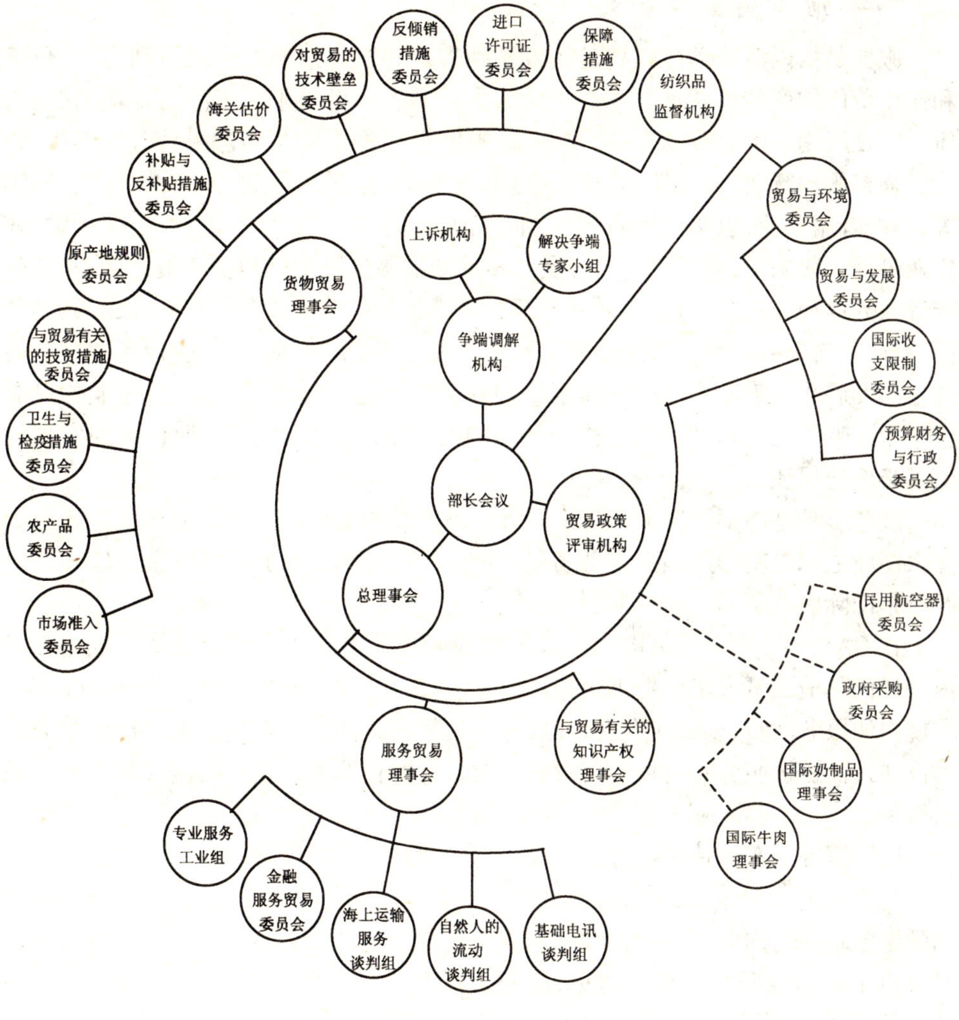

图 8－1　世界贸易组织机构系统图

资料来源：周宝廉，徐虹．国际贸易概论[M]．天津：南开大学出版社，1998.

二、世界服务贸易协定的一般内容

我国加入世界贸易组织后，《服务贸易总协定》(The General Agreement on Trade in Services，GATS)中的相关原则和条款就必须在我国适用。因此，认识 GATS 中相关的原则和条款，分析 GATS 中旅游相关服务的开放度、我国在服务贸易自由化多边谈判中所作的旅游相关服务部门的承诺，以及探讨它对我国旅游业的影响，对于提升我国旅游业的应变能力和制定适宜的服务贸易政策都是十分必要的。

(一)服务贸易的含义

服务是指以活劳动形式满足他人某种需要并取得报酬的生产活动,具有价值和使用价值的商品属性。服务业是指为生活和生产提供服务产品的行业,它是物质生产发展到一定阶段的产物。根据服务对象的不同,可以将服务业分为四类:消费者最终服务行业,如旅馆、餐饮、家庭服务等;社会服务行业,如文教、保健、福利等;生产者服务业,也称中间服务业,如咨询、金融等;分销服务业,如公交运输、零售业等。一般来说,真正作为国际贸易标的物的服务则是指消费者最终服务业、生产者服务业和分销服务业。其中,消费者最终服务业是服务业最基础、最原始的部门,其产生与发展取决于社会经济发展水平和对消费的需求程度,生产者服务业的产生与发展取决于制造业的发展水平和社会生产分工的程度,分销服务业的发展水平则反映了社会基础设施与社会分工的发达程度,为其他服务业价值的实现提供了必要的保证。

服务贸易是指不同服务产品生产者服务产品的交换。当这种交换发生于一个国家国境之内时就形成国内服务贸易,而当这种交换发生于不同国家或地区之间时就是国际服务贸易。

在 GATS 中,服务贸易的范围被界定为四种类型:①跨境提供,从一成员方境内向任何其他成员方境内提供服务;②境外消费,一成员方的国民在任何其他成员方境内的服务消费;③商业存在,一成员方在任何其他成员方境内通过提供服务的实体加入而提供服务;④自然人存在,一成员方的自然人在任何其他成员方境内提供服务。

国际服务贸易的传统形式有运输、通信、金融、保险、广告、医疗、旅游、有票房收入的文化艺术和体育交流、跨国界的佣工等。随着科学技术和经济的日益发展,国际服务贸易的内容正不断扩大。根据关贸总协定乌拉圭回合关于服务贸易谈判时总协定秘书处开列的项目清单,服务贸易涉及 150 多个项目。如果根据 GATS 的四条标准(即服务和支付的过境流动、目的具体性、交易的连续性、有限的服务时间)对其进行归类划分的话,大致有以下 20 多个领域:①国际运输,包括卫星发射服务;②跨国银行和国际性融资投资机构的服务及其他金融服务;③国际保险与再保险;④国际信息处理和传递;⑤国际咨询服务; ⑥海外工程承包和劳务输出、输入;⑦国际电讯服务;⑧跨国广告和设计;⑨国际租赁;⑩售后维修、保养和技术指导等服务;⑪国际视听服务;⑫国际会计师、律师的法律服务;⑬文教卫生的国际交往服务;⑭国际旅游;⑮跨国商业批发和零售服务;⑯专门技术和技能的跨国培训;⑰长期和临时性国际展览与国际会议会务服务;⑱国际仓储和包装服务;⑲跨国房地产建筑销售和物业管理服务;⑳其他官方或民间提供的服务,如新闻、广播、影视等。

(二)GATS 的一般原则和条款

GATS 是世界贸易组织乌拉圭回合多边贸易谈判的产物,其目的是为了消除国际服务贸易壁垒，推动国际服务业发展，促进服务贸易自由化。作为WTO制度框架的重要组成部分，GATS明确规定了WTO成员在服务贸易上必须遵循的一般原则和应承担的义务。

1. 服务贸易的一般原则。WTO成员在服务贸易中须遵循的一般原则有：

（1）最惠国待遇原则。GATS规定每一成员方给予另一成员方的服务或服务提供者的待遇，应立即无条件地以不低于前述待遇给予其他任何成员方相同的服务或服务提供者。这一条款的例外情况应符合有关免责条款所规定的条件。

（2）透明度原则。每一成员方必须公布与服务贸易有关的法律、法规或行政规定，以及所有与服务贸易有关的规则、通行惯例、签订的与服务贸易有关的国际协定，最迟在它们生效之前予以公布。

（3）发展中成员方更多参与的原则。GATS规定不同成员方通过对承担特定义务的协商，促使发展中成员方在世界贸易中更多地参与。为体现这一原则，GATS列举了三种方式：

第一，发展中国家成员方努力通过各种措施，特别是通过引进商业性技术、促进销售渠道和信息网络的改善等使国内服务业的力量加强及效率提高。

第二，发达国家对某一或某些于发展中国家成员方具有出口利益的部门给予自由准入的优先权。

第三，允许发展中国家成员在总体部门或单个部门中维持较高水平的保护，或者发展中国家在作出自由化承诺时可以设置条件，如要求外国投资的服务提供者只能设立合资企业或要向当地企业提供技术、信息、销售渠道等。

（4）经济一体化原则。GATS不阻止任何成员方参加其他双边或多边服务贸易自由化协议，允许发展中成员按其发展水平达成某种协议，但此类协议不应对其他任何成员方提高在各个服务部门或分部门中原已适用的服务贸易的壁垒水平。

除以上这些一般原则以外，在GATS的第二部分中还有国内规定、承认、紧急保障措施、对保障收支平衡的限制和例外条款等原则。

2. 国际服务贸易的具体义务规范。在服务贸易中，WTO成员方应承担的具体义务规范有：

（1）市场准入。所谓市场准入，就是要开放成员方本国的服务市场。GATS要求成员就“市场准入”进行谈判，按不同的服务行业以及分部门分别作出具体承诺，并列入各国的承担特定义务的计划表中，作为协定中具有约束力的组成部分。

（2）国民待遇。所谓国民待遇，就是要求各成员方在其承担特定义务的计划表所列的部门中，并在依照表内所述的各种条件和资格的前提条件下，就影响服务提高的所有规定来说，应给予其他成员方的服务或服务提供者以不低于其给予国内服务或服务提供者的待遇。服务业国民待遇的实施坚持“利益互惠”的原则。

（3）争端解决。GATS规定，在其执行中若缔约方之间发生争端，双方应进行磋商。或在一缔约方请求下，“缔约方全体”可与一个或几个缔约方进行磋商。若一方认为另一方没有认真履行义务与许诺，另一方可在提出改进建议的同时，通知“缔约方全体”。如果此类争端在一段时间内未解决，也可提交给“缔约方全体”，“缔约方全体”认为问题严重时，可以批准某缔约方对另一方暂停本身所承担的责任与义务。

GATS 的逐步自由化条款要求各成员方在本协定生效之日起的一定时间内，遵从平等互利、提高所有参加方的利益、在权利和义务方面谋求全面平衡的原则，就进一步扩大服务贸易自由化问题定期举行实质性谈判，以着眼于减少或消除对服务贸易有效的市场准入产生有害影响的措施。GATS 还规定每一参加方应制定其各服务部门或分部门承担特定义务的计划表，表中应该详细说明以下内容：有关市场准入的条件和限制；有关国民待遇的条件和限制；承担有关的附加义务；有关实施这类义务的适当时间框架；承担上述义务的生效日期等。

三、GATS 与旅游相关服务

在 GATS 中，服务贸易的内容极为广泛，在 GATS 谈判的框架内将服务部门分为 12 个主要类别，“旅游相关服务”被列为其中的第九类。旅游业作为一个独立行业被编入世界服务贸易的部门分类中，已成为与建筑业、金融业、邮电通信业和运输业等行业并列的 GATS 的重要组成部分。随着世界旅游业的不断发展，旅游业的朝阳形象日益突出，旅游行业的地位不断提高，旅游业已成为现代人类社会重要的生活方式和社会经济活动，重视和发展旅游业正成为整个世界的共识。

（一）GATS 与旅游相关服务市场的开放

按照 GATS 的规定，各成员国有权根据自己的经济发展状况和在考虑国内政策目标的基础上提出自主承担的自由化待遇，然后通过多轮谈判，最终确定各成员国的各服务部门或分部门承担特定义务的计划表。但鉴于旅游业本身的特点以及各国对旅游业的重视，大部分成员方都已开放旅游相关服务市场。因此，从某种意义上可以说，旅游业在 GATS 中所占的地位和可起的作用可能更具影响力。

在 GATS 中，“旅游相关服务”的范围被划分在四个分部门：旅馆和餐馆服务（包括餐饮业）、旅行代理商和旅游经营商服务；旅游导游服务；其他。针对旅游相关服务的四个分部门，各成员方所作的承诺也不同。

（二）我国旅游业市场准入的承诺

我国在旅游业市场准入和国民待遇方面的承诺主要包括：在跨境交付、境外消费的市场准入方面，我国对于旅行社和旅游经营者没有限制；加入时符合条件的外国服务提供者，可以在我国政府指定的旅游度假区和北京、上海、广州、西安开办中外合资旅行社，不迟于 2005 年 1 月 1 日允许外方控股；不迟于 2005 年 12 月 31 日允许设立外商独资旅行社（要求旅行社和旅游经营者主要从事旅游业务，且年全球收入超过4 000万美元）。合资旅行社、旅游经营者的注册资本不得少于 400 万元人民币;中国加入WTO后3年内,注册资本不得少于250万人民币;加入WTO后3年内,将允许外资拥有多数股权;加入WTO后6年内,将允许设立外资独资子公司,取消地域限制。到2005年底,我国共有外商投资旅行社21家,占国际社总数的1.32%,其中外商独资旅行社7家,外商控股合资旅行社5家,中方控股合资旅行社9家。

在国民待遇方面,除了"外方合资或独资旅行社和旅游经营者不允许从事中国公民出境旅游业务"这一条外,其他享受与我国国内企业相同的国民待遇,随着我国对外开放政策的不断发展,这一限制肯定也将会被取消。

第二节　国际旅游贸易的发展

国际旅游贸易在世界范围内的发展有其深刻而复杂的背景。认识国际服务贸易蓬勃发展的机理和原因,有助于理解国际服务贸易的发展环境和未来趋势,从而更深刻地认识我国国际旅游贸易发展的现状及其趋势,制定适宜的国际旅游发展策略。

一、国际旅游贸易发展概况

(一)国际服务贸易的发生与发展

在国际上具有一定规模的国际性服务贸易开始于15世纪世界航海事业的兴起和新大陆的发现。为了开发新大陆,17世纪欧洲殖民统治者开始向美洲大量输出劳动力,于是形成这一时期的以劳务输出和输入为主要内容的国际服务贸易。英国产业革命时期,与当时的主导产业同步发展的服务业是生产性服务业,伴随着世界商品市场范围的扩大和产业分工的深化,服务业成为游离于生产制造业以外的独立产业,在国际经济发展中发挥着日益巨大的作用。

从20世纪80年代开始,世界服务贸易获得了持续快速增长,1980~2005年,世界服务贸易出口额从3 650亿美元增加到24 147亿美元,25年间增长了5.7倍,占世界贸易出口的比重从1/7增长到近1/5。其间,服务贸易的增长速度也超过了货物贸易。同样的,我国的服务贸易也获得了迅速发展,服务贸易额从1982年的43.5亿美元增加到2005年的1 665亿美元,23年增长了38倍,年均增长16%左右,高于国民经济的增长速度。①

推进服务贸易不断发生发展的重要因素可以概括为以下几个:②

1. 社会生产力的发展促进服务业脱离制造业成为独立产业。社会生产力的发展促进服务业成为独立的产业部门,并使服务贸易走向国际市场。不同经济体

① 殷凤. 世界服务贸易发展趋势与中国服务贸易竞争力研究[J]. 世界经济研究,2007(1).

② 张为付. 服务业与服务贸易发生发展机理研究[J]. 世界经济与政治论坛,2006(4).

的生产力水平决定了其在国际服务业分工中的地位和服务业的竞争力，生产力发展水平决定了服务业的分工深度和国际贸易程度。

2. 国际范围内产业分工的深化促进了服务业和服务贸易内涵的扩张。所谓产业分工，是指不同经济部门生产产品的专门化和独立化过程。对服务业和服务贸易发展影响最大的是社会分工由水平分工向垂直分工的深化。垂直专业化是同一产业内或行业内部同一产品的不同生产阶段或生产环节分工，是社会分工的高级阶段。垂直分工很容易由国家内、区域内发展到国际和区域，结果就是产品生产的“外包”出现，而外包什么则关键看不同经济体的比较优势和竞争优势。

3. 现代科学技术降低了服务业及服务贸易的发展成本。现代科技的进步尤其是互联网技术产生后，服务产品可以通过虚拟的网络实现跨越国界交换，这为服务贸易提供了手段和方法，也为生产性服务业的发展提供了平台。

4. 跨国公司经营业务“归核化”使全球服务业呈现外包化。跨国公司依靠自身优势进行对外直接投资，一方面深化了国际的垂直分工程度，促进了生产性服务业的分离，产生了国际的服务贸易；另一方面，跨国公司直接投资于东道国的服务业部门（如饭店业），从而在国内形成了服务业的国际化。

这四方面原因可以归纳为如图 8 –2 所示的服务业发生发展机理图。

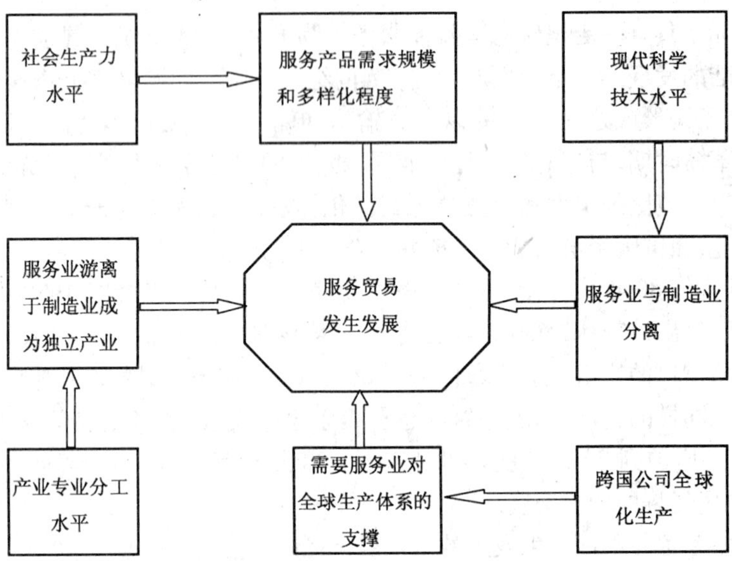

图 8 –2　服务业发生发展机理图

资料来源：张为付．服务业与服务贸易发生发展机理研究[J]．世界经济与政治论坛，2006(4)．

（二）国际旅游贸易发展概况

从国际贸易的角度讲，国际旅游是服务贸易的重要组成部分。与货物贸易相类似，出境旅游类似于客源国的服务进口，入境旅游类似于目的地国的服务出口。由于国际旅游活动的开展，入境旅游者和出境旅游者的消费相应的会引起某一国家外汇的流入和流出，导致财富在国际流动。

国际旅游贸易的发展是伴随着旅游活动的国际化而展开的。旅游活动的国际化不过是一个国家国内旅游发展到一定阶段、人民的旅游消费水平逐渐提高、旅游消费地域空间逐渐延伸的一种必然反映。具体到一个国家，是否在旅游活动国际化过程中大力发展国际旅游贸易，则可以依据李嘉图的比较优势理论予以解释。如果一个国家比别的国家在生产旅游产品方面效率更高，那么就可以通过发展国际旅游服务来获得贸易收益。

第二次世界大战以后，随着大众旅游的迅速崛起和旅游活动地域空间的逐渐延伸，国际旅游贸易获得了前所未有的发展。1980 年全球旅游服务贸易总收入只有 1 010.16亿美元，1990 年增加到2 660.50亿美元，2000 年则增加到4 758.2亿美元，2003 年为 5 140亿美元，年均增长速度达到 6.58%。① 据世界旅游组织的预测，未来几年内国际旅游服务贸易将保持良好的发展势头，2000～2020 年国际旅游活动的年平均增长率为 4.4%，2020 年全球国际旅游消费收入将达到 2 万亿美元，国际旅游年均增长率为 6.7%，远远高于世界财富年均 3% 的增长率。届时，国际旅游人口将占世界总人口的 3.5%，旅游服务贸易将在全球经济的重构中发挥重要作用。②

在整个国际旅游大发展格局中，亚太地区的国际旅游发展速度尤为突出，1996～2005 年，始终保持在年均增长率 3.6% 的水平上（见表 8－1）。其中以包括中国在内的东北亚地区增幅最大，表现出强劲的发展势头。

表 8－1　1996～2005 年世界各地区入境旅游接待量　（单位：百万人次）

地区	1996 年	2000 年	2004 年	2005 年	1996～2005 年年均增长率（%）	2004～2005 年年均增长率（%）
东北亚	49.2	58.3	79.4	87.6	6.6	10.3
东南亚	31.0	36.9	47.1	49.3	5.3	4.7
大洋洲	8.8	9.2	10.1	10.5	2.0	4.0
南亚	4.4	6.1	7.6	8.0	6.9	5.3
北美	85.2	91.4	85.7	89.9	0.6	4.9
中东地区	14.1	24.2	36.3	39.1	12.0	7.7
总计	192.7	226.1	266.2	284.4	3.6	6.7

资料来源：亚太地区旅游业发展预测 2007～2009[M]. 北京：中国旅游出版社，2007.

---

① 根据 1996～2004 年《国际收支统计年鉴》计算得出。

② 2003 年世界旅游组织的统计报告。

我国的国际旅游贸易发展迅猛，在我国服务贸易出口额中所占比重最大。2005 年我国服务贸易出口的部门构成中，旅游服务部门所占比重最大，为 39.64%，无论是出境旅游还是入境旅游，都表现出较高的增长幅度，具体情况见表 8－2、表 8－3、表 8－4）。

表 8－2　我国旅游服务贸易总量变动情况

年份	我国旅游服务贸易总量（亿美元）	我国服务贸易总量（亿美元）	世界旅游服务贸易总量（亿美元）	我国旅游服务贸易量占我国服务贸易量的比重（%）	我国旅游服务贸易量占世界旅游服务贸易量的比重（%）
1995	124.18	430.65	7 905	28.84	1.57
1996	146.74	429.36	8 214	34.18	1.79
1997	202.04	522.28	8 242	38.68	2.45
1998	218.07	503.46	8 262	43.31	2.64
1999	249.62	571.32	8 421	43.69	2.96
2000	293.45	660.04	8 606	44.46	3.41
2001	317.01	719.33	8 496	44.07	3.73
2002	357.83	854.61	9 817	41.87	4.10
2003	325.93	1 012.27	9 199	32.19	3.54
2004	448.88	1 336.58	10 170	33.58	4.41
2005	510.55	1 582	10 810	32.27	4.72

资料来源：根据 WTO 官方网站数据库计算得出。

表 8－3　2000～2006 年我国入境旅游情况

年份	入境旅游者（百万人次）	入境旅游人次增长率（%）	入境旅游收入（亿美元）	入境旅游收入增长率（%）
2000	83.44	—	162.31	—
2001	89.01	6.7	177.92	9.7
2002	97.90	9.99	203.85	14.6
2003	91.66	－6.38	174.06	－14.6
2004	109.00	18.96	257.39	47.87
2005	120.29	10.32	293.00	13.82
2006	124.94	3.9	339.49	15.9

资料来源：根据国家旅游局与国家外汇管理局统计数据整理。

表 8-4　2000～2006 年我国出境旅游情况

年份	出境旅游者（百万人次）	出境旅游人次增长率(%)	出境旅游花费（亿美元）	出境旅游花费增长率(%)
2000	10.47	—	131	—
2001	12.13	15.85	139	6.1
2002	16.60	36.85	154	10.7
2003	20.22	21.69	152	-1.4
2004	28.85	42.68	191	26.1
2005	31.02	7.5	218	13.6
2006	34.52	11.28	243	11.8

资料来源:根据国家旅游局与国家外汇管理局统计数据整理。

二、国际旅游贸易平衡表

（一）国际收支平衡表

国与国之间的货币流动称为国际收支。国际收支平衡表就是一国用来记录国际收支状况的统计表格。国际货币基金组织要求会员国每年按期报送本国的国际收支平衡表。国际收支平衡表的编制比较复杂,概括起来说,主要内容可分为三大类:经常账户、资本账户和平衡账户。经常账户,反映真实资源在国与国之间的转移,包括商品、劳务和单向转移三个项目;资本账户,反映金融资产在各国之间的交换,其内容包括短期资本流动和长期资本流动;平衡账户,包括官方储备资产和“错误与遗漏”两项。

（二）国际收支的失衡与调节

国际收支平衡表是按照复式记账原则来编制的,其中某些项目可能出现收支顺差或逆差,但总会由其余项目的逆差或顺差来加以弥补。从会计学意义上说,总的国际收支不会出现不平衡的状况。但从国际经济学的意义上来说,由于交易动机不同,国际经济交易中的自主性交易会出现不平衡状况,这时,可以通过补偿性交易进行会计上的平衡。自主性交易差额收大于支,称为国际收支顺差;反之,则称为国际收支逆差。国际收支顺差或逆差形成对外汇的超额供给或超额需求,这一超额供给或需求则由补偿性交易差额来弥补。

国际收支作为一切对外经济活动所引起的货币收支,虽然是一个国家对外经济关系的反映,但是外部均衡和内部均衡是不可分割的。例如,当一个国家出现了外汇收支逆差时,它会采取一些措施,如信用措施或动用外汇储备、实行紧缩性财政货币政策、调整汇率政策、实施外汇和贸易管制等来加以调整;反之亦然。

（三）国际旅游贸易平衡

在国际收支平衡表中,旅游(Travel)统计在:“一、经常项目(Current Account)”下“A. 货物和服务(Goods and Services)”子项目下的“b. 服务(Services)”中的第二项“旅游(Travel)”项目中。其中,贷方表示外国人在国内的消费(相当于货物贸易的出口),借方表示国人出境旅游消费(相当于货物贸易的进口)。对一个国家而言,国际旅游在国际收支平衡表中具有重要地位。目前,在我国国际收支平衡表中旅游的统计数字,贷方数字是国家旅游局根据抽样调查统计的(即入境旅游总收入),借方数字是外汇管理局估算的(即中国公民出境旅游花费)。

我国长期以来没有对出境旅游消费数字进行专门的统计,由于“九五”以前出境旅游人数非常少,该数字对国际收支平衡表的影响非常小;此外,因私出境旅游人数有限,因公出境人员的花费,国家有非常明确的规定(即到什么国家人均花费是多少等),估算其花费比较准确。但当20世纪90年代后期我国出境旅游如火如荼地发展起来,旅游项目中出境旅游对国际收支的影响越来越大时,就不能简单估算了。随着国际旅游的不断发展,国际旅游贸易额也不断增长。各国由于所处的旅游发展阶段不同,旅游产业政策各异,国际旅游贸易的收支平衡状况也各不相同。

国际旅游收入与国际旅游支出的差额构成了旅游目的地的国际旅游收支顺差或逆差。

表8-5列出了2005年国际旅游收入、国际旅游开发前10位国家的相关数字。由表8-5可见,德国是国际旅游收支逆差最大的国家,为-435亿美元。中国内地国际旅游收支虽为顺差(顺差额为75亿美元),但顺差额在逐渐缩小。

表8-5 2005年国际旅游收入、国际旅游开支前10位国家排名表

国际旅游收入(10亿美元)	国家	排名	国际旅游支出(10亿美元)	国家	排名
81.7	美国	1	72.7	德国	1
47.9	西班牙	2	69.2	美国	2
42.3	法国	3	59.6	英国	3
35.4	意大利	4	37.5	日本	4
30.7	英国	5	31.2	法国	5
29.3	中国内地	6	22.4	意大利	6
29.2	德国	7	21.8	中国内地	7
18.2	土耳其	8	18.4	加拿大	8
15.5	奥地利	9	17.8	俄罗斯联邦	9
15.0	澳大利亚	10	16.2	荷兰	10

资料来源:亚太地区旅游业发展预测2007—2009[M]. 北京:中国旅游出版社,2007.

长期以来,我国出口主要以初级产品为主,由于出口产品竞争力不足,靠有形贸易出口创汇难度较大。在经济发展急需外汇资金的背景下,我国旅游产业发展坚持走以入境旅游为主的道路,在充分发挥旅游换汇成本较低(一般为贸易换汇成本的2/3)的优势下,为国家创造了大量外汇。然而,随着我国整体经济发展水平的提高以及旅游需求的增长与变化,旅游业在国民经济中作为重要的创汇产业的功能也在发生着变化，旅游产业的重要功能在今天已经不再也不应该是“为国家吸取自由外汇”，旅游产业更重要的功能应该转移到缓解贸易摩擦、拉动内需以及提高国民素质和生活质量上来。① 我国1978～2006年旅游外汇收入与外汇储备情况可如表8－6所示。

表8－6　中国旅游外汇收入与外汇储备情况

年份	旅游外汇收入（亿美元）	外汇储备（亿美元）	旅游外汇收入占外汇储备的比重（%）
1978	2.63	1.67	157.49
1979	4.49	8.40	53.45
1980	6.17	－12.96	—
1981	7.85	27.08	28.99
1982	8.43	69.86	12.07
1983	9.41	89.01	10.57
1984	11.31	82.20	13.76
1985	12.50	26.44	47.28
1986	15.31	20.72	73.89
1987	18.62	29.23	63.70
1988	22.47	33.72	66.64
1989	18.60	55.50	33.51
1990	22.18	110.93	19.99
1991	28.45	217.12	13.10
1992	39.47	194.43	20.30
1993	46.83	211.99	22.09
1994	73.23	516.20	14.19
1995	87.33	735.97	11.87
1996	102.00	1 050.49	9.71
1997	120.74	1 398.90	8.63
1998	126.02	1 449.59	8.69
1999	140.99	1 546.75	9.12
2000	162.24	1 655.74	9.80
2001	177.92	2 121.65	8.39
2003	203.90	2 864.07	7.12
2003	174.06	4 032.51	4.32
2004	257.39	6 099.32	4.22
2005	293.00	8 188.72	3.57
2006	339.49	10 663.44	3.18

资料来源：根据国家外汇管理局网站资料和历年《中国旅游年鉴》整理而成。

① 杜江．论中国旅游产业功能与产业政策的转变．中国旅游研究2005［M］．北京：旅游教育出版社，2006．

改革开放以来,我国一直执行出口导向型经济发展战略,从20世纪90年代开始出现经常项目、资本和金融项目的“双顺差”,进入21世纪又出现了经常项目、资本和金融项目、净误差与漏损项目的“三顺差”,而且顺差数额巨大并增长较快,其隐含的负面因素日益突出,影响我国经济的可持续发展和内外部均衡。① 在贸易顺差日益增大的情况下,国际旅游贸易在平衡外汇收支失衡上的另一方面作用也凸显出来,那就是通过鼓励出境旅游来平衡贸易顺差。20世纪80年代的日本正是通过实施“海外旅游倍增计划”改善了日本与贸易伙伴的关系,巩固了商品贸易上的优势地位,传播了日本文化,提高了国民素质。如今,我国也面临着如何调整旅游产业发展政策、发挥国际旅游贸易收支的平衡功能的问题。

对我国出境旅游迅猛发展而产生的外汇流失问题,我们应该理性地进行分析。入境旅游、出境旅游和国内旅游作为三种不同旅游需求会随着主客观条件的演变而变化,是不以人的意志为转移的。就我国的情况而言,当初以入境旅游为主是一种历史的必然,如今出境旅游蓬勃发展也是历史的必然。对由此造成的国际旅游贸易收支有可能由顺差变为逆差的现象要理性地接受、客观地认识、有效地改善。如果考虑到出境旅游可以带来入境旅游的新发展,有利于促进旅游产业组织结构的调整和加快跨国经营的实现步伐的话,那么就应该全面地理解出境旅游的效应,不断调整旅游产业政策,促进入境旅游、出境旅游和国内旅游的均衡协调发展。

从平衡国际旅游收支的角度来讲,无外乎要从增收与节支两方面来考虑:首先,从增加旅游收入的方面来看,需要从增强我国旅游产品在国际市场上的竞争力入手,提高入境旅游效益。为此,要加大在国际旅游市场上的营销力度,改善我国作为旅游目的地的整体形象,提高旅游接待质量,丰富旅游产品种类和内容,为游客创造良好的体验质量。其次,从控制旅游支出的方面来看,需要从增大旅游开支的回流量入手,降低出境旅游支出。为此,要创新国内旅游产品和提高国内旅游接待质量,吸引国内游客在国内旅游,最大限度地利用国内旅游产品替代境外旅游产品。另外还要结合出境旅游大发展的现实做好引导工作,提供相应的政策制度环境,鼓励国内有实力的旅游企业走出国门,进行跨国经营,将我国游客在境外的消费再截流回来。总之,通过对三种类型旅游活动之间关系的协调,促进我国国际旅游贸易可持续发展目标的实现。

三、国际旅游贸易发展的趋势

第二次世界大战以后,欧美两个区域一直是国际旅游贸易最集中的地区和国际旅游业最发达的地区,无论是接待国际游客量,还是国际旅游收入,这两个区域均占全世界的3/4以上。从国家角度而言,美国、德国、英国、日本四个国家的年国际旅游消费额占世界总消费额的1/3左右。在未来国际旅游贸易的发展中,虽然欧美仍然占据着份额最大的地位,但是在亚太旅游贸易日益发展的竞争压力下,其

① 马波,寇敏.中国出境旅游发展及其影响的初步研究[J].旅游学刊,2006(7).

所占比重和影响力在逐渐下降。相反,亚太旅游区国际旅游接待量和国际旅游收入却增长迅速,并开始超过美洲地区。国际旅游客流的流向正由区域集中逐渐向分散转变,全球范围内跨国旅游活动日益活跃,旅游市场全球化、多样化、区域化速度加快,国际旅游客流的重心正在向亚太地区转移。

在国际旅游贸易量中,区域内的贸易量有日益增加的趋势。世界国际旅游客流中,近距离的出境旅游(特别是前往邻国旅游)的人数占全世界国际旅游总人数的75%以上。亚太地区在国际旅游贸易量增长中的地位日益重要,其增长速度也是令人瞩目的。其中,中国又是增长速度惊人的发展中国家,中国在接待国际旅游方面已位居世界第5位,以中国为代表的新的旅游大市场正在形成。中国内地2007~2009年入境旅游接待量预测如表8-7所示。

表8-7　中国内地2007~2009年入境旅游接待量预测　　(单位:人次)

客源市场	2007年	2008年	2009年
美洲	2 726 290	3 067 040	3 444 278
欧洲	3 343 439	3 797 359	4 278 914
亚太地区	121 639 394	127 079 965	134 372 900

资料来源:亚太地区旅游业发展预测2007—2009[M].北京:中国旅游出版社,2007.

第三节　我国旅游企业的跨国经营

伴随着我国出境旅游的不断发展和我国旅游企业实力的不断增强,我国旅游企业应该顺应国际旅游贸易增长的趋势,实施旅游企业的跨国经营。这不仅有利于更好地为国内外旅游者提供富有民族特色的旅游服务,而且有利于改善我国的旅游外汇流失状况,增强我国旅游产业的国际竞争力。

一、旅游活动的国际化与跨国经营

从旅游需求产生与发展的规律来看,伴随着消费者收入的不断增加和闲暇时间的不断延长,其旅游消费的空间也会不断扩大。在旅游者的国内旅游需求得到满足之后,他们便会产生国际旅游的需求,且这种需求在各种供给改善的推动下、在强烈需求的引领下会沿着距离由近到远的递进规律得以实现,其活动数量的大小会因所在国社会经济发展水平的不同而不同,发达国家较早和大量地实现了旅游活动的国际化,而不发达国家较晚和少量地实现了旅游活动的国际化。尽管如此,一些发展中国家旅游活动国际化的发展速度还是非常快的,如中国近来出境旅游的增长速度每年都在双位数递增就是一个明显的例证。

旅游活动国际化的过程是世界各国社会经济发展高级阶段所出现的一种文化消费的现象,它既是一个自然发展的过程,同时也是工业化发展的过程,更是国民意识与人们的生活方式转变的过程。由于旅游者在世界各国间进行旅游选择,只要旅游资源所表现出的旅游吸引力能充分满足不同旅游者的需要，只要交通条件符合旅游者的时间约束和支出的经济利益，只要各国在跨国旅游方面没有特殊的限制，世界上的每一个国家都可能成为各国旅游者的旅游目的地。由此，一国的旅游市场也必然与世界旅游市场相融合，地区旅游市场也必然是全球旅游市场的重要组成部分。①

伴随着旅游活动国际化的不断深入，财富在不同的国家之间流动。就旅游目的地来讲，当入境旅游消费大于出境旅游消费时，就会形成国际旅游收支的顺差。不仅如此，还会为旅游目的地创造更多的就业机会。而对旅游客源地而言，在这种情况下就会形成旅游外汇流失，而要降低这种流失的程度，可以通过鼓励国内有实力的旅游企业开展跨国经营，在其游客所流向的旅游目的地进行直接投资，从而既可以满足本国消费者在境外的消费需求，又可以使流失的外汇再流回本国来。当然，旅游活动的国际化只是旅游企业跨国经营的必要条件而非充分条件，一定的客源自然垄断、充足的资本、先进的技术和管理模式才是旅游企业跨国经营的必备条件。②

二、旅游企业跨国经营的条件

(一)国际服务贸易自由化是旅游企业跨国经营的宏观条件

为了给服务业在世界范围内向外扩张创造更有利的外部环境，发达国家积极推动加快国际服务贸易自由化的进程，力求使各国取消服务贸易的壁垒，最大限度地实现服务的国际自由交换。1994 年 WTO 各成员方签署的《服务贸易总协定》(GATS)便是国际服务贸易发展和全球服务贸易自由化取得的突破性成果。国际服务贸易自由化对我国发展旅游服务业、推动旅游企业跨国经营创造了良好的国际环境。

(二)出入境市场的高速发展是旅游企业跨国经营的市场条件

"客户带动理论"和旅游产品的特点决定了发展旅游企业跨国经营的市场条件是要有充裕的出入境客源市场。企业国际化理论中的"客户带动论"认为，服务行业的国际化过程往往与其服务对象(客户)的国际化进程密切相关，当所服务的客户先期打入国际市场时，这些客户随即产生了相应的服务需求，而这些服务性企业为了不失去这些客户就需要拓展经营范围，展开跨国经营(郭朝先，2004)。"客户带动论"同样适用于包括饭店住宿、旅行安排等在内的旅游服务行业。

旅游产品的特殊性决定了它不能像一般产品那样被运送到目标市场进行销售，我们也不能将某个旅游吸引物提前采购到客源市场进行加工制造再出售。那么，对于以追求利润最大化为直接目标的企业来说，想要在市场竞争中立于有利地

---

① 张辉，厉新建．旅游经济学原理[M]．北京：旅游教育出版社，2004.

② 张辉，厉新建．旅游经济学原理[M]．北京：旅游教育出版社，2004.

位，获得最大化的收益，降低市场交易成本，就必须追随客流的空间移动，服务于每一个消费环节。因此，应对我国出境旅游的蓬勃发展，跨国投资经营便成为旅游企业的明智选择。

（三）具备所有权优势、内部优势和区位优势是旅游企业跨国经营的基础条件

邓宁的国际生产折中理论认为，一个企业是否要投资进行跨国经营，要看该企业是否具备三个优势，即企业所有权特定优势、内部化优势和区位优势。

先来看所有权优势。将该理论运用于对旅游企业的分析，企业所有权优势具有两层含义：首先，一个旅游企业在境外进行投资时，拥有境外企业无法获得的客源组织渠道、市场知识、本土文化、商标、品牌等无形资产，这些均是因以上所有权而形成的特定优势。旅游企业所有权优势是形成跨国经营的基础。其次，旅游企业所有权特定优势还是一种比较优势，旅游企业只有追随本国客流走到境外，在国外市场上服务于本国出境旅游者时，才能体现这一优势。目前我国旅游企业基本上全部掌握着本国公民出境旅游的组织渠道，形成了客源自然垄断。同时，又因相同或相似的文化背景，更为熟悉本国旅游者的消费特征和行为偏好，而旅游者出于追求安全感和归属感，也会倾向于选择本国旅游企业。这些因素都构成了我国旅游企业的所有权特定优势，有利于我国旅游企业的跨国经营。

再看内部化优势。由于旅游市场的不完全性，以前以旅游服务交易为主要手段在客源国与旅游目的地国之间已有旅游关系的企业，存在着一种内部化的动机。对于旅游客源地企业来说，需要通过市场的内部化避免旅游目的地国旅游企业服务供给、旅游交易价格以及旅游服务质量的不确定性。对于旅游目的地国来说，由于客源国的旅游企业拥有相当规模的旅游客源和优势性的销售通道，内部化有利于扩大旅游目的地国的客源规模，当某一旅游企业的经营活动出现了上述动机时，它就具备了跨国经营的内部化优势。

最后是区位优势。对于旅游企业来说，之所以要在一个具体的国家或城市进行投资，主要是由于这个地区具有旅游区位特定优势。它可能是具有优势的旅游资源，或能产生吸引全球旅游客源的潜在旅游资源，也可能是东道国具有优势的政治、经济环境支持，还可能是东道国在地理位置上接近第三国，或与第三国之间享有比投资国更为优越的经贸关系，投资国可以利用其间接区位优势进入第三国目标市场。

（四）国际投资自由化为旅游企业跨国经营提供货币资本条件

投资自由化是世界经济日益融合的基本表现，同时也是经济全球化最重要的推动力量。20 世纪 90 年代以来国际企业跨国投资的迅猛发展实际上正是投资自由化发展的结果。在这一背景下，旅游发达国家内部的激烈竞争、出境旅游不断增长的市场结构、回报率增长速度日趋下降的资本结构加快了旅游企业国际化的

进程。

三、我国旅游企业跨国经营的必要性与可行性

（一）我国旅游企业跨国经营的必要性

1. 经济全球化背景下参与国际分工的需要。随着经济全球化的进程加快，资本的国际流动愈益加强。通过跨国投资带动产业进入，体现了从“比较优势”到“竞争优势”的国际经济发展规律。经济全球化背景下，企业可以超越本国的“资源禀赋”，而通过利用他国的“资源禀赋”培植优势产业和形成竞争优势。我国应利用经济全球化的有利时机，从未来将成为世界第一大目的地国和第四大客源国的潜在优势中发现机会，积极参与国际分工，构筑在国际服务贸易领域的有利地位。

2. 我国国际旅游贸易发展的需要。我国国际旅游贸易的发展呈现出入境旅游稳步增长、出境旅游迅猛发展的格局，而伴随着国际旅游贸易量的不断增长，对国际旅游服务提供者的需求也日益增长，国外知名跨国旅游公司纷纷进入我国开辟市场，而我国国内旅游企业面对国内竞争国际化、国际竞争国内化的激烈竞争环境，必须直面压力，抓住我国出境旅游大发展的有利时机，实施跨国经营战略，在市场竞争中培育和增强核心竞争力。

3. 旅游企业成长战略的需要。旅游企业的成长路径无外乎两种：内部成长和外部成长。内部成长是基础，外部成长是关键，尤其是在全球旅游竞争日益激烈的情况下，旅游企业必须在全球范围内确立成长的方向及其方式，不仅通过“引进来”战略提升成长能力，更要通过“走出去”战略竞争更大的市场，从而实现旅游企业做大做强的目的。

4. 平衡国际旅游外汇收支、降低内需外流的需要。目前出境旅游的高额消费使我国国际旅游外汇收支平衡遭到破坏，内需漏出加大，进而影响国内就业和旅游乘数效应。境外消费中非理性购物消费占的比重较大，根据世界免税协会的调查，中国境外购物支出平均占旅游总支出的1/3。因此，为平衡国际旅游外汇收支、降低内需外流，应鼓励我国旅游企业尽快进入中国公民出境旅游目的地市场，通过跨国经营来使出境旅游外汇开支内部化，形成闭环结构，回笼从境内流出的外汇。在回流外汇支出的同时，拓展旅游经济空间，带动本土产品和服务的出口，间接促成内需和就业机会的回流。

（二）我国旅游企业跨国经营的可行性

1. 旅游企业集团发展为跨国经营奠定了组织基础。伴随着国内竞争国际化市场格局的出现，在国际旅游集团纷纷进入我国市场的竞争压力下，国内旅游集团也迅速地成长起来。目前我国已经出现了一些规模较大、实力较强、网络化和品牌化经营较好的旅游企业集团，如锦江集团、国旅集团、港中旅集团等。由于旅游企业跨国经营的特征之一是旅游企业集团化与跨国经营的互动发展，所以这些旅游集团的发展不仅有不断扩张的需求，更为这种需求的实现奠定了有利的组织基础。

2. 出境旅游市场迅速扩大为跨国经营奠定了市场基础。"九五"以来我国出境旅游持续快速发展,2004 年我国出境旅游人数达到2 885万人次,其中因私出境旅游人数达到2 298万人次,分别比上年增长 42.68% 和 55.17%,目前我国已经超过日本成为亚洲最大的客源输出国。据世界旅游组织预测,到 2020 年,中国出境旅游者将达到 1 亿人次,居世界第四位。面对大量出境旅游者的存在,无论是为了从消费习惯偏好上满足中国旅游者的需求特性,还是为了增强旅游者的安全感,中国旅游企业开展跨国经营都获得了一个极为有利的市场机会。

3. 政府的大力支持为跨国经营奠定了政策基础。旅游企业的发展壮大乃至走上跨国经营之路的过程,始终离不开良好政策制度环境的支持。我国政府积极坚持旅游企业走出去的战略构想,甚至为此动用行政力量,促成了一些大的旅游集团的形成,为尽快进行跨国经营创造了条件。同时政府还在诸如税收政策、信贷政策等方面予以扶持,使旅游企业跨国经营的限制性因素得以克服。

4. 对外开放的实践为跨国经营奠定了经验基础。我国旅游业的对外开放始于饭店业,"七五"期间,我国接待和住宿业是当时国民经济最早开放和吸引外资比例最高的行业之一。到 1992 年,外资开放的领域逐步扩大,此后,旅游业在连锁酒店和餐馆、国际酒店预订系统、专业急救、内河航运等领域进一步对外开放。这些开放的实践为锻炼队伍、近距离学习先进管理技术奠定了基础。

5. 旅游产业规模的壮大为跨国经营奠定了产业基础。经过 20 多年的发展,我国旅游业的产业规模不断放大,产业体系逐步健全。旅游业目前已经覆盖所有省份,有 24 个省区市把旅游列为支柱产业。根据中国旅游业发展的"十一五"规划,到 2010 年,旅游业将成为我国国民经济的重要产业。届时,全国旅游业增加值预计占国内生产总值的 4.5% 左右,占全国服务业增加值的 10% 以上;旅游外汇收入占服务贸易出口额的 40% 以上;旅游就业占全社会就业总量的 5% 以上。到 2020 年,全国旅游业增加值预计占国内生产总值的 6% 左右,占服务业增加值的 12% 以上。与此同时,我国旅游产业逐步建立起"食、住、行、游、购、娱"六大要素比较完整的产业体系和观光、度假、专项特色旅游共同发展的产品体系,为我国旅游业的跨国经营提供了良好的国内产业条件。

四、我国旅游企业跨国经营的实践

我国旅游企业的跨国经营大致始于 20 世纪 90 年代,最初设立旅游跨国企业的目的主要是为了联络、调研、收集情况和对外宣传。国家旅游局于 1990 年 3 月制定的《关于在国外设立旅游经营机构的暂行管理办法》,明确在国外设立旅游经营机构是为了"通过多种形式的旅游经济活动,对国际旅游市场进行调查研究,掌握旅游信息,宣传推销,开辟新的客源市场,扩大与外国旅游公司的合作,招徕更多的游客来华旅游,多创外汇"。中国加入 WTO 后,国外旅游跨国企业纷纷进入中国旅游市场,国际竞争国内化,市场竞争的加剧使一些有实力的旅游企业不得不通过选择跨国经营来弥补市场份额的损失。

总体来看,我国跨国经营的旅游企业数量较少,且集中于少数国内知名的大型旅游企业,如国旅、港中旅、国航等;跨国经营企业旅游业务覆盖面较窄,较多的是旅行社领域,其次是餐饮,住宿、交通、娱乐方面较少,规模较小,且业绩良好的较少;股权结构比较单一,在一定程度上反映了国内旅游企业的体制尚待改革。

伴随着国内旅游企业跨国经营实践的不断发展,旅游企业遇到的一些问题急需解决,如整体实力不强,缺乏国际竞争力,国外对自然人限制较多,对境外市场规则和相关法律政策了解不够,造成盲目发展、信息网络技术不高、跨国经营复合型经营管理人才缺少、政府政策制约等现象。

面对这些问题,必须从整体的角度系统思考解决的对策。旅游企业的跨国经营是以集团化为前提和保证的,并且集团化的规模、深度和广度在旅游企业跨国经营从低级形式向高级形式提升的过程中发挥着重要作用。因此,从宏观角度上要发挥政府宏观调控和产业政策引导的作用,政府推动,市场主导,加快集团化进程,以增强我国旅游企业的综合实力,解决其跨国经营规模小、经济效益低的问题。政府要实行政策扶持,鼓励营利能力较强的国内民营企业进入跨国经营行列,以解决我国跨国旅游企业股权单一、市场适应性不强的问题,创造条件积极促进企业融资社会化、市场化,充实资本实力。品牌是国际化扩张的重要优势,品牌不仅是旅游企业形象的集中体现,也是我国旅游产业形象的浓缩和标志。因此,从微观上要加快旅游企业的品牌化建设步伐,推动品牌资产的资本化和有效的品牌延伸;要充分运用旅游目的地的信息系统、计算机预订系统、饭店管理系统和国际互联网,促进旅游运作方式的现代化、市场经营的国际化与网络化;大胆采用经营者持股策略,使经营者和企业二者的利益相吻合,增加企业经营活力,在旅游企业中建立现代企业制度和法人治理制度,完善企业经营机制。

五、旅游企业跨国经营的收益分析

所谓收益,就是企业在一定时期内为实现其经营目标而创造的最终经营成果,是反映和衡量企业经营绩效的主要标准之一。由于跨国经营的环境更加复杂、风险更高,因此必须加强对跨国经营的旅游企业的收益分析,以便采取有力措施,降低风险带来的影响。

(一)影响旅游企业跨国经营收益的主要因素

1. 经济因素。经济因素是影响跨国经营收益的首要原因之一,可以从以下几个方面概括其影响:

(1)外汇汇率的变化。旅游企业跨国经营必然涉及外汇兑换问题,因此汇率的变化会对旅游企业的国际收益产生很大的影响。由外汇汇率变动而引起旅游企业以外币计值的资产或负债价值下降的可能性就是外汇风险,包括交易风险、折算风险和经济风险。这三种风险对旅游企业的影响不太相同,对国际旅行社的经营来讲,交易风险的影响比较大,而对饭店来说,经济风险和折算风险的影响则比较大。

(2)通货膨胀率和利率的变化。通货膨胀率和利率对旅游企业跨国经营的影响如何要具体分析,它可能引起币种转换中的价值下降,也可能引起国际筹资成本的增加。

(3)税率的变化。由于跨国经营中不同国家对征税方式、税种以及税率的规定各不相同,跨国公司的旅游经营在收益的分配、结算等活动中不可避免地会受到东道国税收政策的影响,因此必须关注税率变化对收益的影响。

2. 政治因素的影响。虽然政治因素不像经济因素那样对收益有着直接的影响,但是国际化经营中的政治因素也是不能忽视的。在国际化经营中,东道国采取的各项政策对企业的经营收益有时会产生致命的影响。影响旅游企业跨国经营收益的政治因素主要有:

(1)相关的法律政策。一国的法律和政策是较为刚性的影响因素,有一定的时间效力。不同国家的法律规定各不相同,因此旅游企业跨国经营时必须要熟悉东道国的相关法律政策。此外,还必须对所在国的产业政策有详细了解,充分关注各国对发展旅游业所持的态度,趋利避害,利用良好的政治环境来提高企业经营收益。

(2)国家政治的稳定性。旅游产业的敏感性特点使其极易受政治环境波动的影响,国家政局不稳定、社会环境恶化等不利因素都会给所在地旅游企业的经营带来致命的打击。

(3)社会文化因素。社会文化因素对旅游企业国际收益的影响是较为深远的,不同地域文化差异的存在要求旅游企业在进行跨国经营时必须妥善分配利益,考虑东道国人们的接受态度,通过收益的分配来缓和旅游活动带来的负面影响,减少摩擦。此外,东道国的道德观和价值观的不同会影响人们对企业社会责任的界定,从而影响企业的社会权利和义务,最终影响企业所得利益在履行社会义务时的分配。因此,企业在进行跨国经营时,要妥善处理好这方面的关系。

(二)旅游企业跨国经营收益管理基本思路和管理策略的具体选择

1. 跨国经营收益管理基本思路。在影响旅游企业跨国经营国际收益管理的诸因素中,最为直接的影响因素就是经济因素,而经济因素中的汇率、利率和税率这三个变量对企业收益结果尤为重要,所以企业的国际收益管理必须紧紧围绕这三个变量,在国际经营不同阶段有针对性地选择管理重心。受汇率、利率和税率的影响,企业经营中会产生不同的收益结果,对收益结果的衡量可以用数量和质量的二维指标,即旅游企业要努力实现国际经营收益的数量最大(投资利润率最高)和质量最优(现金量最佳),提高企业的国际竞争力。

2. 旅游企业跨国经营发展阶段与收益管理重心。在旅游企业跨国经营的不同阶段,其收益管理的重心有所不同:

(1)跨国经营的初级阶段。旅游企业跨国经营的初级阶段主要表现为主动或被动地招徕和接待海外客源。这就势必会涉及国际化分销问题以及接待款的结算问题。因此,这一阶段的重点是要解决分销中的预订管理和结算中的风险控制问题。

(2)跨国经营的中级阶段。跨国经营的中级阶段会涉及要素资源的风险与成本控制的问题。这一阶段,基于收益管理的需要,应重点解决好筹资成本控制、人工成本控制、无形资产管理与收益分配等问题。

(3)跨国经营的高级阶段。在这一阶段,由于旅游企业直接向外投资,要重点解决好国别选择、投资政策管理、降低折算风险、国际收益分配、转移定价和税收管理等问题。

第四节　汇率与旅游外汇收支平衡

如前所述,在跨国经营过程中,由于汇率变动会给有关主体带来许多不确定性的结果,出于防范风险、增加收益的考虑,旅游目的地或旅游企业必须时刻关注汇率变动情况及其未来走势,以便采取积极应对措施,平衡旅游外汇收支,降低旅游外汇风险。

一、汇率的基本含义

所谓汇率,又称汇价,是指一国货币与另一国货币之间的比率,也称为一国货币用另一国货币表示的价格。

由于折算标准不同,汇率的标价方法可以分为直接标价法和间接标价法两种类型。直接标价法又称应付标价法,是以一定整数单位的外国货币为标准,将其折算为若干单位的本国货币。换句话说,这种标价法是以本国货币表示外国货币的价格,汇率变动仅反映为本国货币单位的增减。如果外国货币币值上升或本国货币币值下降,则一定整数单位的外国货币折算为本国货币的单位就比以前增多,我们称这种情况为汇率上涨,反之则称汇率下跌。所以,在直接标价法下,汇率变动与外国货币币值变动成正比,而与本国货币币值变动成反比。

间接标价法又称应收标价法,是以一定整数单位的本国货币为标准,折算为若干单位的外国货币。换句话说,这种标价法是以外国货币表示本国货币的价格,汇率变动仅反映为外国货币单位的增减,目前只有英国和美国采用间接标价法计算汇率。如果本国货币币值上升或外国货币币值下降,则一定整数单位的本国货币折算为外国货币的单位就比以前增多,我们称这种情况为汇率上涨,反之则称汇率下跌。所以,在间接标价法下,汇率变动与本国货币币值变动成正比,而与外国货币币值变动成反比。

二、汇率制度的基本类型及汇率变动的原因

(一)汇率制度的基本类型

汇率制度又称汇率安排,是指一国货币当局对本国汇率变动的基本方式所作

的一系列安排或规定，表明各国货币比价确定的原则和方式。汇率制度包括货币比价变动的界限、调整手段以及维持货币比价所采取的措施等，是国际货币制度的主要内容之一。

1. 固定汇率制度。它是指汇率基本保持不变的汇率制度，是国际金本位货币制度时代流传下来的汇率制度。从19世纪中末期金本位制在西方各国确定以来一直到1973年，世界各国的汇率制度基本上属于固定汇率制度。一般来说，固定汇率制包括金本位制下的固定汇率和纸币流通下的固定汇率。

2. 浮动汇率制度。它是指汇率可以自由波动的汇率制度，自从1973年3月以美元为中心的固定汇率制崩溃以来，世界各国货币的汇率基本上都是浮动汇率。如果按照官方是否干预来划分，浮动汇率可分为"自由浮动"和"管理浮动"；如果按照汇率浮动是否结成国际联合来划分，浮动汇率可分为"单独浮动"和"联合浮动"。

（二）汇率变动的原因

汇率变动的原因是多方面的，最根本的原因在于决定汇率的诸多因素的内在矛盾运动。概括起来分析，可以将决定汇率变动的因素归纳为以下几点：货币对内价值、国际收支状况、人的心理预期。

1. 货币对内价值与汇率变动。货币对内价值是决定货币对外价值（即汇率）的基础，虽然不同货币制度下，货币对内价值决定汇率的机理有所不同，但无论是金本位制下还是纸币制度下，确定汇率的基础都是各国单位货币所具有（或所代表）的价值量。一旦货币对内价值发生变化，汇率也随之发生变化，即当一国货币对内价值降低（通货膨胀），而其他国家货币对内价值不变或降低幅度较小时，该国货币汇率下跌，而其他国家货币汇率上涨；反之，当一国货币对内价值提高（通货紧缩），而其他国家货币对内价值不变或提高幅度较小时，该国货币汇率上涨，而其他国家货币汇率下跌。

2. 国际收支状况与汇率变动。国际收支状况是决定市场汇率变动的重要因素，因为从长期来看，国际收支会影响到外汇供求关系，而外汇供求关系又直接决定着市场汇率的高低。在国际贸易市场上，由于外汇收入者只有将所收入的外汇在外汇市场上出售，才能换回本国货币在国内流通使用，因此外汇收入就形成了外汇供给；同理，外汇支出者只有用本国货币在外汇市场上购买外汇，才能据以对外支付，因此外汇支出就形成了外汇需求。如果外汇收支存在顺差，则表示外汇供过于求，市场汇率就会下跌；反之，若外汇收支逆差，则表示外汇供不应求，市场汇率就会上升。

3. 人的心理预期与汇率变动。所谓人的心理，是指人从感知或思维上对某一客观事物的未来动向所作的事先推测或期待。从影响汇率变动的人的心理预期来看，实际上就是人从感知或思维上对汇率或风险的未来动向所作的事先推测或期待。人作为外汇市场上外汇供求的主体，行为的发生与变化是受动机驱使的，不同的行为发生的动机不同（主要可以分为交易性动机、预防性动机和投机性动机），对汇率变动以及风险防范的认知和接受程度是不同的。虽然人的心理预期是主观的,但是客观上却会通过收抛外汇行为而对外汇供求关系产生明显的影响。如果预期某国会发生不安全的变故,则会抛售该国货币而对外汇产生大量需求,从而会导致外汇急剧供不应求,该国货币对外价值随之直线下跌,外汇汇率急剧上升。

三、我国汇率制度的发展历程及未来趋势

我国汇率制度按其演变过程,大体可分为七个阶段。

阶段一:1949 年 1 月 ~ 1952 年底,人民币汇率频繁波动。在这一阶段,人民币汇率以美元为基础,共调整过 52 次,由 1949 年的 1 美元折合 80 元旧人民币,调整到 1950 年 3 月 13 日的 1 美元折合42 000元旧人民币,相差 525 倍。

阶段二:1953 ~ 1972 年,人民币汇率相对稳定。西方各国普遍实行以美元为中心的固定汇率制度,与此相适应,我国的人民币汇率也采取长期稳定的方针,只是在个别国家货币公开贬值或升值时才作相应调整,如人民币与美元的汇率 1955 ~ 1972 年一直保持在 1 美元折合2. 461 8元人民币的水平。

阶段三:1973 ~ 1980 年,人民币汇率实行"一篮子货币"。人民币汇率在固定汇率时期已确定的汇价水平的基础上,由过去按国内物价比改为按"一篮子"货币确定,即选择我国在对外经济贸易往来中经常使用的若干种货币,按其重要程度和政策上的需要确定权重,根据这些货币在国际市场的升降幅度,加权计算出人民币汇率。1973 ~ 1984 年,选用的货币和权重曾作过七次调整。

阶段四:1981 ~ 1984 年,实行双重官方汇率制度。1978 年十一届三中全会后,我国开始进行经济体制改革。为了鼓励出口、限制进口,加强外贸的经济核算和适应我国对外贸易体制的改革,从 1981 年起,我国实行两种汇价。其中一种是适用于非贸易外汇收支的对外公布的汇价,另一种是适用于贸易外汇收支的贸易外汇内部结算价。贸易外汇结算价定为 1 美元折合 2. 53 元人民币另加 10% 的利润,即 1 美元折合 2. 8 元人民币左右,直至 1984 年底停止使用,中间进行过调整。

阶段五:1985 ~ 1993 年底,取消双重官方汇率制度。1985 年 1 月 1 日,我国停止贸易内部结算价的使用,贸易收支与非贸易收支均按官方牌价结算。

阶段六:1994 ~ 2005 年 7 月,人民币汇率并轨,实行浮动汇率制度。1993 年 11 月 14 日,中央发布了《中共中央关于建设社会主义市场经济体制若干问题的决定》,该决定明确要求"改革外汇管理体制,建立以市场供求为基础的、有管理的浮动汇率制和统一规范的外汇市场,逐步使人民币成为可兑换货币"。从 1994 年 1 月 1 日起,我国对人民币汇率制度进行重大改革,实施以市场供求为基础的、单一的、有管理的浮动汇率制度,人民币汇率一步并轨到 1 美元兑换 8. 70 元人民币。

阶段七:2005 年 7 月至今,参考"一篮子货币",实行浮动汇率制度。自 2005 年 7 月 21 日起,我国开始实行以市场供求为基础、参考"一篮子货币"进行调节的、

有管理的浮动汇率制度。人民币汇率不再盯住单一美元,形成更富弹性的人民币汇率机制。

汇率改革以来,总体上中国的宏观经济运行仍然保持在相当稳健的水平上,汇率形成机制的市场化程度不断提高,人民银行调控汇率的空间增大,企业部门和金融机构抗拒汇率风险的能力增强。可以说,汇率改革取得了很大的成绩。

从长远来看,这次对汇率形成机制所进行的改革只是汇率制度变革的开始。为最终实现人民币可自由兑换,汇率制度应该朝着更为灵活的完全自由浮动汇率制度的方向发展。

实行完全自由浮动汇率制度,这是与我国经济未来的进一步发展相联系的。当我国经济在国际经济中的地位和重要性不断上升时,就要争取使人民币成为国际上通用的货币甚至国际核心货币,而这首先要实现人民币可自由兑换。人民币可自由兑换应当以反映市场供求状况的自由浮动的汇率制度为基础,这也是未来具有较高开放度的开放型市场经济的要求。汇率完全自由浮动是指汇率水平由市场自由决定,中央银行没有干预汇率水平的压力,可以根据实际经济需要制定相应的货币政策,而不必受某一目标汇率水平的约束。

要实行完全自由浮动的汇率制度必须具备一定条件,而不能急于求成。这些条件包括我国的银行体系抵御各种风险和突发事件的能力、对资本项目下的外汇收支不加以限制、为国内金融机构和进出口企业提供有效的市场环境和必要的外汇避险工具等。在条件尚未具备时,不能过早放弃现行的有管理的浮动汇率制度,否则很有可能出现经济动荡。

四、我国旅游外汇收支平衡的现状及其政策

(一)我国旅游外汇收支平衡现状

旅游业是中国对外开放最早和开放程度最高的行业之一,也是政府确定的外商投资优势产业,具备良好的投资和发展环境。20 世纪 90 年代中期以后,中国入境旅游的经济总量已步入世界旅游大国行列,并呈现逐年提升的态势。尤其是 21 世纪以后,随着假日旅游的迅速崛起,更加展现出日益广阔的发展前景。与中国的其他服务业相比,旅游业在国内外市场一体化中具有明显的优势。旅游业的对外开放程度高、运行机制比较市场化,是服务贸易的创汇大户,而其在缓解贸易摩擦、拉动内需和提高国民素质等方面的作用,是对外开放的有关敏感行业所不具备的。自 1978 年改革开放至 2005 年,我国累计旅游外汇收入2 193亿美元(顺差累计约 700 亿美元,但有研究显示,仅 2003 年,逆差就达 100 亿美元)。[①] 2005 年,我国入境过夜旅游者及旅游外汇收入分别位居全球第四位和第六位。我国旅游外汇收支平衡表如表 8 – 8 所示。

---

① 顾朝曦. 话说旅游——见证中国旅游产业的成长[M]. 北京:中国旅游出版社, 2007.

表8-8　我国旅游外汇收支平衡表　(单位:亿美元)

年度	贷方(出口)	借方(进口)	差额
1992	39.47	25.12	14.35
1993	46.83	27.97	18.86
1994	73.23	30.36	42.87
1995	87.30	36.88	50.42
1996	102.00	44.74	57.26
1997	120.74	101.67	19.07
1998	126.02	92.05	33.97
1999	140.98	108.64	32.34
2000	162.31	131.14	31.17
2001	177.92	139.09	38.83
2002	203.85	153.98	49.87
2003	174.06	151.87	22.19
2004	257.39	191.47	65.90
2005	292.96	217.59	75.37
2006	339.49	243.22	96.27

资料来源:根据历年《中国对外经济统计年鉴》整理而得。

从表8-8中的数据可以看出,20世纪90年代中后期我国旅游外汇收入总额和支出总额呈迅速上升趋势。2002年比2001年旅游外汇收入同比增长14.6%,数据充分显示了在我国加入WTO、旅游行业逐步开放的宏观大环境下,随着旅行社管理条例等相关制度法规的不断完善,旅游业在扩大外汇收入方面具有很大的生机和活力。

另外,在旅游进口方面,随着对外开放的不断深入,出境旅游人数的不断增加,旅游外汇支出也呈上升趋势。1996年以前,只有四个国家(新加坡、马来西亚、泰国和菲律宾)和两个地区(中国香港和中国澳门)是中国公民组团出境旅游的目的地,截至2007年,中国公民出境旅游目的地已经达到132个,其中已实施86个。

总体来讲,我国旅游外汇保持顺差的状态。这充分显示了旅游是我国国际服务贸易的优势部门,在国际创汇方面发挥着重要作用。并且,随着敏感领域的逐步开放,旅游在外汇调节经济摩擦、缓解国际关系方面的作用将会越来越凸显出来。

旅游创汇主要包括商品收入和服务收入两部分。其中,商品收入包括餐饮和商品销售,服务收入包括长途交通(民航、铁路、汽车、轮船)、游览、住宿、娱乐、邮电通信、市内交通和其他服务。据国家统计数据显示,各年份旅游组成部分在旅游外汇收入构成中所占份额相对稳定。商品收入维持在旅游外汇收入总额的30%左右,其中商品销售占21%。长途交通创汇约占旅游外汇收入总额的28%。外汇收入的构成反映出入境旅游者在我国的消费状况。不难发现,入境旅游者在我国的消费主要集中在交通、商品销售、住宿和餐饮上，而游览和娱乐所占比重相对较少。表8-9详细列出了旅游各方面创汇的具体情况。

表8-9 我国国际旅游外汇收入构成表 （单位:亿美元）

年份		2000	2001	2002	2003	2004	2005
总计		162.24	177.92	203.85	174.06	257.39	292.96
商品收入	餐饮	15.23	15.39	16.60	14.31	19.42	27.48
	商品销售	32.31	37.54	42.11	36.20	57.98	63.78
服务收入	长途交通	48.80	50.05	52.60	44.38	66.88	82.94
	民航	35.02	35.88	36.61	30.90	49.52	59.28
	铁路	5.96	5.21	4.65	3.92	4.63	9.04
	汽车	5.96	4.45	8.74	7.37	8.10	7.18
	轮船	1.86	4.51	2.60	2.20	4.63	7.44
	游览	7.51	8.02	14.31	12.20	13.07	12.27
	住宿	22.05	22.42	25.65	21.64	31.24	37.75
	娱乐	11.93	13.77	15.25	13.02	18.25	17.02
	邮电通信	5.03	6.79	7.20	6.18	8.81	8.44
	市内交通	5.34	6.02	8.82	7.86	10.87	10.30
	其他服务	14.04	17.93	21.31	18.27	30.86	32.99

资料来源：根据历年《中国旅游年鉴》整理而得。

（二）国家的相关政策法规

1978年以前，旅游更多的是国家外事接待工作的重要组成部分，扩大对外政治影响是其主要目标，因此，旅游企业基本不考虑成本与经济效益，收支差额由国家补贴（杜江，1990），旅游尚不具有为国家创造自由外汇的功能。1978年以后，随着中国对外开放政策的全面实施，具有产业属性的中国现代旅游业正式起步，国家提出了“积极发展，量力而行，稳步前进”的旅游发展政策。① 由于当时国家经济建设急需外汇资金，所以1985年以前，我国几乎将所有旅游资源和接待能力都集中于入境旅游，国内旅游十分有限且不鼓励发展，出境旅游就更无从谈起了。

1985年以后尤其是进入20世纪90年代以后，相关政策法律随形势变化而有所调整。1986年开始的“七五”计划明确提出“要大力发展旅游业，增加外汇收入，促进各国人民之间的友好往来”。到“八五”计划时期则明确将旅游业作为第三产业发展的重点。“九五”计划时期将房地产业、信息业和旅游业确定为国民经济新的增长点。这一系列调整充分说明，旅游业的产业地位及产业目标的多元化正在形成，现行的“大力发展入境旅游、积极发展国内旅游、适度发展出境旅游”的旅游

① 何光玮．中国旅游业50年[M]．北京：中国旅游出版社，1999．

发展政策正是最好的证明。

随着我国对外开放的进一步发展和国民经济水平的不断提高，对国际旅游贸易地位作用的认识也必须有所调整。目前片面追求旅游业创汇功能的外部环境已经不复存在，发展旅游业的目标也要作相应的调整，为国家创造外汇只是其中的一个目标，更重要的目标恐怕要转向缓解贸易摩擦、拉动内需及提高国民素质和生活质量上来。为此，有些学者曾提出新时期下，我国旅游产业的发展政策应转变为"大力发展国内旅游、积极鼓励出境旅游、继续发展入境旅游"。[①] 如果作这样调整的话，那么相应的旅游政策和法规也需要调整，如在中国公民出境旅游目的地开拓方面、在出境旅游限制性政策放松方面、在旅游企业国际化经营政策鼓励方面、在入境旅游营销开发方面、在国内旅游产品开发和政策鼓励方面等都已在或将要作适当的调整和完善。

旅游作为服务贸易的重要组成部分，其在旅游进口和出口方面，必须遵循的法律法规基本上可以分成三类。

1.《服务贸易总协定》和《中华人民共和国对外贸易法》的相关规定。《服务贸易总协定》在本章第一节已经详细介绍过，这里不作赘述。《中华人民共和国对外贸易法》(以下简称《对外贸易法》)，是在《服务贸易总协定》签订之后产生的关于国际服务贸易基本原则的一部重要法律。该法在第四章中专门就国际服务贸易作了规定，确立了国际服务贸易的基本原则。该法在第 12 条中规定国家促进国际服务贸易的逐步发展，并确定了国际服务贸易逐渐自由化的方针。为促进国际服务贸易的逐步自由化，《对外贸易法》第 23 条规定国家承诺给予其他缔约国市场准入和国民待遇；第 24 条和第 25 条则规定了例外条款，在为保护国家安全或公共利益、保护生态平衡等条件下，国家可以限制或禁止国际服务贸易；第 26 条的规定则涉及国际服务贸易管理问题。该法是涉及我国国际服务贸易领域的基本法律，是国际服务贸易的基础和核心。

2. 外资企业法中的有关规定。《对外贸易法》第 10 条明确规定，国际服务贸易企业和组织的设立及经营活动，应当遵守本法及其他有关法律、行政法规的规定，因此我国的外资企业法关于国际服务贸易企业的规定也属于我国的国际服务贸易立法。外资企业法主要包括《中华人民共和国中外合资经营企业法》、《中华人民共和国中外合作经营企业法》、《中华人民共和国外资企业法》及其有关实施细则，它们对国际服务贸易企业和组织的设立条件、方式、期限及经营活动都作了具体规定。另外，我国还制定了《外商投资产业指导目录》，详细规定了我国鼓励、允许、限制及禁止的外商投资项目。

3. 旅游业的相关政策法规。我国旅游立法相对比较薄弱，目前尚无一部统一的旅游根本法律。对旅游服务业的专项法规主要包括 1996 年 10 月 15 日国务院发布的《旅行社管理条例》和同年 11 月 28 日国家旅游局发布的《旅

① 杜江．论中国旅游产业功能与产业政策的转变[M]．北京：旅游教育出版社，2006．

行社管理条例实施细则》。该条例及其实施细则对旅行社的设立条件、申报审批程序、业务经营规则、旅行者的权益保护,以及对旅行社的监督检查等进行了明确规定。《旅行社管理条例》和其实施细则适用于在中国境内设立的旅行社和外国旅行社在中国境内设立的常驻机构。申请中外合资、合作经营旅行社的,则应按照国务院有关规定报经批准,办理成立手续后方可在规定区域内营业。2001 年 12 月修订出台的《旅行社管理条例》,专设了"外商投资旅行社的特别规定"一章,依照中国入世承诺的内容,明确了中国旅行社进一步对外开放的政策。2003 年 6 月 12 日国家旅游局、商务部发布的《设立外商控股、外商独资旅行社暂行规定》,标志着中国旅游业在加快兑现入世承诺方面向前迈出了一大步。根据国家旅游局的规定,自 2003 年 7 月 1 日起,我国已取消对外商投资旅行社设立分支机构的限制,并对外资旅行社的注册资本实行国民待遇。这意味着外资在注册资本上与国内旅行社享受同等待遇,外资旅行社进入中国市场的门槛大幅降低,我国再次提前兑现世贸组织谈判中关于开放中国旅游市场的承诺。

2002 年我国对出境旅游市场进行了一系列政策调整:一是国务院出台了《中国公民出国旅游管理办法》,有效保障了出国旅游者和出国旅游经营者的合法权益。这反映出我国对出国旅游的管理逐渐从行政管理向法制管理转变[①]。二是调整了旅游出境经营体系,即扩大组团社,取消代办点,将原来的 67 家组团社扩大到 528 家,同时,将原来的 380 多家代办点全部取消。三是将出国游和港澳游并轨,即经营出国游的 528 家组团社同时也可以经营港澳游业务。

此外,国家旅游局颁布的《旅行社质量保证金暂行规定》、《旅行社质量保证金暂行办法》、《关于旅客意外保险的暂行规定》以及《关于外国旅行社在中国设立旅游常驻机构的审批管理办法》、《出境旅游领队人员管理办法》等,对旅游服务管理中不同方面的问题作出了规定,以进一步实施《旅行社管理条例》。另外,我国规范旅游业发展的地方法规政策也相继出台,进一步保证旅游对外开放的效率,充分发挥其在创汇方面的巨大潜力。同时,这也说明在中国旅游市场扩大对外开放的同时,旅游法制化建设也得到了加强。

案例分析

狼真的来了吗?

2006 年 3 月 29 日,全球知名旅游集团——瑞士旅业集团在广州的办公机构正式成立。该公司名为胜景旅游广东有限公司,为瑞士旅业集团旗下的全资公司,它

① 高舜礼. 中国旅游产业政策研究[M]. 北京:中国旅游出版社,2006.

不但是瑞士旅业集团在华的第一家真正意义上的旅行社，也是广东省首家全外资旅行社。瑞士旅业集团2006年在北京、上海分别设立了办事机构，其北京机构是个代表处，上海机构则是一个咨询性质的机构。但与另外两家一样，胜景旅游广东有限公司受经营许可限制，不能再设立分支机构。其业务主要包括国内游和入境游，不包括出境游业务，与目前国内其他的全外资旅行社一样。

根据国家旅游局的规定，自2007年7月1日起，我国已取消对外商投资旅行社设立分支机构的限制，并对外资旅行社的注册资本实行国民待遇。国家旅游局局长邵琪伟说，加入WTO的数年来，中国已提前或如期履行了有关旅游领域的各项承诺。随着加入WTO的过渡期即将结束，中国将提前兑现有关旅游领域的其他承诺。

外资旅行社在中国业务的开展始于1998年。首家进入中国的外资旅行社是日航国际旅行社。随后，全球著名的旅游企业如美国GTA、英国MIKI、德国TUI、瑞士Kuoni、日本JTB等均在北京、上海或广州设立了公司或办事处。目前，中国外资旅行社的数目已由加入世贸组织前的9家增加到了25家。报道显示，他们已经以培养代理商、经营入境订票、发展会奖旅游等各种方式渗透到了国内旅游市场。据世界旅游组织预计，2020年中国将成为世界上第一大旅游目的地和第四大旅游客源地。如此庞大的旅游市场，势必将吸引更多境外旅行社落"子"中国，而部分"先行者"也将受惠于新政策，加快布局中国的脚步。

不少业内人士认为，外资在华设立旅行社的门槛降低，意味着原本交由国内出境社经营的"地接"业务可能会转由外资社自己"统管"，以降低成本，而主营"地接"业务的中小旅行社将因此失去大批客源。业内人士同时分析指出，由于国外旅游企业旗下大多拥有自己的酒店、航空公司、景点甚至车队，他们推出的市场价将是国内企业不可承受的，由此而来的市场重新洗牌将不可避免。

也有人认为，旅游人才的抢夺将成为开放后首当其冲的问题。"外资来了，很可能会挖人，而对旅行社行业来讲，挖骨干人员就等于挖客户。人员流动的同时，会带来中国旅行社客源结构的一种再分配。"

另一种观点则认为，尽管门槛降低，但外资旅行社不会短期内大量涌入，他们会作大量的中国市场前期调研。市场是分层的，外资旅行社一般会做高端的商务旅游市场，而本地旅行社锁定的仍是低端的传统旅游市场或是个性化产品，依然有饭吃。

我们再来看看外资旅行社对中国市场的态度和定位。

日本JTB旅游集团独资设立的上海佳天美旅行社总经理安田在接受采访时，特别强调与中国同业的合作共赢关系。他表示，JTB与日资的航空公司、日资酒店和日资企业形成一个业务联盟，通过上下游资源的整合，在高端领域形成竞争优势。但在国内游方面，中国同行还将在较长时间内保持优势，外资旅行社不会在这方面花大力气。

新政策虽然意味着对外资的进入限制逐步放开，但是根据我国加入世贸组织时的规定，外资旅行社仍不准经营其最有优势的出境游，因此不少人认为这多少为国内旅行社筑起了一道“防火墙”。不过专家指出，利润最大的国内旅客出境游业务也可能在两年左右的时间内放开，这才是外资旅行社真正看重的目标，国内旅行社要抓紧时间练好“内功”。

案例来源：人民日报海外版 2007－08－02。

案例思考题：

1. 我国旅行社的发展优势和劣势分别在哪里？
2. 面对外资旅行社的纷纷进入，我国旅行社该如何练好“内功”？

思考与练习题

1. 世界贸易组织的基本架构包括哪些内容？
2. 世界服务贸易协定的基本内容包括哪些？
3. 如何认识和理解国际旅游贸易不断发展的现象？
4. 如何看待国际旅游贸易收支平衡问题？我国在国际旅游贸易收支平衡中的主要问题是什么？如何改进？
5. 怎样理解旅游企业跨国经营的条件？
6. 我国旅游企业跨国经营的必要性和可行性是什么？
7. 旅游企业跨国经营收益管理的对策是什么？
8. 结合汇率制度的变化，谈谈旅游企业跨国经营中如何进行收益的风险管理。

第九章 旅游环境监护与可持续旅游经济发展

Tourism Environment Monitoring and Sustainable Development of Tourism Economy

学习要点：

➢ 旅游环境监护的重要性、概念及主要内容

➢ 旅游环境影响评价的概念、困难及主要方法，旅游环境问题治理的主要原则

➢ 旅游经济发展模式的概念和分类，环境监护下的旅游经济发展模式的比较与选择

➢ 不同旅游发展观的概念及特征，可持续旅游经济发展的概念及实现路径

Learning Points：

➢ the importance, conception and contents of the tourism environment monitoring

➢ the conception, difficulties and methods of the evaluation of tourism environment impacts, principles of the tourism environment administration

➢ the conception and classification of the tourism economy development modes, the compare and choice of the tourism economy development modes under the environment monitoring

➢ the conception and characters of the different tourism development concepts, the conception and realization methods of the tourism economy sustainable development

第一节 旅游环境监护的内涵

旅游环境是旅游业发展的基础。对旅游环境实施有效的监护，在旅游开发中保护好旅游环境，是旅游业可持续发展所要求的，必须从战略的高度予以重视。

一、旅游环境的内涵

《中华人民共和国环境保护法》对环境作了明确界定，即环境是指"影响人类生存和发展的各种天然的和经过人工改造的自然因素的总体，包括大气、水、土地、矿藏、森林、草原、野生生物、自然遗迹、自然保护区、风景名胜区、城市和乡村等"。

通俗地说，环境就是人类周围的境况，是人类生存和生活的基本条件。就环境本身固有的属性来说，环境是人类的共同财产，因而具有公共物品的性质。虽然环境中的一部分可以为私人所占有，但并不能改变其本质特性。

（一）环境的特点

如果从物质组成的角度来看待环境的话，则环境具有以下几个特点：

1. 环境既具有共同性，又具有非排他性。

2. 环境是历史的积累物质，其中有些物质具有不可逆性，一旦被破坏就不能再恢复。

3. 环境具有区域固有财产的性质。

（二）环境与旅游的关系

环境与旅游之间存在着多种关系，欧莱特·卡特（Erlet Cater）将环境与旅游的关系归纳为四种类型：①

1. 相互促进的关系。由于旅游业发展带来经济实力的增强，从而促进了对旅游环境的投资和清洁技术的使用，改善了环境，减少了污染。

2. 相互制约的关系。由于旅游发展中管理不善，导致环境恶化，文化传统变质或消亡，影响了旅游业可持续发展目标的实现。

3. 有利于旅游业而不利于环境保护的关系。旅游发展中短期行为泛滥，导致环境恶化、资源耗竭，损害了旅游业发展的基础。

4. 有利于环境保护而不利于旅游业的关系。出于环境保护的需要，限制旅游业的发展，导致旅游收入不多、规模不大的结果。

归纳起来，旅游与环境的关系无外乎两种关系，即旅游导致的环境外部经济性与外部不经济性。

环境具有区域不均等性，具有环境舒适性的城市或地区则具有某种天然的垄

① Erlet Cater. Environmental Contradictions in Sustainable Tourism. The Geographical Research, 1991(1).

断性。由于短时间内不可能创造出良好的环境,因此,失去环境舒适性的城市恢复起来是非常困难的。可见,保持环境的良好状态是非常重要的。

(三)对旅游环境的界定

对旅游环境的界定,不同的学者有不同的阐述,比较有代表性的观点有以下几种:

1. 旅游环境,不是指单纯的自然环境,而是一个包含了社会、经济、自然环境在内的复合环境系统,我们称之为旅游环境系统。①

2. 旅游环境是指在旅游活动特定的区域或范围内各种因素的存在状况和综合作用的结果。就范围而言,它主要包括旅游目的地和相关的旅游依托地;就内容而言,则主要包括旅游资源状况以及与旅游活动有关的自然和社会文化两方面的因素。②

3. 旅游环境是指以旅游系统为中心,影响其产生与发展的各种自然因素和社会因素的综合体。它从属性上可以分为自然环境和社会环境,二者共同构成旅游环境系统。③

虽然不同学者的表述有些不同,但是如果从旅游者主体角度来看,旅游环境则是旅游者在旅游过程中所面对的各种境况的总和,其中包括自然环境、人文环境以及社会文化环境等。

旅游环境是旅游业发展的基本条件,但旅游环境和旅游资源还是有区别的。作为一种客观存在,无论是何种旅游环境,都不能直接产生财富,只有将其转化为旅游资源并融入旅游产品生产中,才能转化为旅游经济效益。在这个转化过程中,通过对旅游环境的保护、改造和利用,形成具有独特吸引力的旅游资源和旅游产品,经过交换环节转化为旅游效益,管理好的话,不仅能增加经济效益,也能实现环境和社会效益。当然,一旦作为资源而利用的各类环境被污染,就会发生环境破坏或公害,旅游业持续发展就会受到危害,所以,环境问题和资源问题又是密不可分的。

二、旅游环境的外部性及其监护的重要性

(一)环境外部性的含义

外部性是经济学中内容最丰富、最有价值的概念之一,是由剑桥大学的马歇尔和庇古于20世纪初首先提出的。在科斯发表《社会成本问题》之后,外部性理论对经济学的许多领域都产生了重要的影响,在探讨旅游环境问题的时候,外部性指的就是环境外部性。

① 崔凤军. 论旅游环境承载力——持续发展旅游的判断之一[J]. 经济地理,1995.
② 肖洪根. 旅游持续发展和旅游环境保护[J]. 华侨大学学报,1995.
③ 王湘. 旅游环境学[M]. 中国环境科学出版社,2001.

对环境问题中的外部性展开深刻分析的著名论著就是哈丁 1965 年发表于《科学》杂志上的《公用地的悲剧》的论文。这篇论文描述了一个对所有人开放的公共牧场，每个理性的牧民都想在公共牧场放养尽可能多的私有牲畜，于是在每个牧民追求自身利益最大化的过程中，却由于过度放牧而导致了草地的加速贫瘠，构成了所有牧民的一个灾难。正是由于他这个非常著名的比喻，才使得公地的悲剧成为外部性的代名词。

所谓外部性，是指“某个经济主体生产和消费物品及服务的行为不以市场为媒介而对其他的经济主体产生的附加效应的现象”。[①] 通俗来说，外部性的本意就是指某个微观经济单位的经济活动对其他微观经济单位所产生的影响没有通过市场价格机制反映出来。如果这种影响对受影响者是有益的，则称这种外部性为外部经济；反之，若这种影响对受影响者是不利的或有害的，则称这种外部性为外部不经济。

从外部性的表现形式来看，可以将环境外部性划分为空间的外部性和时间的外部性[②]。它表现为以下两个特点：

第一，环境外部性影响的空间范围巨大。由于环境具有历史性，所以伴随着产业革命以后工业化和城市化进程的加快，环境问题已不再像原始社会那样有限了，而是在日益人工化的过程中辐射到更广阔的范围。如一个地区的空气被污染了，受到影响的不仅仅是某些人，而是这一地区的所有居民，甚至受空气移动的影响，其他地区的居民都会受到不同程度的影响，从而使其外部性的影响范围也日益扩大。

第二，环境外部性影响的时间延续长久。环境外部性产生的“时滞”较长，具有向未来延伸的趋势。由于环境的公共性，每代人都可以免费使用，“每代人都是目前时期的独裁统治者”[③]。因此，目前经济活动的副作用将部分或全部地由未来人口承担，从而产生了代际外部性问题。

（二）环境外部性产生的主要原因

环境外部性的产生原因可以概括为：

1. 产权不明晰。科斯定理认为，在交易费用为零的世界里，无论权利的初始配置如何，它都不会影响经济运行的效率。但事实上交易费用不可能为零，因此法律明确界定包括使用权在内的产权就十分必要了。此后的许多学者倾向于认为“公共财富”的存在是产生外部性的根本原因，代表人物如伯姆（Bohm）和克尼斯（Kneece）。他们认为外部性是因为公共财富出于制度上或技术上的原因，其价值属性无法有效地划归私有而引起的。[④]

---

① 植草益．微观规制经济学［M］．北京：中国发展出版社，1992.

② 黄小平．论代际外部性与旅游资源产权的代际分配［J］．旅游学刊，2006(6)．

③ Page T. On the problem of achieving efficiency and equity, intergenerationally. Land Economics, 1997(4).

④ Bohm, P. and Kneece, A. V. The Economics of Environment. MacMiliam Press Ltd. London, 1974.

2. 人口压力。从少数人损害环境而所有人承担其后果这一环境问题的共性来看，将所有的环境问题都看成是外部的不经济性表现是可以的，但是，将所有的环境问题都归咎于产权问题却是片面的。人口压力就是一种独立的外部不经济的来源。当人口压力足够小时，无论是传统概念中的资源还是环境的纳污能力，对使用者来说其边际价值均为零，随着人口的增多，当资源或环境具有某种稀缺性时，免费使用或廉价使用就产生了环境的外部不经济性。

旅游活动中，当人口大量流向某个地区或景区时，这种巨大的人口压力无疑会加大对环境的消耗，当超过了环境的自净能力后，就产生了外部不经济的问题。

3. 环境影响的时空差。由于污染物具有迁移、积累、扩散和长期性等特征，因此会导致环境污染的肇事者和受害者相去甚远，在时间和空间上都存在差异，这种差异就使环境的损益与当事人往往不直接发生经济利益关系。点源的污染和小范围的生态破坏，在空间上可能会危及整个区域乃至全球，在时间上可能会影响数十年乃至几代人。正因为具有这种时空差，分散的个体不会为生态环境保护投资，而会采用无节制使用环境的做法，将外部成本转嫁给他人和社会。

（三）旅游环境监护的重要性

依附于旅游环境的旅游资源是旅游目的地旅游经济活动开展的主要生产要素，也是旅游者旅游消费的主要对象物，因此对旅游环境监护重要性的认识可以从供需两个方面来理解。

首先，从旅游需求角度来看，旅游环境监护状况如何会直接影响旅游者的旅游消费决策。一般来说，旅游者的旅游消费决策包括：是否进行旅游活动、到哪里进行旅游活动、在旅游目的地的停留时间以及前往的频次。这些决策内容的作出都与环境质量密切相关。①

其次，从旅游供给角度来看，旅游环境监护状况如何也会使旅游产品供给者的生产成本发生变化，这种变化直接影响到供给者的生产积极性和供给价格的变化，进而影响到旅游者消费需求决策的变化。环境一旦被破坏，治理成本会增大，企业压力和承受力也会受到影响。因此，做好旅游环境监护工作是十分重要的。良好的自然生态环境不仅是重要的旅游吸引物，也是旅游业可持续发展的前提条件。旅游活动是以人为中心的社会经济活动，与人交流是游客的基本需求，对旅游目的地社会人文环境以及当地居民好客程度的培育会增强对游客的吸引力，而当地社会经济发展水平的提高和经济结构的优化则有利于增强对游客的服务力，有助于降低服务提供成本和减少服务收入的外漏。总之，对旅游环境的有效监护和不断完善对实现旅游经济可持续发展起到了非常重要的促进作用。

---

① John B. Loomis, Four Models for Determining Environmental Quality Effects on Recreational Demand and Regional Economics, Ecological Economics, 1995(12).

三、旅游环境监护的概念及内容

（一）旅游环境监护的概念

旅游环境监护就是在可持续旅游发展理念的指导下，通过一系列经济与非经济手段而进行的旨在实现旅游环境保护与开发良性发展的监督与保护的系统行动。理解这一概念需要注意以下四点。

1. 理念上要坚持可持续旅游发展观。可持续性发展概念的首次提出是在1972年瑞典斯德哥尔摩召开的世界环境大会上，其中“可持续性”被定义为“在不牺牲子孙后代需要的前提下，满足我们这代人的需要”。1981年世界自然保护联盟在其发表的《保护地球》中将可持续发展界定为“改进人类的生活质量，同时不要超过支持发展的生态系统的负荷能力”。1983年，世界环境与发展委员会成立了三个委员会对环境与发展问题展开专门研究，提出了“可持续性”是指“既满足当代人的需要，又不对后代人满足其需要的能力构成危害”。

从以上不同的表述中我们可以看到，它们共同的特点都是关注人类需要（当代人需要和下代人需要）目标的满足和实现目标的限制因素（环境限度）的满足。目标的实现必须在环境承载力范围内通过适当的途径加以实现。

可持续发展观的提出为旅游业的未来发展方向指明了出路。1989年4月，由众多国家参加的在荷兰海牙召开的各国议会大会，第一次明确地提出了可持续旅游发展的口号。1995年，联合国教科文组织环境规划署和世界旅游组织联合召开了可持续旅游发展世界会议，通过了《可持续旅游发展宪章》和《可持续旅游发展行动计划》，有力地促进了世界范围内可持续旅游发展的理念和行动。

2. 目标上要把握保护与建设良性互动。旅游业的生存与发展既依赖于环境，又可能对环境造成损害。依赖于环境就必须加强对环境的保护，满足人们对优美的自然生态环境、和谐的人文生态环境以及协调的社会经济环境的追求，这是旅游经济活动持续发展的基础。然而，保护不等于不建设，绝对的保护是没有的。人类社会的生存与发展需要通过对环境的建设与开发来实现，只不过这种建设必须在环境可承载力的范围之内，以不至于造成环境问题并危及可持续发展为限。实现这样的目标既取决于旅游供给方的环境伦理观和适度的开发行为，也取决于旅游需求方的消费价值观和文明的消费行为，因此，目标上的保护与建设良性互动要从供需两个方面着手进行。

3. 手段上要综合运用经济手段和非经济手段。鉴于旅游环境的公共性和监护的复杂性，必须从经济手段和非经济手段组合的角度开展对旅游环境的监护工作。从非经济手段的运用来讲，主要是实施环境管制，也就是政府设定环境质量指标，通过立法、规定等非市场途径对环境资源利用直接干预，其理论基础是市场机制的失灵，其最大的特点是能迅速控制污染。从经济手段的运用来讲，实践中许多国家采用排污权交易法，即政府规定总排污量上限，并据此发放许可证，各单位可根据自身情况进行许可额的自由交易。另外,政府也可运用价格、成本、信贷、利息、税收等经济杠杆,影响和调节企业的生产和个人的消费。其中,通过征收庇古税将环境的外部成本内部化的方式已日益成为共识,如对企业征收排污费及产品税等。

4. 组织上要注意专职与全民协调联动。在对旅游环境监护进行组织的时候,必须建立专门的组织机构实施专业管理,如成立旅游环境监护审计会,其目的是将目的地可持续旅游的理想转变为现实。当然最为重要的是调动全民参与环境保护的积极性,尤其是加强对消费领域外部性严重程度的认识和管理,在分散的消费活动中,每个人或每个家庭的消费行为对环境产生的影响可能微不足道,但是千万个人的"微不足道"汇集起来,就可能形成巨大的环境损害,如著名风景区内游人丢弃的垃圾累积起来构成了大煞风景的景观,这种结果不是一个人的行为造成的,西方环境经济学界称之为"微小行为的暴行"。对这种"微小的暴行"既要教育,更要制裁,专业的监督治理与全民的环境友好行为结合起来,才能收到应有的效果。

(二)旅游环境监护的内容

旅游环境监护涉及的范围较宽,为便于分析和理解,可以从旅游潜在影响的几个方面来思考环境监护的内容。具体来说,主要包括以下三个方面。①

1. 对自然环境的监护。对自然环境的监护是最受关注的一个领域。无论是观光旅游还是休闲度假旅游,优美的自然环境都是其不可或缺的基本要素。自然环境的污染超过了环境的自净能力后,带来的负面影响是极其深远的,有时甚至是不可逆的。2007 年无锡太湖发生的蓝藻事件就是一个深刻的教训,当然该事件并非无锡一个城市所为,河流污染是一个流域的问题,沿河的所有城市都必须为此承担责任。

概括来说,对自然环境的监护包括以下五方面内容。

(1)对物种的监护:生物繁殖地是否遭受破坏。

(2)对生态结构的监护:动物是否被猎杀、植被是否由于旅游者的践踏和交通工具的过往而遭受破坏、森林是否被大面积砍伐以用做燃料。

(3)对污染程度的监护:水体是否由于排放生活用水和污水而导致水污染、空气是否由于排放汽车尾气而受到污染、旅游者的过度活动是否带来噪声污染。

(4)对自然环境侵蚀程度的监护:是否存在水土流失、是否存在泥石流危害增多、是否存在过度开发使地形结构遭到破坏。

(5)对自然资源的监护:是否由于兴建高尔夫球场和游泳池使水资源枯竭、是否存在非可再生性燃料短缺且面临枯竭的危险、是否存在建筑用矿产资源枯竭的危险、生态资源是否被过度开发以及农业用地是否流失。

2. 对人文环境的监护。人文环境的监护是确保旅游可持续发展的重要方面,但是与对自然环境的监护相比较,对人文环境的监护存在一个衡量上的困难,即它

① J. R. Brent Ritchie, Geoffrey I. Crouch. 旅游目的地竞争力管理[M]. 李天元,徐虹等,译. 天津:南开大学出版社,2006.

不像对自然环境的监护那样容易用科学的方式加以衡量，而更多的是依据人们的主观感受。人文环境监护主要包括以下四方面内容。

（1）对城市环境的监护：城市是否因扩张而失去特色、旅游者与城市的传统结构是否不协调。

（2）对基础设施的监护：是否存在基础设施超负荷使用，维护和更新能否得到保证。

（3）对视觉影响的监护：是否由于游客人数过量增多而变得拥挤不堪、环境是否受到破坏。

（4）对历史景观的监护：是否由于旅游者的来访和污染使得景观遭受更严重的破坏和侵蚀。

3. 对文化和社会经济环境的监护。保持文化的特色和社会环境的和谐是旅游目的地吸引游客的重要法宝，然而，随着大量游客的涌入，旅游目的地的传统文化受到冲击，社会环境恶化的情况不断发生。但是，由于文化及社会本身也在不断发展变化之中，如何判断这种变化的程度是否适当、变化的方向是否有利于旅游业可持续发展同样会受到判断者价值观的影响。概括来说，对文化和社会经济环境的监护主要包括以下六方面内容。

（1）对历史文化的监护：文物是否被盗运、粗制滥造的仿制品是否盛行。

（2）对传统艺术的监护：传统工艺是否失传或“美学化”、传统文化和音乐及文学是否衰落。

（3）对宗教环境的监护：宗教节日是否得到尊重、是否由于游客过多而使宗教圣地的接待能力趋于饱和并面临压力。

（4）对居民生活状态的监护：居民传统生活方式是否发生很大变化、居民思想观念和生活方式是否西化。

（5）对价值观和道德准则的监护：家庭结构和价值观是否发生剧烈改变、卖淫和犯罪及酗酒现象是否增多、是否存在对旅游者的媚颜之态。

（6）对经济环境的监护：是否存在大量外汇漏损、是否存在土特产品和原材料的大众化、是否由于旅游收入分配不均而导致经济两极分化。

第二节　旅游环境影响评价

对旅游环境监护效果如何，需要通过一定的评价方法作出相应的影响判断。虽然旅游环境影响评价的方法还不成熟，但这方面的有益尝试可以对人们探究更为科学的评价方法有所启发和帮助。

一、旅游环境影响评价的概念

环境影响评价是进行环境预防管理的一种基本方法，是对由于实施某些项目而对地球的生物物理环境和人类的健康及福利产生的各种可能后果进行辨识，并在能够实际影响决策的阶段向负责批准该项目的有关人员或机构传递其分析结果的过程。我国于 2003 年 9 月 1 日开始实施的《中华人民共和国环境影响评价法》中对环境影响评价的定义为：环境影响评价是指对规划和建设项目实施后可能造成的环境影响进行分析、预测和评估，提出预防或者减轻不良环境影响的对策和措施，进行跟踪监测的方法与制度。

环境影响评价在西方发达国家已进行了 40 多年。1969 年，美国在经过环境影响评价实践若干年之后，在环境政策法中提出了"环境影响评价制度"。其他发达国家如法国、德国、日本、加拿大等也以环境政策的形式强制执行环境影响评价。我国的环境影响评价实践则刚刚起步，还存在许多不完善的地方。

伴随着旅游的不断发展，20 世纪 70 年代，西方发达国家的学者开始关注旅游与环境之间的相互关系问题，随着研究进程的不断深化，这方面研究的影响力也在不断扩大，国际上一些知名期刊，如《国际环境研究学报》、《旅游研究年刊》、《土地利用政策》等分别出版过讨论旅游与环境关系问题的专刊，国际性的学术会议也不断举行。我国在这方面的研究起步稍晚，但一经提出，就引起了不少学者的关注和研究投入，也取得了一些研究进展。我们相信，伴随着我国旅游业的飞速发展，旅游的环境影响评价研究和实践会获得更快的发展。

比照对环境影响评价的认识，可以将旅游环境影响评价定义为：旅游环境影响评价是指通过对旅游开发活动和旅游消费活动将会给旅游环境质量带来的各种影响进行分析、预测和评估，进而实现对旅游环境全程监管以实现旅游可持续发展的一系列行动。

二、旅游环境影响评价的困难及评价指标

鉴于旅游活动本身的特点和旅游消费的分散性和复杂性，对旅游环境影响进行评价是一项相当复杂且难度很大的工作，布里亚苏利斯（Briassoulis）曾总结了判定旅游环境影响的八大难点①。

难点一：旅游是由相互联系的各种活动要素形成的混合体，因而很难区分某一具体因素的影响程度。

难点二：旅游活动来自于包括当地居民在内的各种群体，还可能来自其他经济活动。

难点三：环境有其自然的变化，它往往叠加在旅游引起的变化之上，从而使确定后者难上加难。

难点四：在旅游开发活动之前，一般没有对旅游区自然本底状况的监测报告，这限制了对后期开发结局的评价。

难点五：除了直接的环境影响之外，旅游活动的间接影响和后发影响依然存在。

---

① Briassoulis H. Tourism and Environment: Planning Issues and Approaches. Istanbul. Turkey: Yildiz University Press, 1991.

难点六：旅游的影响不只是外在的、多种问题的综合，由于环境要素的相互关联性，旅游活动引起的一种变化，也可能导致另外要素的变化。

难点七：从地区上看，旅游开发的环境影响会传播到更广的地域，选择的地域范围大小不同，使旅游环境影响评价更加困难。

难点八：评价方法的不恰当、资料的缺乏、对旅游开发过程认识的错误以及缺乏对内在规律的研究等，使得环境影响评价困难重重。

而卓弗瑞沃尔则具体总结了在旅游影响评价时运用环境影响评价所面临的七个挑战。

挑战一：客观上存在着许多种不同类型的旅游，其影响也各不相同。

挑战二：整个旅游体验过程要涉及许多项目，其中的每一项都会要求单独评估。

挑战三：旅游业本身是一种交叉性行业，资料的获得及权威性和及时性差异很大。

挑战四：环境影响评价会局限于某个具体的地点，但旅游者却是流动的，旅游影响会在没有评估到的地方发生。

挑战五：累计影响及变化速度可能是挑战问题的关键。

挑战六：在开发的不同阶段，影响也有所不同，而类似的旅游开发的影响却可能在不同方面产生不同的影响。

挑战七：可能很难将旅游引起的变化与其他因素引起的变化分离出来。

由这些学者归纳出的困难和挑战来看，要准确地评估旅游环境影响，确实存在很大难度，这种难度不仅来自于技术手段上的困难，更来自于旅游活动自身的特殊性和复杂性。虽然困难重重，但是许多学者仍然在不断努力并希望攻克这一难关。1994 年，国家环境保护局于 1994 年 10 月 1 日颁布了《山岳型风景资源开发环境影响评价指标体系》的环境标准。2001 年，崔凤军博士在该标准的基础上，提出了山岳型风景区旅游开发的环境影响评价指标体系（见表 9－1）。虽然这种探索是初步的，但却具有较大的启发意义。

表 9－1　山岳型风景区旅游开发的环境影响评价指标体系

层次	一级指标	二级指标	三级指标	作用强度
一	景观环境质量指标	环境协调度		对难以达到评价要求的，必须对项目布局、规模、内容等作出整改
		民俗容许度	形态美观度	
			质感美观度	
			色彩美观度	
			线形美观度	
	自然生态质量指标	资源破坏度		
		植被覆盖度		
		森林覆盖度		
		生物多样性		
		珍惜动植物赋存度		

续表

层次	一级指标	二级指标	三级指标	作用强度
二	环境质量指标	大气污染指数		评价结果不符合要求的，可以作出修改或末端工程治理，以及加强环境监管，使之达到规定要求
		地表水环境污染指数		
		饮用水达标指数		
		环境噪声污染指数		
	环境感应指标	地表垃圾处置率（视觉感应舒适度）		
		环境异味（嗅觉感应舒适度）		
		旅游容量利用强度		
		建筑密度指数		
三	社会环境质量指标	社会治安安全系数		属于软环境管理范畴，加强管理，完善法规
		人工及自然灾害发生频度		
		旅游经营秩序		
		社区居民旅游好客度（大众旅游觉悟）		
		社区的社会结构稳定度		

资料来源：崔凤军．风景旅游区的保护与管理[M]．北京：中国旅游出版社，2001．

三、旅游环境承载力及其衡量

（一）旅游环境承载力的内涵

所谓环境承载力，是指某一时刻环境系统所能承受的人类社会经济活动的能力阈值。环境系统具有一系列自调节功能，人类系统的社会经济活动会对环境系统产生作用和干扰，在两者相互作用的情况下，环境系统重新调整自组织形式的能力作为环境系统功能的外在表现就是环境承载力。旅游环境承载力（Tourism Environment Carrying Capacity，TECC）是环境承载力派生的一个具体概念，是指在某一旅游地环境（指旅游环境系统）的现存状态和结构组合不发生对当代人（包括旅游者和当地居民）及未来人有害变化（如环境美学价值的损减、生态系统的破坏、环境污染、舒适度减弱等）的前提下，在一定时期内旅游地或景点、景区所能承受的旅游者人数。①

理解这一概念时必须注意以下几点：首先，这是一个具有时间性特点的概念。“一定时期”是具有特指性的，不同时期人们对旅游活动带给当地环境影响的承受能力是可变的。其次，对旅游者人数的理解不能绝对化。这是因为，一方面，准确地确定旅游者人数的技术尚不成熟；另一方面，不同旅游目的地的旅游活动内容不同、停留时间不一，也很难存在一个统一的“最大接待量”。最后，旅游环境承载力是个系统的概念，其内涵涉及不同的承载力。因此，按照短板原理来分析，要关注

① 崔凤军．论旅游环境承载力——持续发展旅游的判据之一[J]．经济地理，1995(1)．

承载力最小的那个系统的承受能力问题。

（二）旅游环境承载力指标体系及其衡量

从上述的旅游环境分析可知，旅游环境包括自然环境、人文环境、文化和社会经济环境等。从指标的确立及衡量的角度来看，对自然环境及经济环境的衡量比较容易进行；相反，对人文的、文化环境的衡量还不太容易做到，但这方面对于旅游环境监护和旅游可持续发展却有着重要的意义和作用，未来在这方面的研究尚需继续努力。鉴于目前研究的现状和困难，在旅游环境承载力指标体系构建方面比较一致的观点是从自然环境承载力、经济环境承载力和社会心理环境承载力三方面进行分析，且提出了一个指标体系的结构模型，见图 9－1。

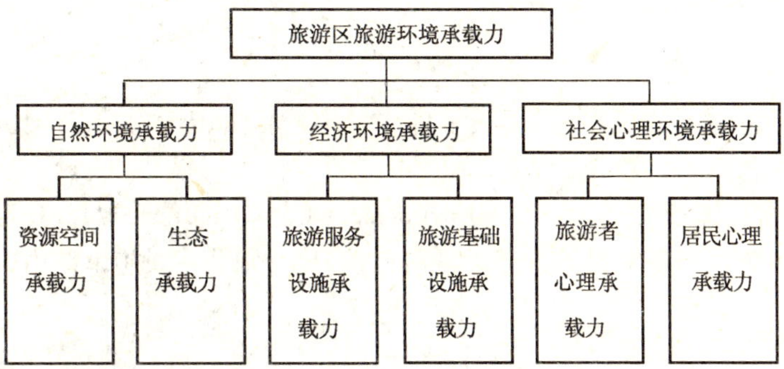

图 9－1　旅游区旅游环境承载力指标体系结构模型

资料来源：黎洁．旅游环境管理研究[M]．天津：南开大学出版社，2006.

1. 自然环境承载力。自然环境承载力包括生态环境承载力和资源空间承载力。

（1）生态环境承载力（Ecological Environment Carrying Capacity，EECC）。它是指自然及其人工的净化能力与旅游者产生的污染物数量的比值。其公式为：

$$EECC = \min\left(\frac{N_i S + H_i}{P_i}\right) \qquad (i = 1, 2, \cdots, n)$$

式中：$EECC$ 表示旅游地生态环境承载力；N_i 表示每天单位面积对第 i 种污染物的净化能力；S 表示旅游区面积；H_i 表示每天人工对第 i 种污染物的处理能力；P_i 表示每位游客一天产生第 i 种污染物的数量。

（2）资源空间承载力（Resource Environment Carrying Capacity，RECC）。它是指由于旅游者对风景的欣赏具有时间、空间占有的要求而形成的某一时段内（如一天）的游客承载数量。但由于各地具体情况不同，不同游览项目和活动耗时和所需的基本空间不同，所以基本空间标准是不同的，要视具体情况而定。具体来说其计算公式如下：

$$RECC = \frac{\text{资源空间总面积}}{\text{人均基本空间标准}}$$

2. 经济环境承载力。经济环境承载力的衡量可从两个方面着手。

(1)基础设施承载力(Basic Environment Carrying Capacity,BECC)。按照管理学上的短板效应原理,基础设施承载力的大小受各类基础设施中最小限量的影响,其中,供水设施和交通设施成为限制性因素的可能性最大。因此,可以通过这两个指标的衡量来反映基础设施承载力的大小。

其中,交通设施承载力的公式为:

$$S_t = \frac{T}{t}\sum_{1}^{n} MN$$

式中:S_t 表示交通设施承载力:M 表示风景区投放的各类交通工具总数;N 表示该交通工具可乘人数;T 表示平均工作服务时间;t 表示往返所需时间。

供水设施承载力的公式为:

$$S_w = \frac{W \cdot T}{l}$$

式中:S_w 表示供水设施承载力:W 表示供水设施总容量;T 表示某时间段;l 表示人均用水标准。

(2)服务设施承载力(Service Environment Carrying Capacity,SECC)。同上道理,用住宿设施作为服务设施承载力的限制性分量,则住宿设施承载力的公式为:

$$S_t = \frac{B \cdot T}{t}$$

式中:S_t 表示住宿设施承载力;B 表示风景区所能提供的床位总数;T 表示某时间段;t 表示游客平均住宿天数。

3. 社会心理承载力。社会心理承载力可从两方面予以衡量。

(1)居民心理承载力(Psychology Environment Carrying Capacity,PECC)。它是居民点面积与当地居民不产生反感的游客密度最大值之积。其公式为:

$$PECC_1 = A_r \cdot P_a$$

式中:$PECC_1$ 表示居民心理承载力:A_r 表示依托地的居民点面积或居民地人口数量;P_a 表示当地居民不产生反感的游客密度最大值。

(2)旅游者心理承载力。旅游者心理承载力受两方面因素的影响:一方面来自于旅游者自身数量过大而导致的视觉干扰和感觉气氛的破坏,另一方面来自于开发不当而导致的景观美感度的损害,所以其衡量可从人群敏感阙值和景观敏感阙值两方面进行。

其中,人群敏感阙值公式为:

$$PECC_2 = \frac{A_l}{P_a}$$

式中:$PECC_2$ 表示人群敏感阙值;A_l 表示风景区的游览面积或线路;P_a 表示旅游者不产生反感的游客密度最大值。

这个值因不同活动、不同消费水准而不同,通常在资源空间承载力标准设置中有所体现,所以可以不单独计算。

景观敏感阙值系数的公式为：

$$F_p = \frac{A}{\sum_{i=1}^{n} K_i \cdot C_i}$$

式中：F_p 表示景观感敏阙值系数；C_i 表示第 i 类人工建筑物的面积；K_i 表示第 i 类人工建筑物的视觉敏感系数；A 表示风景区总面积。

景观敏感阙值系数计算中的 K 值计量方法有心理阙限测取和专家经验拟定两种。通常计算的结果是实现景观分级，阙值越大的景观区接受旅游开发和旅游者接待的规模越大。

上述三个方面的承载力测算出来后，再将它们整合起来。在整合的过程中，要注意由于各分项承载力对综合承载力的影响力效果不同，所以应该根据专项调查法取得各分项指标的影响权重数，最后取得各分项承载力的最小值，此即旅游环境承载力指标值。

四、旅游环境问题治理的主要原则

旅游环境问题不仅是简单的旅游供需矛盾问题，更是关系到可持续旅游发展的战略性问题，因此必须本着严格治理、规范管理的指导思想，坚持以下几个主要原则：

（一）实施持续的环境伦理教育

环境既是旅游供给的重要组成部分，也是旅游消费不可或缺的基本要素，因此在旅游供求的基本矛盾运动中所形成的旅游环境问题离不开旅游供给与旅游需求两方面的责任。虽然科学技术的进步为缓解旅游环境问题提供了技术手段，但是科学并不能解决一切问题，因为缺乏伦理观的人们会迷失科学应用的方向。正如古老的哲学格言告诉我们的那样，“没有伦理学的科学是盲目的，而没有科学的伦理学是空洞的”。综观各国旅游发展的历程，无论是旅游开发中的环境破坏行为还是旅游消费中的环境污染行为，都在一定程度上与缺乏持续性的环境伦理教育密切相关。只不过发达国家由于社会经济发展阶段处于较高水平，其环境伦理教育水平和公众接受程度较发展中国家要高出许多，但旅游活动是由人的移动而展开的社会现象，不同发展阶段、持不同环境伦理观的人们融合到一起，带来的影响很难分清楚是谁的责任。因此，必须实施持续不断的环境伦理教育，从而促使所有的人在旅游活动过程中都遵守人类的环境道德准则，共同营造和谐的旅游环境，正像我们常说的那样“保护环境，从我做起，从人人做起”。

（二）坚持严格的污染者付费制度

仅仅做到环境伦理教育是不能解决全部问题的，因为伦理教育依靠的是一种道德约束，这种软约束不足以解决旅游环境问题，所以必须有严格的经济手段的运用。在解决环境问题方面主要存在两种思路：一种是指令性控制或直接管制方法，一种是市场激励方法。经济学家一般认为，市场激励方法比指令性控制方法更有效率,即实施污染者付费原则,如开征庇古税。该原则认为,污染者应对其活动带给环境的负外部效应承担经济责任,这样就可以通过激励机制,刺激污染者减少污染。针对污染源的不同,可以对排污者征收排污费和对消费者征收使用者污染费。这种经济手段的运用在一定程度上将外部成本内部化,有助于相关主体权衡成本收益,作出相对理智的选择。

(三)协调冲突的各利益主体的关系

旅游业的发展虽然为旅游目的地带来了就业增加和经济发展的机遇,但是伴随着旅游活动的发展,各利益主体之间的冲突也是不可避免的,并主要反映在主客双方的利益冲突以及当代人与下代人的利益冲突上。这些利益冲突若得不到恰当解决,就会影响到旅游可持续发展目标的实现。旅游可持续发展目标的实现不仅要靠旅游目的地良好的旅游环境以满足游客高质量旅游体验的需求,同时也要靠旅游目的地居民生活质量不断改善以滋养良好的旅游环境。如果为迎合游客的需求而损害了当地居民的生活环境和生活质量,那么就会使当地社区产生反感情绪,进而会降低游客的体验质量。同样的道理,若在旅游发展中为满足当代人的需要而过度开发和消费环境资源,也会危及后代人应得的利益,从而在代际利益主体间产生矛盾。从可持续旅游发展的角度看,这种矛盾也需要协调好。

(四)整合多样的旅游环境监护手段

对旅游环境的监护是旅游供需双方共同利益的需要,由于涉及的面较多,因此需要动用各种可利用的监护手段,并将各种手段有机地整合在一起,为一个共同的目标而发挥作用。为此,有必要建立旅游环境规划制度,明确旅游环境监护目标,并借助于传媒的力量广为传播、宣讲,使其重要性深入人心,并在道德教育、舆论监督、精神与物质的奖惩、税收手段的运用、信贷的优惠等诸多方面形成保护旅游环境的监护网络。同时,应将旅游环境监护与整个社会经济发展目标结合起来进行考核和评价,从而调动政府和民间的各种力量,以共同营造优美的旅游环境,确保可持续旅游发展的前提条件得以实现。

第三节 旅游经济发展模式

一个国家选择什么样的发展模式,不仅受该国社会经济文化发展水平的制约,而且也直接影响到该国旅游经济发展效益和发展道路的选择,并对能否实现可持续旅游发展产生重大影响。因此,必须从宏观角度来了解旅游经济发展模式的特征,结合各国的实际情况,选择适合各国国情的旅游经济发展模式。

一、旅游经济发展模式的概念

(一)旅游经济发展模式的概念

旅游经济发展模式是指一个国家或地区在某一特定时期内旅游产业发展的总

体方式,包括旅游产业发育和旅游产业演进两方面内容。它是对该国或该地区在特定时期的旅游经济系统所作的理论概括。

(二)旅游经济发展模式的特点

虽然由于各国的社会经济发展水平不同、社会经济制度和经济发展模式不同、旅游产业的形成时期和发展阶段不同,各国的旅游经济发展模式也不尽相同,但是从一种理论概括的角度来看,旅游经济发展模式都具有以下几个特点:

1. 概括性。所谓概括性,即旅游经济发展模式是对一个国家或地区旅游产业发展原则和方式的高度理论概括和理论抽象,它全面而概括地体现了旅游产业在一定时期发展的主导思想和本质特征,反映了旅游产业在一定时期的发展战略要求和发展方向。因此,研究旅游经济发展模式不仅有助于制定有效可行的旅游经济发展战略,而且有助于分析和把握旅游经济活动的运行规律。

2. 阶段性。所谓阶段性,即旅游经济发展模式对一个国家或地区而言所具有的时期性,时期的长短则依不同国家或地区的具体情况而有所不同。阶段性要求一个国家或地区要根据其具体的社会经济发展需要和旅游产业发展的实际情况,适时地研究和调整旅游产业的发展方向和发展战略。

3. 相对稳定性。所谓相对稳定性,即旅游经济发展模式一经确立,在某一特定时期内其旅游产业的发展方向和方式应维持不变,以充分发挥该模式的功能,获得相应的旅游经济社会效益。但这种稳定是相对的,因为当旅游产业发展的内部条件和外部环境发生了质的变化,原有的发展模式难以适应新的需求发展时,就必然会有新的模式替代旧的模式,变化也就不可避免了。

4. 特指性。所谓特指性,即旅游经济发展模式是由一个国家或地区的社会经济发展情况、经济制度和经济发展模式及其历史与自然环境状况确定的。也就是说,不同的国家或地区,由于其经济发展水平、社会经济制度以及经济发展模式不同,处于不同的历史发展阶段,以及自然地理环境上存在差异,旅游经济发展模式也会不尽相同。即使在同一类型发展模式的国家中,由于上述方面的差异,也会呈现出不同的特点。例如在同属于市场型发展模式的欧美发达国家中,美国的市场机制的作用表现得十分充分,而西班牙则表现为政府的扶持作用相当明显。

二、旅游经济发展模式的分类

由于对旅游经济发展模式分析的角度不同,所以可以得出不同的分类结果。综观世界各国旅游产业发展的历史和现实,可以分别从以下几个角度进行分类研究。

(一)从旅游产业的形成、发展同国民经济的关系角度分析

从旅游产业的形成、发展同国民经济的关系角度进行分析,可以将旅游经济发展模式划分为超前型发展模式和滞后型发展模式。

1. 超前型旅游经济发展模式。超前型旅游经济发展模式是指旅游产业的形

成和发展超越了国民经济总体发展的一定阶段，通过发展旅游产业来带动和促进与其相关联的国民经济其他产业和地区发展的一种发展模式。这种模式一般发生在经济不够发达的发展中国家或地区，他们利用丰富的旅游资源，在政府的支持下优先发展入境旅游，以获得经济发展所需的外汇并推动相关产业和地区的发展。超前型发展模式的存在必须具备三个条件：①拥有足以吸引游客的旅游资源，这是采取这种发展模式的内部条件；②在境外存在着对其旅游资源的相应需求，这是采取这种发展模式的外部条件；③政府在包括吸引境外资金投入在内的各项政策支持和必要的启动资金上的投入，这是采取这种发展模式的有力的推动力量。对大多数发展中国家来说，具备这些条件的一般是经济基础相对较好的城市和沿海地区。

2. 滞后型旅游经济发展模式。滞后型旅游经济发展模式是指旅游产业成长滞后于国民经济的总体发展水平，即在国民经济发展到一定阶段后，旅游产业自然形成和发展起来的一种发展模式。这种发展模式多发生在经济发达的国家，如西欧、北美的一些国家在19世纪产业革命之后，伴随着经济的迅速发展，城市人口增加、商品贸易繁荣、人们收入水平不断提高，产生了对旅游的大量需求，而社会也具备了满足这种需求的供给能力，于是自然形成了旅游产业成长的市场基础，由于这种旅游经济发展模式是一种常规的旅游产业成长模式，因而也叫自然型发展模式，这种模式的存在充分体现了旅游活动是社会经济发展的必然产物这一客观规律。

（二）从旅游产业发展的协调机制角度分析

从旅游产业发展的协调机制角度进行分析，可以将旅游经济发展模式划分为市场型旅游经济发展模式和政府主导型旅游经济发展模式。

1. 市场型旅游经济发展模式。市场型旅游经济发展模式是指主要依靠市场调节机制来推动旅游产业成长和演变的发展模式。市场调节机制主要有价格、供求矛盾运动和竞争等。在这些机制的作用下，实现旅游产业资源的配置，推动旅游产业内部的自动调节和自动均衡的实现。这种旅游发展模式具有以下三个特点：①旅游产业的成长侧重于产业内部的自均衡和自调节过程；②外部的政策作用力量是间接的，主要通过一定的市场参数来实现调节；③国家产业政策主要侧重于市场需求方面。

2. 政府主导型旅游经济发展模式。政府主导型旅游经济发展模式是指政府通过各个时期的旅游产业发展规划和产业政策来干预和推动旅游产业发展的一种发展模式。一般来说，这种发展模式常发生在两种情况下：一种情况是具有干预和控制经济的历史传统；另一种情况是需要在短时期内快速推进旅游产业成长的国家或地区。这种发展模式具有如下几个特点：①旅游产业的发展主要由政府来推动，政府不仅通过制定有关政策和法规对旅游业的发展进行规范，而且还对旅游产业的发展规模、发展速度进行计划和控制；②市场对旅游产业发展的调节作用处于辅助地位；③国家产业政策对旅游产业发展的影响主要侧重于旅游供给方面。

（三）从旅游产业成长的演进模式的角度分析

从旅游产业成长的演进模式的角度进行分析，可以将旅游经济发展模式划分为延伸型旅游经济发展模式和推进型旅游经济发展模式。

1. 延伸型旅游经济发展模式。延伸型旅游经济发展模式是一种先发展国内旅游，在此基础上再发展入境旅游，并随着国民出游能力的发展再发展出境旅游，最终形成国内旅游、入境旅游和出境旅游全方位发展的旅游经济发展模式。这种发展模式的特点是：①入境旅游和出境旅游都是在国内旅游发展基础上的一种自然延伸，所以消费者的消费行为比较成熟，旅游供给的质量也相对较为稳定；②三种类型的旅游发展都是在国家经济发展达到一定程度的情况下自然形成的，所以相对而言，基础设施较为成熟和完善，专门为发展旅游经济的投资较少，旅游业表现为较好的投入产出率。

2. 推进型旅游经济发展模式。推进型旅游经济发展模式是一种先发展国际入境旅游，通过发展国际入境旅游接待推动本国旅游经济基本构架形成，并随本国社会经济的发展，逐步发展国内旅游和出境旅游，最终形成完整的旅游产业体系的发展模式。这种发展模式的特点表现为：①国内旅游和出境旅游的发展是在入境旅游发展的基础上逐步推进的；②整个旅游产业的发展虽然主要以社会经济的发展为基础，然而政府在其中起着不可替代的作用。但由于发展旅游的基础条件相对较差，往往需要从国外进口相应的设施设备甚至人力资源，从而降低了旅游业的投入产出率。

总之，上述旅游经济发展模式的分类是从世界范围旅游业发展的总体角度进行的理论概括，在现实中，由于各国政治、经济、社会和文化传统的不同，即使同一发展模式也会呈现出不同的特点。

三、旅游经济发展模式的选择

（一）旅游经济发展模式的比较

在以上旅游经济发展模式的分析中，从三个不同角度划分所形成的各种不同的旅游经济发展模式，实际上是在不同的经济发展水平下发展中国家和发达国家的旅游产业成长模式。发达国家的旅游产业成长模式是从国内旅游向国际旅游延伸的模式，而发展中国家的旅游产业成长模式是从国际旅游向国内旅游推进的模式。在发达国家，由于社会经济发展水平高，旅游业的发展首先从国内旅游开始，而且由于社会经济体系比较完善，国内旅游产业在社会经济发展过程中随之形成，并随着社会经济的发展，国内旅游产业水平也不断提高。在这种情况下，入境旅游和出境旅游的发展只不过是地域的延伸而已。无论是国内游客还是国际游客，在对服务质量和消费水平方面的要求并无太大差异，因而国内旅游产业体系和国际旅游产业体系是合二为一的。这种旅游经济发展格局主要是依靠市场力量推动的延伸型发展模式。相反，在大多数发展中国家，由于其社会经济发展水平相对滞后，居民生活水平相对较低，国内旅游还未形成大量的需求。为了获取经济建设所需的外汇和促进与旅游相关产业的发展，往往在政府的主导下首先发展入境旅游，并建立相应的国际旅游产业体系。在国际入境旅游的影响和带动下，一部分收入较高的居民率先产生了国内旅游的需求，在这种需求的推动下，国内旅游产业体系逐步形成。随着经济发展水平的提高，国内旅游的进一步发展，人们产生了出境旅游的需要，从而建立起比较完整的旅游产业体系。这种旅游经济发展格局是一种在政府主导下推进型的旅游产业发展模式。

从经济学的角度进行比较，由市场力量推动的延伸型旅游经济发展模式是建立在社会经济较高发展水平之上的，旅游产业的形成和发展是由居民的消费需求推动的。因此，在其整个发展过程中，不需要国家或地方政府大量投资，国家或地方政府并不以支持旅游产业发展而从中获取特定的经济效益，政府的支持更多地侧重于社会效益，如提供就业渠道、维持社会稳定等。由于这种发展模式是以社会经济的较高发展水平为基础的，旅游产业发展所需的各种基础设施和公共设施在经济发展过程中已准备就绪，旅游产业的发展只需随着需求的增加相应增建一些旅游地面设施即可，因此，具有"投资少、见效快、收益大"的产业发展特点，而且这种发展模式在国际化扩张当中，相对来说更具有产业扩张的比较优势。

由于政府主导的推进型旅游经济发展模式是建立在社会经济的较低发展水平之上的，旅游产业的形成和发展不是由本国居民消费需求增长推动的，而是由于经济建设需要大量外汇以及旅游业可以促进相关产业的发展，因而采取首先发展国际入境旅游的超前战略，促使国际旅游产业体系率先形成和发展，然后随着居民收入水平的逐步提高，适时地发展国内旅游。所以，这种旅游经济发展模式在其初期阶段完全建立在境外居民旅游需求的基础之上，政府支持旅游业的主要目的是为了获得特定的经济效益。随着国际入境旅游和国内旅游的发展，政府也越来越重视从中获取包括经济效益在内的社会综合效益。由于这种发展模式建立在社会经济发展水平较低的基础之上，发展国际入境旅游所需的较高标准的旅游基础设施、地面设施和相应的公共设施都要新建或改扩建，因而需要投入大量资金。所以，在旅游经济发展的初期和中期，推进型旅游经济发展模式不具有"投资少、见效快、收益大"的特点。

（二）我国旅游经济发展模式的选择

1. 我国旅游经济发展模式的确定及其依据。我国是一个发展中国家，20 世纪 80 年代初开始发展旅游时，经济基础还比较薄弱，国民的消费观念和消费能力还比较陈旧和低下。客观环境状况决定了我国当时只能采取政府主导的超前的、推进型旅游发展模式，作出这种选择的主要依据有以下几点：

首先，旅游经济发展模式的选择必须考虑当时当地的社会经济发展状况。旅游需求是旅游经济得以发展的市场基础，我国刚开始发展旅游的时候，国内经济发展水平决定了很难形成强大的国内旅游需求，因而发展旅游经济只能走吸引境外旅游需求的路子，而改革开放政策的实施正好为我国旅游产业的发展提供了契机。一方面改革开放为旅游产业吸引了大量的境外客源，另一方面外资的流入又为我国旅游设施的建设注入了资金，所以，客观情况注定了我国旅游经济的发展要在政府主导下选择超前的、推进型的发展模式。

其次，旅游经济发展模式的选择还要考虑到社会经济发展的动态变化情况。虽然当时我国国内旅游需求很弱，但是伴随着国内经济的不断发展，人们的可自由支配收入日益增加，而国际入境旅游的发展所带来的示范效应也在不断改变着人们的消费观念，国内旅游需求及出境旅游需求的动机和能力不断增强，因而发展模式中很自然地就出现了在入境旅游发展基础上的国内旅游和出境旅游的大发展局面。

2. 我国旅游经济发展模式的主要特征。我国旅游经济发展模式的主要特征可概括如下：

（1）从旅游发展的空间结构来看，呈现出以中心城市和东南沿海旅游业发展为先导，逐渐向中心城市以外及中西部地区推进的特征。这是因为：一方面，中心城市和东南沿海地区相对于其他地区来说经济比较发达，新中国成立后为适应外事工作的需要，先后在这些地区新建了一批宾馆饭店，因而这些地区只需要增加少量投资，便可启动旅游业的发展；另一方面，这些地区相对来说交通比较便利，一些中心城市如北京、上海、广州本身就是口岸城市，境外游客入出境甚为便利，而且这些地区相对于客源国家或地区来说具有距离近的优势。因此，无论是在旅游资源开发、旅游设施建设方面，还是在旅游投资的分配、专业人才的培养、旅游线路的设计等方面，中心城市和东南沿海地区都占有明显的优势。

（2）从旅游产品结构来看，呈现出由观光旅游为主向混合型产品结构推进的特征。这是因为：一方面，我国观光旅游资源丰富且具有很强的垄断性，国外游客也比较喜欢，因此观光旅游产品便成为我国旅游业发展初期的必然选择；另一方面，随着游客需求的变化，必须不断丰富旅游产品内容，更新和开发新的旅游产品，从而促成了混合型旅游产品结构的出现，如休闲度假游、专项主题游、自然探险游等多种类型的旅游产品层出不穷。旅游需求拉动我国旅游产品发展格局的变化，促成了我国旅游产品结构的丰富化。

（3）从旅游的组织形式来看，呈现出由团队旅游到团队与散客相结合的多种方式并存的特征。这是因为：一方面，在旅游发展初期，我国的旅游接待系统并不完善，而观光产品作为线形产品需要协调多方面的资源，由旅行社统一安排比较方便；另一方面，由于先发展入境旅游，国外游客对我国的旅游信息了解有限，交流不太方便，所以缺乏对自助游产品的需求，因此大多表现为团队旅游形式。随着游客旅游经历的日益丰富，尤其是国内旅游需求的蓬勃发展，私家车的日益增多，个性化产品日益受到青睐，所以旅游形式也呈现出日益多样化的特征。

（4）从旅游设施的建设档次来看，呈现出由高等级向中低等级推进，最终形成以中档为主体的高中低相结合的特征。这是因为：旅游发展的初期，旅游服务对象主要是境外游客，为适应境外游客消费水平和消费习惯的需要，在旅游设施建设上主要以高等级为主。随着境外游客职业构成的变化，特别是国内旅游的迅猛发展，又建设了许多满足中低档次需要的旅游设施。由此呈现出由单一高档次向多种多档次演变的格局，最终形成了满足不同档次需要的旅游设施体系。

(5)从政府管理旅游的思路来看，呈现出由微观管理为主向宏观调控为主转化的特征。总体上来看，在我国旅游业发展的初期，受计划经济体制和部门管理的制约和影响，政府对旅游业的微观支持和管理占主导地位。随着社会主义市场经济体制的建立和完善，政企分开、职能转变的要求日益强烈，政府对旅游经济管理的方式也更多地转变为宏观调控，主要通过旅游产业政策引导市场行为，通过法律法规规范市场秩序，从而呈现出更加符合市场运行规律的政府主导旅游发展模式。

第四节　可持续旅游经济发展

可持续旅游经济发展思想对指导我国旅游经济实现健康有序发展具有重要的战略意义，深入认识旅游发展观的类型及其特征，有助于我们正确理解我国可持续旅游经济发展实践中存在的困难和问题，采取相应对策，努力向可持续旅游经济发展目标前进。

一、旅游发展观的概念及其特征

纵观世界旅游业的发展历程，主要存在三种不同的旅游发展观，分别是经济动力型发展观、双重动力型发展观和可持续发展观。

(一) 经济动力型发展观

1. 经济动力型发展观的含义。经济动力型发展观是指从经济或产业角度出发，国家和企业将旅游发展的经济功能置于首位的发展观。这种发展观多见于发展中国家。这些国家由于经济不够发达，缺乏发展经济所需的外汇，于是凭借着丰富的旅游资源，将发展旅游作为获取外汇的一条重要渠道，以平衡其国际收支差额。

2. 经济动力型发展观下的旅游业主要特征。在经济动力型发展观的指导下，旅游业的主要特征是：

(1)旅游业的发展以入境国际旅游为主。这样做的好处是：在国家层次，可以为经济发展提供进口设备和技术所需要的外汇；在地方层次，可以促进当地经济的发展和基础设施与公用设施的建设，扩大就业渠道；在居民层次，有利于当地部分居民生活水平的提高。但是由于入境国际旅游的发展是在国内经济发展水平比较薄弱的情况下进行的，所以处理不好的话，由于资源配置向境外游客倾斜，容易引起境外游客与当地居民之间的矛盾，引发冲突。

(2)政府主导下的超常规发展。所谓超常规发展，是指旅游产业的发展不是建立在国家经济建设的基础上，而主要依靠三方面的力量进行：一方面是政府的力量，即政府通过行政手段树立和贯彻旅游发展的意志，优先配置旅游发展的资源要素；另一方面是借助国外的资金，即通过引进外资或同外资合作进行旅游设施的建设和旅游资源的开发以及旅游业的经营管理；再一方面是境外的旅游需求，即境外游客对其旅游产品的需求。这种超常规发展的好处是能够集合各方力量，较快地促进旅游产业的形成，并能就地学习境外先进的旅游管理技术和经验。但是这种超常规发展也可能要付出相当大的代价，如大量的外汇漏损。

(3)外延型的数量扩张。由于受经济动力型发展观的指导，在经济利益的驱动下往往容易以接待人次与旅游收入作为旅游业发展的主要衡量尺度，而达到这一尺度要求的代价就是旅游环境的恶化和生态的污染，这是一种典型的外延式的数量扩张。其好处就是旅游业发展速度较快，短暂的旅游经济效益也会较可观。但是，从长久来看，由于资源耗竭的速度加快，经济效益不会持久。

(二)双重动力型发展观

1. 双重动力型发展观的含义。双重动力型发展观是指从经济和社会结合的角度，既考虑旅游业发展的经济功能又考虑其发展的社会功能的发展观。

这种发展观多见于发达国家。在这些国家，由于经济发达，人均收入水平高，对旅游需求也就较为强烈。政府为适应这种需求，对旅游业的发展采取了积极支持的态度。政府支持的目的主要不是看中经济效益，而更多地看中以下几个目的：树立国家形象，增进外国游客对其的了解；拓宽就业渠道，缓解国内的就业压力；满足国内居民的旅游消费需求，稳定社会秩序；积极发展入境旅游，弥补国内居民出境旅游的外汇流失。

2. 双重动力型发展观下的旅游业主要特征。在双重动力型发展观指导下，旅游业的主要特征为：

(1)旅游业的发展主要是由居民的消费需求推动的。这些国家经济发展水平高，居民的支付能力强，不仅旅游消费需求强烈，而且这种需求已成为人们生活中的一种必需。

(2)旅游业的发展主要是由市场机制调节的。由于这些国家市场经济比较发达，旅游业发展中的各种关系主要不是靠政府干预，而是通过供求规律、价格和竞争等机制进行调节。只有在特殊情况下，政府才采取某些限制措施，如提高旅游税收、限制居民出境旅游所携带的外汇数额等。

(3)旅游业发展的规模较大，速度相对较慢，但是质量高、效益好。由于这些国家旅游业发展的历史较长，各类旅游发展的规模都较大，但是由于其基数大，又不以经济效益为主要目标，所以发展速度相对较慢，这也在一定程度上确保了发展质量高、效益好。

（三）可持续发展观

1. 可持续发展观的含义。可持续发展观是指旅游的发展要从经济、社会、文化和环境等领域相协调的角度出发，确保旅游发展可资利用的资源能够用来“满足当代人的需要而不危及满足今后各代人需要的能力”的发展观。

这种发展观要求：旅游业的发展要满足当代人的需要，无论其是穷是富，都有生存权和发展权；旅游业的发展要与自然、文化和人类的生存环境形成一个整体，必须建立在生态环境可承受能力之上，符合当地经济发展状况和社会道德规范，使之与经济、社会、文化等其他领域的发展相协调；旅游业的发展既要满足当代人的需求，又要从长远观点出发，考虑今后各代人需要的满足；维护和改善自然环境和社会环境，节约使用资源是所有参与旅游活动者的共同责任。

2. 可持续发展观下的旅游业主要特征。在可持续发展观的指导下，旅游业的主要特征有：

（1）政府主导下的循序渐进发展。要实现旅游业可持续发展，政府应充分发挥主导作用，制定与各时期的经济、社会、文化和环境发展相协调的旅游发展规划，在规划的指导下加强管理。同时，制定切实可行的法规和制度，规范各行为主体的行为，调节各利益主体之间的关系，确保旅游业协调有序地发展。

（2）资源得以永续利用的发展。旅游业发展需要利用的资源有两大类：一类是可以形成旅游吸引物的资源；另一类是旅游发展所需要的各类经济资源，如资金、原材料、能源、技术、人才等。前一类资源又可分为可再生资源和不可再生资源两种。对于可再生资源，应充分利用，对不可再生资源，要坚持“保护第一”原则，对其进行保护性开发，有限利用。对于第二类资源，应集约化利用，使同量的资源能产生最大效益，以保证旅游发展所需资源的有效利用和永续利用。

（3）经济效益、社会效益和环境效益相统一发展。按照可持续发展观的要求，旅游业的发展不仅要实现经济效益，为国家的经济发展扩大内需，创造财富，而且要扩大其社会效益和环境效益，为社会创造更多的就业机会，改善居民的生活环境，更好地满足人们日益增长的物质和文化需要，精心保护和管理好自然生态环境，从而在一国乃至全世界范围内实现经济发展目标和社会发展目标的结合。

二、可持续旅游经济发展的概念及我国面临的问题

（一）可持续旅游经济发展的概念

自然资源和环境资源的稀缺性以及由此产生的资源分配及利用问题是可持续经济发展的理论研究出发点和理论基石。纵观可持续经济发展思想的发展历程，我们可以看出可持续经济发展是一种特别从环境和自然资源角度提出的关于人类长期经济发展的战略和模式，它不是一般意义上的经济发展，而是强调经济发展的可持续性。

可持续旅游经济发展是在保持自然资源与环境的质量和其提供的服务质量的

前提下实现的旅游经济发展。其本质含义包括:旅游经济的发展不能超过资源和环境的承载能力,要与之相协调;旅游经济的发展既要考虑满足当前经济发展的需要,也要考虑未来旅游经济发展的需要,要处理好代际公平问题。理解这个概念要注意以下几点:

1. 处理好旅游经济发展与增长之间的关系。旅游经济发展不仅要求实现规模上的增长,更要求实现运行质量上的提高。在科学发展观的指导下,要重新审视实现旅游经济增长的方式和目的。可持续旅游经济发展要求旅游经济的增长适度、质量提高,要求旅游经济发展以保护生态环境为前提,以可持续性为特征,以改善居民生活水平为目的。那种盲目追求旅游接待人数和旅游收入的旅游经济增长势必会破坏可持续旅游经济发展所依赖的旅游环境质量,从而降低游客满意度,也有损当地人的生活质量。因此,要处理好旅游经济适度增长与旅游经济良性发展的关系。

2. 处理好旅游环境保护与开发之间的关系。旅游环境开发不仅要确保当期经济利用价值的实现,更要注意环境承载力范围内的合理开发利用价值的实现。既然旅游经济的发展离不开旅游环境的支持,那么就必须在开发的同时,解决好环境承载力的监护问题,通过控制以牺牲环境为代价的生产和消费方式来防止环境污染,改善环境质量。保护是为了使开发更有效益,开发是为了使保护更得以实现。环境退化的治理成本不仅非常巨大,而且也使开发行动更加困难。

3. 处理好旅游开发中的公平与效率之间的关系。公平主要指人类在分配资源和获取收入或积累财富上机会的均等。旅游开发中不仅要解决当代人的机会均等问题,还要解决当代人不能为了自己的发展而损害后代人利用环境谋求发展的权力,要担负起代际间合理分配资源和占有财富的伦理责任。效率是指环境资源的有效使用和有效配置问题,它是可持续旅游经济发展的内在要求。高效率配置环境中的各项要素,可以为公平地分配收入提供基础,而发展机会的均等也能提高人们的积极性,从而促进效率的增加。

4. 处理好经济与社会、文化、政治及自然环境之间的关系。可持续旅游经济发展是一个涉及经济、社会、文化、政治及自然环境等诸多方面的综合性概念。旅游活动本身就是一个综合性概念,伴随旅游活动进行而形成的旅游经济系统也是一个复杂的有机体,它们彼此依托、相互促进、共同发展,任何一方面的不可持续都会影响到旅游经济的可持续发展。所以要处理好它们之间的相互关系,并在变革中不断协调好彼此的动态变化关系,最大限度地发挥相互促进的作用。

(二)我国可持续旅游经济发展面临的问题

改革开放以来,虽然我国旅游经济取得了飞速的发展,但是我国仍处于不发达的经济发展阶段,“不发达”这个总特征制约了我国可持续旅游经济发展的实现。较早正式提出“不发达”造成环境问题的巴尼认为,不发达情形下的人口增长速度经常是世界上最快的，如果不加以控制，很快就会超过所依存的局部环境的承受能力，使环境恶化，侵蚀和降低以前享有的生活质量。[①] 在不发达情形下，由于发展中国家急于脱离贫困，因此在将发展旅游业作为一种有效脱贫途径的过程中，常常盲目追求接待数量的增长，从而使当地的游客数量远远超过当地环境的可承载力，导致环境恶化，可持续发展的基础丧失。在斯德哥尔摩大会及布伦特兰报告中，贫困都被视为环境恶化的根源。概括来看，我国可持续旅游经济发展面临的问题有：

1. 旅游经济发展观尚待真正转变。虽然可持续旅游发展观被普遍提及，但是遇到经济效益与环境质量关系出现矛盾时，更多地还是牺牲后者。这说明真正的可持续旅游经济发展观还没有普及到各层管理者的头脑中，并成为决策时的一种自觉。

2. 市场经济体制尚待完善。由于市场经济机制还在不断完善之中，所以在旅游经济发展中，扭曲的价格阻碍了环境资源的有效配置和合理流动，缺乏资源保护的激励机制。而法律法规的不健全或执行不利又使得“污染者付费”的原则不能落在实处，因而环境污染得不到有效治理。

3. 可持续发展的支持要素尚待加强。由于可持续旅游经济发展需要先进的技术支持、大量的资金投入和合格的人力资源供给，而我国在这些要素供给上还比较缺乏，因此在环境保护的研发力量上比较薄弱，在资金投入上缺乏有效的市场引导和价格激励，在专业人才的供给上尚有缺口，这些都极大地制约了旅游经济可持续发展的实现进程。

4. 消费市场管理水平尚待提高。随着我国旅游市场尤其是国内旅游市场的迅猛发展，不仅由于游客数量大增而给环境保护带来不小的压力，而且游客消费素质不高的情况更加剧了环境的污染程度。

三、可持续旅游经济发展的实现路径

（一）倡导和发展旅游循环经济

旅游循环经济就是在人、自然和人文社会资源以及科学技术的大系统内，在资源投入、企业生产、产品消费及其废弃的全过程中，不断提高资源利用效率，把传统的依赖资源净消耗线性增长的发展，转变为依靠生态型资源循环来发展的经济。旅游循环经济的发展需要在新的系统观、新的经济观、新的价值观、新的生产观和新的消费观的指导下，建设旅游活动全过程的资源循环机制。目前在全国各地迅猛发展的绿色饭店、绿色餐饮、绿色消费等循环型生产消费行动就是从基层践行循环经济思想的最好体现，但是仅限于此还不够，还需要将范围扩大，将影响辐射到旅游活动的各个方面。

① 巴尼．公元2000年环境．北京：科学出版社，1986.

（二）转变和完善旅游经济衡量指标

任何经济系统的发展都是为了实现一定的目标，并为了最大限度地实现衡量指标的要求而配置资源。可持续旅游经济发展观下的衡量指标必须从偏重于旅游接待人数和收入指标转向全面衡量的系统指标，尤其是要重视对自然环境、人文环境、社会环境及居民心理承载力的评价和衡量。因此，从对旅游环境监护的角度来看，必须完善环境的审计机制，对地方旅游经济的发展实行环境的一票否决制。

（三）处理和协调好政府与市场的关系

发展中国家面临经济落后的压力，是不可能自觉地走上可持续旅游经济发展道路的，因此，必须从战略与政策上进行革新和诱导，以充分发挥旅游经济的后发优势。在这个过程中，政府起着关键的作用，如在旅游立法、旅游规划、土地开发利用、污染控制、环境保护、普及教育等方面的政策性影响就不容忽视。同时要加快市场调节的运用步伐，全面落实污染者付费原则，建立和完善环境资源的价格体系，运用价格杠杆引导投资者行为。充分发挥政府旅游规制和市场价格调控的作用，强化诸如征收环境费制度、环境税收制度、排污权交易制度、环境损害责任保险制度等制度建设力度，为可持续旅游经济发展奠定良好的环境基础。

（四）规范和引导游客消费行为

可持续旅游经济发展不仅要关注旅游供给质量的提高问题，还要关注旅游消费环境的建设问题。这一点在我国旅游经济发展过程中表现得尤为突出。国内游客环境保护意识薄弱、不文明消费行为比较普遍，这极大地制约了可持续旅游经济发展目标的实现，因此，必须加强旅游环境教育培训工作。旅行社要承担对游客行为的劝导和管理责任，要提出旅游中的文明消费标准，可以通过评选文明游客活动来奖励那些符合文明消费行为规范的游客，对不文明旅游消费行为要进行惩罚，从而促进国内游客消费素质的提高。

案例分析

泰国可持续旅游发展战略

泰国的国际旅游业是亚洲发展中国家中的佼佼者，泰国旅游业收入占泰国GDP的7%以上，是泰国最大的外汇收入来源。从20世纪末到21世纪初的头几年，全世界范围内不断发生天灾人祸，从1997年亚洲金融危机、2001年“9·11”恐怖事件、2003年美伊战争和亚洲地区的SARS疫情、2004年泰国南部地区暴乱及禽流感的蔓延，到2004年底东南亚发生的海啸，这些都给泰国旅游业带来了巨大的挑战，但泰国旅游业总能战胜困难，继续高速增长。这其中的原因，除了泰国政府应对得力，泰国原先形成的管理规范化和坚持“以客为本”的理念等外，还有泰国政府制定的整体旅游业发展战略,尤其是泰国可持续旅游发展战略起到了不可或缺的作用。

一、泰国旅游业发展中存在的问题

(一)生态环境和文物资源的破坏

以前由于泰国旅游业的高速发展,泰国政府和一些旅游开发商投入大量人、财、物力进行旅游开发,他们较多重视经济效益而较少考虑环境问题。于是"竭泽而渔"式的旅游开发结果是越来越多地占用山川、岛屿、河流、海滩和森林,风景区内城市化现象严重,景区的质量受到严重破坏,旅游业的发展跨越了生态保护和可持续发展的界限,泰国许多风景区由于过度开发,已使景区内环境走到恶化的边缘。泰国的文物保护也在一定程度上被忽视。文物古迹本身蕴涵着深刻的文化内涵和历史吸引力,旅游和文化的有机共生更能有效提升景区的可观赏性。但泰国的一些地区为了所谓的旅游经济效益而将文物作为招徕游客的手段,草草将其修复,结果造成文物古迹修复性破坏。大批的建筑群也在文物古迹旁拔地而起,每天文物景区内超负荷接待,有些游客甚至有意无意地对文物古迹进行破坏,使文物遗产保护困难重重。

(二)旅游业引发了诸多社会文化问题

文化传统被当做商品和经济资源,导致社会道德意识下降,引发吸毒、赌博、卖淫等犯罪行为,在经济不发达地区由于旅游开发,这些社会问题尤为加重。泰国旅游业的发展不仅没有促进当地社会的和谐发展,反而加剧了旅游业所带来的诸多社会问题。

二、泰国可持续旅游发展战略的内容与措施

(一)促进旅游业发展的政策

泰国旅游局制定《1997~2003年促进旅游业发展的政策》,该政策充分地考虑了旅游的可持续发展,包括以下四项内容。

1. 加强环境的保护与管理,具体包括:

(1)将促进艺术、文化的复兴及环境旅游资源的保护放在可持续发展旅游业的首要位置,使之能在保持国家原有风貌的基础上符合长期增长的旅客需求。

(2)增进公共与私人部门之间的合作,政府和当地团体一起承担、解决旅游业的相关问题,加强对旅游资源的管理,尽可能减少旅游资源的损失,促进旅游业的可持续发展。

(3)利用先进的技术手段支持基础设施的发展,尤其是通过国内与国际计算机网络技术提供地区的相关资讯,推广泰国各地的景点。

(4)采用经济手段对旅游景点加以控制,如热门景点采取限制旅游客人数、增收使用税、采取不同价格体系和建立商业准入许可证等方式,目的是使游客量不超

过景点的承受能力，将旅游对环境的负面影响减到最小。

(5)在努力开发新市场的同时，以不同形式开发旅游产品以满足不同层次旅客的需求。

2. 促进旅游人才培养的同时，提高旅游服务质量。

3. 提升旅游业在国民经济中的地位。

4. 加强区域旅游业的合作。为了保证政策的连续性，2001 年泰国政府制定了《关于可持续旅游发展的国家议程》，议程中规划了 2002 ~ 2006 年泰国旅游业发展战略，全面地规划了泰国旅游发展的目标，结合时代发展的需要，对泰国旅游产业进行全面升级。其中，可持续旅游发展战略是其核心战略之一。

(二)可持续旅游发展战略

泰国的可持续旅游发展战略，主要内容分为如下四个方面。

1. 政府的宏观调控及法律法规方面，包括以下内容：

(1)通过各种税收和经济手段(包括转让开发权等紧急措施)来控制环境质量，减少污染，使地方政府有权对那些由于保护环境以及由于土地使用控制措施而蒙受商业损失者进行补偿。这样，地方政府就能够把位于确定的旅游开发区内的私有土地变成公有，进而改进其景观，增加绿化区。

(2)鼓励有关的政府机构贯彻实施全国生态旅游委员会制定的全国生态旅游行动计划，使该计划在全国得到和谐有效的实施。

(3)各省要提供更多的公用绿化区和露天活动场所。

(4)为保护生态系统制定法规和标准，以便对那些对环境带来不利影响的旅游行业进行治理。

(5)在根据旅游法确定旅游开发区之前的过渡阶级，政府应该根据 1992 年的《全国环境质量提高与保护法》，在那些旅游增多而无序并缺乏充足基础设施的沿海度假区内确定"污染控制区"和"环境保护区"。

2. 对旅游景点和景区的要求。这方面的要求有：

(1)通过确认旅游需求来扩大旅游景点的承载力，这些需求往往超过并大于当地居民本身的需求，尤其是固体垃圾和废水处理能力。

(2)准确宣布关于对国家公园以及野生动物保护区内提供服务的政策，并公开服务计划、法规、服务时间和费用等。

(3)制定并公布准确的关于保护区内服务和娱乐区的生态、旅游管理规划，详细说明允许开发的地理区域、允许开展的活动以及允许开展活动所需要达到的标准，必须确保规划得以严格实施，以便在试点项目中树立一个良好的样板。

3. 加强宣传方面。泰国政府加强向旅游者、学生和广大公众传播关于在生态旅游中正确行为的知识，并鼓励他们参与各种自然景点、历史景点、文化景点的环境保护工作。另外，政府还要创建一个全国性的环境监测网络。

4. 信息技术手段的运用。在信息技术方面，泰国政府着手以下方面的工作：

(1)建立一个生态旅游开发信息中心。该中心将收集有关政府机构和其他在生态旅游相关领域工作的研究人员所做的研究工作的信息和技术信息,信息放在一个电子数据库系统中,以方便那些需要这些信息准备进行旅游开发和管理计划的人获取。这一措施将有助于确保泰国的旅游业能以一种高效率的方式,在一个坚实的技术基础上发展。

(2)编写《生态旅游景点名录》。内容包括有关生态旅游活动的信息,举行这些活动的旅游景点以及其他方面的详细情况,如现有设施、可进入性、特点以及特定旅游景点所面临的问题等。这些信息有助于建立一个关于全国各地旅游景点生态旅游开发与管理的数据库。

(3)完成泰国旅游局已经着手建立的旅游资源监测系统。有关在监测中发现的严重环境问题的信息,提供给全国旅游开发促进委员会办公室。此外,和地方环境团体一起创建一个网络,通过大众媒体传播这些信息,以造成社会压力,使那些相关人士在国家旅游资源的保护中承担起更多的责任。

资料来源:王育谦. 泰国可持续旅游发展战略及借鉴[J]. 东南亚纵横,2006(10).

案例思考题:

1. 政府在可持续旅游发展中的作用是什么?

2. 由泰国的实践来看,你认为法律法规对可持续旅游发展的实现起到了什么作用?

3. 除了法律法规以外,你认为宣传教育的作用是什么?是否必要?

思考与练习题

1. 如何理解旅游环境概念?

2. 谈谈你对旅游环境外部性问题的认识。

3. 旅游环境监护的概念及意义是什么?

4. 为什么旅游环境影响评价不好开展?

5. 如何理解旅游环境承载力?怎样评价?

6. 旅游环境治理的原则是什么?

7. 旅游经济发展模式的概念、特征及分类是什么?

8. 结合我国实际,谈谈为什么我国选择的是政府主导的、超前的、推进型的旅游经济发展模式?

9. 现实中有几种旅游发展观?

10. 什么是可持续旅游经济发展?如何实现可持续旅游经济发展?

专业名词中英文汇编

cost – benefit analysis	成本收益分析
cross-cultural economy	跨文化经济
discretionary income	可自由支配收入
elasticity of tourism supply	旅游供给弹性
environmental externalities	环境外部性
fluctuant economy	波动性经济
General Agreement on Trade in Service（GATS）	服务贸易总协定
government intervention	政府干预
international tourism income and expenses	国际旅游收支
international tourism trade	国际旅游贸易
leisure time	闲暇时间
methods of research	研究方法
multinational operation	跨国经营
multiplier effect	乘数效应
objects of research	研究对象
price elasticity of tourism demand	旅游需求价格弹性
sensitive economy	敏感性经济
sustainable development of tourism economy	可持续旅游经济发展
the balance of tourism exchange	旅游外汇收支平衡
the decision-making of tourism purchase	旅游购买决策
the development modes of tourism economy	旅游经济发展模式
the evaluation of tourism environment impact	旅游环境影响评价
the exchange rate	汇率
the exchange rate system	汇率制度
tourism activities	旅游活动

tourism carrying capacity	旅游承载力
tourism consumption	旅游消费
tourism consumption effects	旅游消费效果
tourism consumption manners	旅游消费方式
tourism consumption structure	旅游消费结构
tourism cost	旅游成本
tourism demand	旅游需求
tourism demand forecasting	旅游需求预测
tourism destination	旅游目的地
tourism development concepts	旅游发展观
tourism economic activities	旅游经济活动
tourism economic benefits	旅游经济效益
tourism economic impact	旅游经济影响
tourism economy	旅游经济
tourism environment	旅游环境
tourism environment monitoring	旅游环境监护
tourism income	旅游收入
tourism industry policies	旅游产业政策
tourism market	旅游市场
tourism motivation	旅游动机
tourism price	旅游价格
tourism products	旅游产品
tourism regulation	旅游规制
tourism revenue	旅游收益
Tourism Satellite Account (TSA)	旅游卫星账户
tourism supply and demand contradiction	旅游供求矛盾
tourism supply	旅游供给
tourism trade management	旅游行业管理
tourist origin	旅游客源地
World Trade Organization (WTO)	世界贸易组织

主要参考文献

1. 李天元．旅游学概论[M]．天津:南开大学出版社,2000.

2. 高鸿业．西方经济学[M]．北京:中国人民大学出版社,2004.

3. Varian. 微观经济学:现代观点[M]．上海:三联书店,2000.

4. 林南枝,陶汉军．旅游经济学[M]．天津:南开大学出版社,2000.

5. 刘纯．旅游心理学[M]．北京:高等教育出版社,2002.

6. 张辉．旅游经济论[M]．北京:旅游教育出版社,2002.

7. 厉新建,张辉．旅游经济学——理论与发展[M]．大连:东北财经大学出版社,2002.

8. William Theobald. 全球旅游新论[M]．北京:中国旅游出版社,2001.

9. 保继刚,楚义芳．旅游地理学[M]．北京:高等教育出版社,2001.

10. Adrian Bull. The economics of travel and tourism. London:Longman Publishing Group,1995.

11. 徐虹,康晓梅．旅游企业财务管理[M]．大连:东北财经大学出版社,2007.

12. 徐虹．饭店企业核心竞争力研究[M]．北京:旅游教育出版社,2004.

13. 范保宁．国际旅游业发展的格局与趋势[J]．湖南商学院学报(双月刊).2006(5).

14. 罗明义．世界旅游发展:2005 年回顾和 2006 年预测[J]．桂林旅游高等专科学校学报,2006(4).

15. 植草益．微观规制经济学[M]．北京:中国发展出版社,1992.

16. 丁美东．政府规制失效及其优化[J]．当代财经,2001(8).

17. 王继军,张钧．论市场规制法的基本原则[J]．山西大学学报,2003(3).

18. 王磊．论中国产业政策的调整和转型[论文]．武汉理工大学.2004.

19. 唐留雄．中国旅游产业转型与旅游产业政策选择[J]．财贸经济,2006(12).

20. 杨伟民．中国可持续发展的产业政策研究(上册)[M]．北京:中国市场出版社,2004.

21. 苏东水．产业经济学[M]．北京:高等教育出版社,2000.

22. 卢炯星．论创立和完善我国宏观经济法的法律体系[J]．政法论坛,2001(2).

23. 魏小安,韩健民．旅游强国之路:中国旅游产业政策体系研究[M]．北京:中国旅游出版社,2004.

24. 阙丽萍．中国旅游饭店行业管理结构重组与制度创新研究[论文]．青岛大学,2002(4).

25. 林峻．社会转型期我国行业管理的有关法律问题研究[论文]．南京航空航天大学.2004.

26. 王大悟,魏小安．新编旅游经济学[M]．上海:人民出版社,1998.

27. 罗明义．旅游经济学:分析方法·案例[M]．天津:南开大学出版社,2005.

28. 周振东．旅游经济学[M]．大连:东北财经大学出版社,2002.

29. 罗明义．旅游经济学原理[M]．上海:复旦大学出版社.2004.

30. 罗明义．现代旅游经济学[M]．昆明:云南大学出版社.2001.

31. 韩百娟．重庆市"黄金周"旅游的供求矛盾分析及相关对策[J]．资源开发与市场,2002(4).

32. McIntosh R W, Goeldner C R. Tourism: principles, practices and philosophies. New York: Wiley, 1972.

33. 邱扶东,吴明证．旅游决策影响因素研究[J]．心理科学,2004.27(2).

34. 邱扶东．旅游心理学[M]．上海:立信会计出版社,2003.

35. 薛群慧．旅游经济学[M]．昆明:云南大学出版社,2000.

36. 游旭群．旅游心理学[M]．上海:华东师范大学,2003.

37. 席建超．旅游者旅游消费结构及潜力分析——以入境旅游者旅游消费为例[J]．桂林旅游高等专科学校学报,2003(2).

38. 郭巍．中国旅游消费结构存在的问题与优化对策[J]．甘肃农业,2007(3).

39. 谷明．我国旅游者消费模式与行为特征分析[J]．桂林旅游高等专科学校学报,2000(4).

40. 梁小民．高级宏观经济学(上)[M]．北京:北京大学出版社,2000.

41. 谭佩琴．澳门旅游收入乘数研究[J]．华侨大学学报(哲学社会科学版),2006(1).

42. WTTC. 旅游及旅行业对就业和国民经济的影响·中国暨香港特别行政区.2003.

43. 匡林．关于旅游成熟理论的几个问题[J]．华侨大学学报,1996(3).

44. 罗明义．旅游业税收贡献的分类测算方法[J]．旅游学刊,2001(2).

45. 葛宇菁．旅游卫星账户的概念、结构与方法[J]．旅游调研,2006(5).

46. 任佳燕,刘赵平．用旅游卫星账户测度旅游业对经济的影响[J]．中国统计,1999(10).

47. 黎洁．旅游环境管理研究[M]．天津:南开大学出版社,2006.

48. 戴星翼．环境与发展经济学[M]．上海:立信会计出版社,1995.

49. 李天元．中国旅游可持续发展研究[M]．天津:南开大学出版社,2004.

50. 贾根良．发展经济学[M]．天津:南开大学出版社,2004.

51. 里奇.旅游目的地竞争力管理[M]．李天元,徐虹等,译．天津:南开大学出版社,2006.

52. 孙宁,胡汉辉．产业可持续发展分析[M]．南京:东南大学出版社,2003.

53. Joseph R. Des Jardins. 环境论理学[M]．林官明,杨爱民,译．北京:北京大学出版社,2002.

54. 吴季松．循环经济[M]．北京:北京出版社,2003.

55. 北京旅游发展研究基地．中国旅游研究．[M]．北京:旅游教育出版社,2006.

56. 张祥．知识经济与国际经济贸易[M]．北京:中国对外经济贸易出版社,1999.

57. 周宝廉,徐虹．国际贸易概论[M]．天津:南开大学出版社,1998.

58. Lindsay W Turner, Stephen F Witt. 姚延波,王春峰译．亚洲太平洋地区旅游业发展预测 2007—2009[M]．北京:中国旅游出版社,2007.

59. 马波,寇敏．中国出境旅游发展及其影响的初步研究[J]．旅游学刊,2006(7).

60. John Tribe. The Economics of Recreation, Leisure and Tourism[M]．Oxford: Butter wrth Heinemann, 1999.